D1703246

Entdecken und Verstehen 8

Realschule
Bayern

Vom Absolutismus bis zur Revolution 1848/49

Bearbeitet von
Doris Thammer, Vohenstrauß
Heike Bruchertseifer, Buchloe
Karl Rothenberger, Burglengenfeld
Gertraud Wein, Hersbruck
und Josef Zißler, Riedenburg

Redaktion: Bernhard Lutz, Regensburg
Gestaltung: Simone Siegel
Technische Umsetzung: Verlagsbüro Bauer & Lutz, Regensburg
Umschlaggestaltung: Knut Waisznor

Das Bild der Umschlagseite zeigt Schloss Schleißheim bei München.

www.cornelsen.de

1. Auflage, 4. Druck 2011

Alle Drucke dieser Auflage sind inhaltlich unverändert
und können im Unterricht nebeneinander verwendet werden.

© 2002 Cornelsen Verlag, Berlin

Das Werk und seine Teile sind urheberrechtlich geschützt.
Jede Nutzung in anderen als den gesetzlich zugelassenen Fällen bedarf
der vorherigen schriftlichen Einwilligung des Verlages.
Hinweis zu den §§ 46, 52a UrhG: Weder das Werk noch seine Teile dürfen ohne eine
solche Einwilligung eingescannt und in ein Netzwerk eingestellt oder sonst öffentlich
zugänglich gemacht werden.
Dies gilt auch für Intranets von Schulen und sonstigen Bildungseinrichtungen.
Druck: CS-Druck CornelsenStürtz, Berlin

ISBN 978-3-464-64132-3

Inhalt gedruckt auf säurefreiem Papier aus nachhaltiger Forstwirtschaft.

Liebe Schülerinnen und Schüler!

In den beiden letzten Jahren habt ihr die Geschichte von den Anfängen bis zum Dreißigjährigen Krieg kennen gelernt. Dieser Band behandelt die Geschichte vom Zeitalter des Absolutismus bis zur Revolution von 1848/49.

Zum Aufbau des Buches

Da wir auf ganz unterschiedlichen Wegen die Geschichte unserer Vorfahren erkunden können, findet ihr in den Kapiteln zahlreiche Bilder, Karten und Grafiken. Auch die Texte sind unterschiedlich gestaltet. Die folgenden Erklärungen sollen euch helfen die unterschiedlichen Möglichkeiten, die euch das Buch bietet, zu erkennen:

Einführung in das Thema

Jedes Kapitel beginnt mit einer „Auftaktseite". Sie will euch neugierig auf das kommende Thema machen und zu Fragen anregen. Mit ihrer Hilfe könnt ihr auch zusammentragen, was ihr schon wisst.

Themenseiten

Auf jeder Seite berichten die Autorinnen und Autoren in einem zusammenhängenden Text über die geschichtlichen Ereignisse. Die Überschrift verdeutlicht das Thema, um das es geht.

Quellen

Manchmal lassen die Autorinnen und Autoren die damals lebenden Menschen selbst zu Wort kommen, wenn ihre Texte aufbewahrt wurden. Die Berichte der damals lebenden Menschen nennen wir Quellen. Rein äußerlich erkennt ihr sie daran, dass sie mit einem „Q" gekennzeichnet sind, außerdem verläuft an ihrem Rand ein Farbstreifen. Auch die Abbildungen, Gemälde und Fotos sind historische Quellen, aus denen ihr wichtige Informationen entnehmen könnt.

Materialien

Texte von Geschichtsforschern, Berichte anderer Forscherinnen und Forscher und weitere Materialien sind mit einem „M" und – ebenso wie die Quellen – mit einem Farbstreifen gekennzeichnet.

Die Randspalte

Jede Seite ist mit einer farbigen Randspalte versehen. Je nach Bedarf findet ihr hier
– die Erklärung für schwierige Begriffe, die im Text mit einem Sternchen (*) versehen sind,
– wichtige Jahreszahlen und Ereignisse oder
– Zusatzinformationen zu den Themen, die auf der Seite behandelt werden, z.B. Lesetipps oder Hinweise aufs Internet.

Aufgaben

1 *In den Arbeitsaufgaben werdet ihr dazu angeleitet, aus den Texten, den Quellen und den Abbildungen Informationen zu entnehmen und einen Sachverhalt mit ihrer Hilfe zu besprechen.*

Methode

Die Seiten „Methode" leiten euch dazu an, mit den Materialien in diesem Buch umzugehen. Sie helfen euch aber auch anderswo Informationen zu finden.

Werkstatt Geschichte

Auf den Seiten „Werkstatt Geschichte" findet ihr Vorschläge z.B. für eigene Nachforschungen, für Kochrezepte oder Bastelarbeiten.

Zusammenfassung

Die umfangreichen Kapitel werden durch eine Zusammenfassung abgeschlossen, die noch einmal das Wichtigste enthält.

Thematischer Rückblick

Die „roten Seiten" könnt ihr heranziehen um über das Thema „Leben in Kriegs- und Notzeiten" zu sprechen.

Thematischer Querschnitt

Auf den „gelben Seiten" findet ihr Material zum Thema „Die Rolle der Frau in der vorindustriellen Gesellschaft".

Regionalgeschichtliches Unterrichtsvorhaben

Die „grünen Seiten" helfen euch dabei, „Barock als Kunst- und Kulturepoche der Heimatregion" zu entdecken.

Das Register

Im Anhang sind die Begriffe, Namen und Daten übersichtlich zusammengefasst, die euer geschichtliches Grundwissen darstellen. Was ihr dort findet, erkennt ihr auf den Themenseiten an diesem Zeichen: ▶.
Mit dem Stichwortverzeichnis könnt ihr schnell herausfinden, wo zum Beispiel etwas über Ludwig XIV. berichtet wird.

Inhaltsverzeichnis

Europa und die frühe Staatenbildung ... 8

Der Absolutismus: Beispiel Frankreich ... 10
Eine neue Staatslehre entsteht ... 11
Ludwig XIV.: Der Staat – das bin ich! ... 12
Die Macht des absoluten Herrschers ... 13
Das Schloss von Versailles ... 14
Die Gärten von Versailles ... 15
Ein König im Schlafrock ... 16
Die königliche Lockenpracht ... 17
Methode:
Arbeit mit Bildern: Ein Herrscherbild erzählt ... 18
Der König und seine Untertanen ... 20
Die Stützen der königlichen Macht ... 21
Merkantilismus – die neue Wirtschaftspolitik ... 22
Fortschrittliche Produktionsstätten: Manufakturen ... 23
Ludwig XIV. – der königliche Räuber ... 24
Der Griff nach der Weltmacht ... 25

Heiliges Römisches Reich ... 26
Rechts- und Friedensordnung ... 27
„Beglücktes Regensburg" – Stadt der Reichstage ... 28
Einheit in der Vielfalt? ... 29
Vom Herzogtum zum Königreich: Brandenburg-Preußen ... 30
Friedrich Wilhelm I. – der „Soldatenkönig" ... 31
Methode:
Ein historisches Lied als Quelle nutzen: Ein Soldatenlied aus dem 18. Jahrhundert ... 32
Aufgeklärter Absolutismus in Preußen ... 34
Friedrich II. – der „erste Diener des Staates" ... 35
Die Entstehung der „Donaumonarchie" ... 36
Der Aufstieg Österreichs zur Großmacht ... 37
Maria Theresia – eine Frau versteht zu herrschen ... 38
Joseph II. – ein aufgeklärter Monarch ... 39
Zwei Großmächte in einem Reich ... 40
Der Kampf um die Vorherrschaft ... 41

Anfänge des Parlaments in England ... 42
Machtkampf zwischen König und Parlament ... 43
Wird England Republik? ... 44
England – die Insel der Freiheiten? ... 45
Gesellschaft und Wirtschaft im Wandel ... 46
Englands Aufstieg zur Kolonial- und Handelsmacht ... 47
Werkstatt Geschichte:
Das Absolutismus-Rätsel ... 48
Zusammenfassung ... 49

Inhaltsverzeichnis

Barock und Aufklärung in Europa ... 50

Das Barock: eine Zeit der Widersprüche ... 52
Kunst im Dienst der Kirche ... 53
Barock – ein Feuerwerk für die Sinne ... 54
Das Rokoko – verspieltes Muschelwerk ... 55
Vorsicht: Täuschung! ... 56
Zwischen Illusion und Todesangst ... 57
Ludwig XIV. als Vorbild ... 58
Der barocke Park ... 59
Methode: Architektur als Quelle nutzen ... 60
Der französische Stil setzt sich durch ... 62
Kleider machen Leute ... 63

Barocker Lebensstil in Bayern ... 64
Leben am Hof des „blauen Kurfürsten" ... 65
Die teure Hofhaltung ... 66
Die Residenzstadt München ... 67
Prunkvolle Residenzen in Bayern ... 68
Barocke Stadtanlagen ... 70
München – gestern und heute ... 71

Auf den Spuren der Barockbaumeister ... 72
Kunsthandwerk des Barock in Bayern ... 73
Der Denkmalschutz ... 74
Spaziergang im Netz: Ein Museum stellt sich vor ... 75

Das Zeitalter der Aufklärung ... 76
Der Siegeszug der Naturwissenschaften ... 77
Kritik am Absolutismus ... 78
Was ist „Aufklärung"? ... 79
Methode: Mit Textquellen arbeiten ... 80
Die Aufklärung in Deutschland ... 81

Der Alltag des Menschen ... 82
Das Leben in der Dorfgemeinschaft ... 83
Das Leben in der Stadt ... 84
Ehe und Familie ... 85

Die Rolle der Frau in der vorindustriellen Gesellschaft ... 86
Die Aufgaben von Mann und Frau ... 88
Das Frauenbild der Aufklärung ... 89
Frauen im öffentlichen Leben ... 90
Frauen des 17. und 18. Jahrhunderts ... 91

Kindheit und Jugend ... 92
Leben und Sterben im 17. und 18. Jahrhundert ... 94
Am Rand der Gesellschaft ... 95
Infrastruktur: Verkehr und Transport ... 96
Information und Bildung ... 98
Rechtsfindung und -vollstreckung ... 100

Leben in Kriegs- und Notzeiten ... 102
Der Spanische Erbfolgekrieg ... 103
Oberst Trenck und die Panduren ... 104
Der Österreichische Erbfolgekrieg ... 105
Hungerjahre ... 106
Zusammenfassung ... 107

Inhaltsverzeichnis

Grundlagen der Moderne ... 108

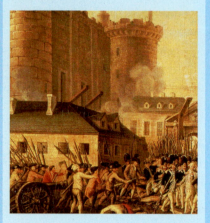

Industrielle Anfänge in England ... 110
Wandel in Wirtschaft und Technik ... 111

Die ersten Kolonisten in Amerika ... 112
Das Leben in den Kolonien ... 113
Wem gehört das Land? ... 114
Goldgräber, Siedler und Indianer ... 115
Der Kampf um die Unabhängigkeit ... 116
Englische Untertanen in Amerika? ... 117
„Amerika den Amerikanern" ... 118
Die Verfassung der Vereinigten Staaten ... 119
Methode: Grafiken lesen und verstehen ... 120
Menschenrechte – nicht für alle ... 121

Die Französische Revolution ... 122
Die Krise des Absolutismus ... 123
Die Revolution beginnt ... 124
Von den Generalständen zur Nationalversammlung ... 125
Der dritte Stand erhebt sich ... 126
Frauen zwingen den König nach Paris ... 127
Freiheit – Gleichheit – Brüderlichkeit ... 128
Die Verfassung von 1791 ... 129
Der König versucht zu fliehen ... 130
Die Revolutionskriege beginnen ... 131
Frankreich wird Republik ... 132
Krieg der Freiheit gegen die Feinde ... 133
Die Schreckensherrschaft ... 134
Die Revolution frisst ihre Kinder ... 135

Der Aufstieg Napoleons ... 136
General Bonaparte beendet die Revolution ... 137
Staaten kommen und gehen ... 138
Die neue Landkarte Deutschlands ... 139
Frankreich dehnt sich aus ... 140
... und England wehrt sich ... 141
Reformen für Preußen ... 142
Aus Untertanen werden Bürger ... 143
Bayern erhält ein neues Gesicht ... 144
Die Reformen des Ministers Montgelas ... 145
Methode: Karten vergleichen ... 146
Widerstand regt sich ... 148
Spanien und Tirol proben den Aufstand ... 149
Napoleon kämpft gegen die verbrannte Erde ... 150
Der Untergang der „Grande Armée" ... 151
Methode: Texte zusammenfassen (Exzerpieren) ... 152
Preußen erklärt Napoleon den Krieg ... 154
Die Völkerschlacht bei Leipzig ... 155
Zusammenfassung ... 156

Inhaltsverzeichnis

Restauration und Emanzipation 158

Die Neuordnung Europas 160
Die Prinzipien des Wiener
  Kongresses 161
Die Heilige Allianz 162
Der Deutsche Bund 163
Die Kunst als Spiegel
  der Politik 164
Romantik und Biedermeier 165
Die nationale und
  liberale Opposition 166
Die Karlsbader Beschlüsse 167
Proteste gegen die Unter-
  drückung 168
Die nationale Bewegung
  erstarkt 169

Die Revolution von 1848 170
Das Volk geht
  auf die Barrikaden 171
Die Frankfurter National-
  versammlung 172
Die Arbeit der National-
  versammlung 173
Die Verfassung von 1849 174
Der König lehnt
  die Kaiserkrone ab 175
Methode:
Arbeit mit Karikaturen 176
Die Fürsten stellen die alte
  Ordnung wieder her 177

**Bayern unter
  König Ludwig I.** 178
Die Verfassung von 1818 179
Zwischen liberaler
  Verfassung ... 180
... und königlichem Herr-
  schaftsanspruch 181
Der König als Mäzen 182
Zusammenfassung 183

Geschichtsfries 184

Begriffe – Namen – Daten 190
Register/Verzeichnis
  der Worterklärungen (*) 193
Quellenverzeichnisse 196

Europa und die frühe Staatenbildung

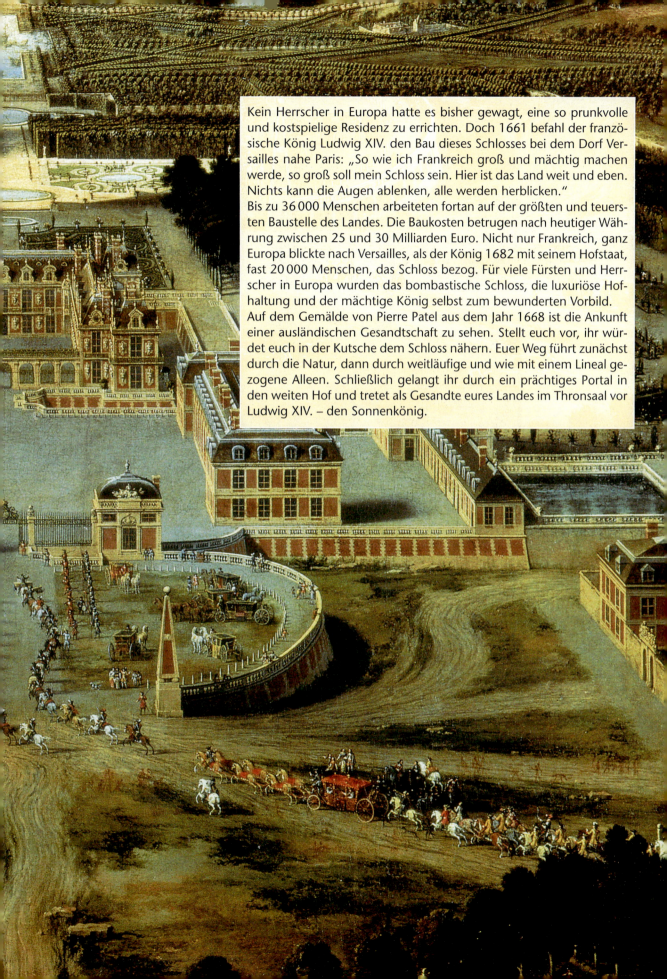

Kein Herrscher in Europa hatte es bisher gewagt, eine so prunkvolle und kostspielige Residenz zu errichten. Doch 1661 befahl der französische König Ludwig XIV. den Bau dieses Schlosses bei dem Dorf Versailles nahe Paris: „So wie ich Frankreich groß und mächtig machen werde, so groß soll mein Schloss sein. Hier ist das Land weit und eben. Nichts kann die Augen ablenken, alle werden herblicken."

Bis zu 36 000 Menschen arbeiteten fortan auf der größten und teuersten Baustelle des Landes. Die Baukosten betrugen nach heutiger Währung zwischen 25 und 30 Milliarden Euro. Nicht nur Frankreich, ganz Europa blickte nach Versailles, als der König 1682 mit seinem Hofstaat, fast 20 000 Menschen, das Schloss bezog. Für viele Fürsten und Herrscher in Europa wurden das bombastische Schloss, die luxuriöse Hofhaltung und der mächtige König selbst zum bewunderten Vorbild.

Auf dem Gemälde von Pierre Patel aus dem Jahr 1668 ist die Ankunft einer ausländischen Gesandtschaft zu sehen. Stellt euch vor, ihr würdet euch in der Kutsche dem Schloss nähern. Euer Weg führt zunächst durch die Natur, dann durch weitläufige und wie mit einem Lineal gezogene Alleen. Schließlich gelangt ihr durch ein prächtiges Portal in den weiten Hof und tretet als Gesandte eures Landes im Thronsaal vor Ludwig XIV. – den Sonnenkönig.

Der Absolutismus: Beispiel Frankreich

1 In der Bartholomäusnacht (23./24. August) 1572 wurden etwa 20 000 Hugenotten auf Befehl des Königs ermordet. Gemälde von François Dubois.

Heinrich IV., König von Frankreich (1589–1610).

Religions- und Bürgerkrieg im 16. Jahrhundert

Auch in Frankreich hatte sich im 16. Jahrhundert die Reformation ausgebreitet. Der religiöse Gegensatz zwischen den Calvinisten, die sich hier Hugenotten nannten, und den Katholiken führte 1562 zu einem 36 Jahre tobenden Religions- und Bürgerkrieg, der seinen grausamen Höhepunkt in der so genannten Bluthochzeit von Paris fand (siehe Bd. 7, S. 195). Die Heirat der katholischen Prinzessin Margarethe von Valois mit dem Calvinisten Heinrich von Navarra sollte die verfeindeten Konfessionen versöhnen, führte aber zu einem Blutbad, das 20 000 Opfer forderte. Auf Befehl des Königs wurden Tausende von Hugenotten in Paris und in anderen Provinzstädten ermordet. Erst das Aussterben des regierenden Königshauses brachte den ersehnten Frieden. Der thronberechtigte Heinrich von Navarra aus dem Geschlecht der Bourbonen wurde 1594 zum König gekrönt, nachdem er zum katholischen Glauben übergetreten war („Paris ist eine Messe wert"). Mit dem Edikt von Nantes 1598 gewährte er aber zugleich seinen ehemaligen Glaubensgenossen weitgehende Rechte.

Q1 Aus dem Edikt von Nantes vom 13. April 1598:

… Um keinen Anlass zu Unruhen zwischen Unseren Untertanen bestehen zu lassen, haben Wir erlaubt und erlauben Wir den Anhängern der so genannten reformierten Religion, in allen Städten und Ortschaften Unseres Königreichs und Ländern Unseres Machtbereichs zu leben und zu wohnen, ohne dass dort nach ihnen gesucht wird oder sie bedrückt und gezwungen werden etwas gegen ihr Gewissen zu tun.
Wir verbieten ausdrücklichst die genannte Religion an Unserem Hofe und in Unserem Gefolge, ebenso wenig in Unserer Stadt Paris und in einem Umkreis von fünf Meilen außerhalb dieser Stadt auszuüben …

1 Versetzt euch in die Lage eines Hugenotten und schildert in einem Brief, wie ihr die auf dem Gemälde von Dubois dargestellte Bartholomäusnacht überlebt habt.
2 Gibt es Beispiele dafür, dass auch heute noch religiöse Unterschiede zu Konflikten und Bürgerkriegen führen?
3 Erklärt den Ausspruch Heinrichs IV. „Paris ist eine Messe wert".

Eine neue Staatslehre entsteht

Wegbereiter des Absolutismus*
Mit dem Edikt von Nantes war in Frankreich der Religionsfriede zwischen den Konfessionen hergestellt, gleichzeitig war das Königtum zur bestimmenden Macht im Land geworden. Unterstützung in seinem Bestreben den Einfluss der Stände*, insbesondere des Adels, zurückzudrängen fand Heinrich IV. in dem Rechtsgelehrten Jean Bodin.

Q2 In seinem 1576 veröffentlichten Werk „Sechs Bücher über den Staat" schreibt Bodin:
… Das erste Merkmal des souveränen Fürsten ist es, allen das Gesetz … zu geben. Unter jener Gewalt, Gesetz zu geben …, sind alle anderen Rechte und Merkmale der Souveränität eingeschlossen …, also die Entscheidung über Krieg und Frieden, das Recht, letzte Instanz zu sein für die Ernennung und Entlassung der höchsten Beamten, die Besteuerung oder Befreiung der Untertanen von Lasten und Gebühren, das Begnadigungsrecht, das Recht ohne Vorbehalt von Untertanen und Vasallen den Treueid zu verlangen … Die souveränen Herrscher dürfen auf keine Weise den Befehlen anderer untertan sein … Gänzlich anders verhält es sich mit den göttlichen und den natürlichen Gesetzen. Alle Fürsten der Erde sind ihnen unterworfen, es liegt nicht in ihrer Macht, sich ihnen entgegenzustellen …

4 Welche Rechte umfasst laut Bodin die absolute Macht der Fürsten?
5 Wodurch wird die Macht souveräner Herrscher eingeschränkt?

2 Kardinal Armand-Jean du Plessis, Herzog von Richelieu. Gemälde von Philippe de Champaigne, 1635.

Als der beim Volk beliebte König 1610 von religiösen Fanatikern ermordet wurde, setzte sein Nachfolger Ludwig XIII. seine Politik fort. Er stand ganz unter dem Einfluss von Kardinal Richelieu (1624–1642), der als sein Berater und Erster Minister die Staatsgeschäfte leitete. Rücksichtslos brach Richelieu die Macht der Stände; die Generalstände* – 1614 das letzte Mal zusammengerufen – verloren das Recht, bei der Gesetzgebung und Steuererhebung mitzuwirken. Auch die politischen Sonderrechte der Hugenotten, befestigte Plätze zu besitzen, hob er auf, da er darin eine Gefahr für die Machtstellung des Königs sah. Sein außenpolitisches Programm sah vor, den französischen Staat zu sichern und zu erweitern. Er führte das katholische Frankreich auf der Seite der evangelischen Partei gegen das Haus Habsburg in den Dreißigjährigen Krieg. Der Westfälische Friede 1648 brachte Frankreich Gebietsgewinne im Elsass.

Nach dem Tod Richelieus und Ludwigs XIII. übernahm Kardinal Mazarin (1642–1661) die Führung der Staatsgeschäfte für den unmündigen Ludwig XIV., der als Fünfjähriger 1643 zum König gekrönt wurde. Die Übergangsherrschaft versuchten der entmachtete Hochadel und ein Großteil der Bevölkerung von Paris im Aufstand der Fronde („Steineschleuderer") zu nutzen; mit Hilfe königstreuer Truppen gelang es aber Mazarin diese Erhebung niederzuwerfen und die königliche Macht zu wahren.

▶ **Absolutismus***
(lat. absolutus = losgelöst): Bezeichnung für die Epoche vom 16. bis 18. Jahrhundert, in der Ludwig XIV. und seine Regierungsform in Europa als Vorbild galten. Der Monarch besaß die uneingeschränkte Herrschaftsgewalt. Er regierte losgelöst von den Gesetzen und forderte von allen Untertanen unbedingten Gehorsam.

Stände*:
Gesellschaftliche Gruppen, die sich voneinander durch Herkunft, Beruf und eigene Rechte abgrenzen. Im Mittelalter unterschied man drei Stände: Geistlichkeit, Adel, Bauern und Bürger.

Generalstände*:
Die Versammlung der Vertreter der drei Stände von ganz Frankreich seit dem Beginn des 14. Jahrhunderts. Sie wurden in der Zeit des Absolutismus nicht einberufen. Die Generalstände hatten vor allem das Recht der Steuerbewilligung.

Lesetipp:
Alexandre Dumas: Die drei Musketiere. Arena, Würzburg 2000.

Ludwig XIV.: Der Staat – das bin ich!

1 **König Ludwig XIV. als römischer Kaiser.** Statue von Antoine Coysevox, 1689.

1643–1715: Herrschaft des französischen Königs Ludwig XIV.

Ludwig XIV. übernimmt die Regierungsgeschäfte

Solange Ludwig XIV. noch ein Kind war, führte für ihn Kardinal Mazarin die Regierungsgeschäfte. Als dieser am 9. März 1661 starb, eilte der Erzbischof von Rouen zu dem 23-jährigen König um in Erfahrung zu bringen, wer in Zukunft Frankreich regieren werde. „Majestät", fragte er, „an wen sollen wir uns in Zukunft wenden?" „An mich", gab ihm der König zur Antwort. Bereits am folgenden Morgen, um 7 Uhr früh, rief Ludwig den Staatsrat zusammen. Nichts, so erklärte er den völlig überraschten Ministern, dürfe künftig ohne seinen Willen geschehen. Er allein werde die Befehle erteilen. Sache der Minister und Beamten sei es, diese auszuführen.

Q1 Zehn Jahre später schrieb der König von sich selbst:

… Ich entschloss mich keinen „Ersten Minister" mehr in meinen Dienst zu nehmen. Denn nichts ist unwürdiger, als wenn man auf der einen Seite alle Funktionen, auf der anderen Seite nur den leeren Titel eines Königs bemerkt. Ich wollte die oberste Leitung ganz allein in meiner Hand zusammenfassen … Ich bin über alles unterrichtet, höre auch meine geringsten Untertanen an, weiß jederzeit über Stärke und Ausbildungsstand meiner Truppen und über den Zustand meiner Festungen Bescheid. Ich gebe unverzüglich meine Befehle zu ihrer Versorgung, verhandle unmittelbar mit den fremden Gesandten, empfange und lese die Nachrichten und entwerfe teilweise selbst die Ant-

Die Macht des absoluten Herrschers

2 **Ludwig XIV. lässt sich und seine Familie in den Gestalten antiker Götter malen.** Gemälde von Jean Nocret, um 1670.

Medaille Ludwigs XIV. von 1674:
„Durch ihre Einzigartigkeit, durch den Glanz, der sie umgibt, durch das Licht, das sie anderen Sternen verleiht, … ist sie (die Sonne) das lebendigste und schönste Abbild des Königs."
Die herausragende Stellung des Königs fand ihren sichtbaren Ausdruck in dem von Ludwig XIV. selbst ausgewählten Symbol der Sonne. Bereits zu seinen Lebzeiten erhielt er daher den Beinamen
▶ „Sonnenkönig".

▶ *Gottesgnadentum*:*
Als Herrscher „von Gottes Gnaden", als von Gott eingesetzte und nur ihm verantwortliche Herrscher rechtfertigen die Könige und Fürsten ihren absoluten Herrschaftsanspruch.

worten, während ich für die übrigen (Antworten) meinen Sekretären das Wesentliche angebe. Ich regle Einnahmen und Ausgaben des Staates und lasse mir von denen, die ich mit wichtigen Ämtern betraue, persönlich Rechenschaft geben …

1 *Schreibt aus der Quelle jenen Satz heraus, in dem der König zum Ausdruck bringt, dass er allein regieren möchte.*
2 *Tragt in eine Tabelle die verschiedenen Aufgabenbereiche ein, um die sich der König selbst kümmert.*

Ludwig XIV. – der „Sonnenkönig"

„Der Staat – das bin ich!" (franz.: „L'Etat c'est moi!"): Dieser allerdings nicht verbürgte Ausspruch Ludwigs XIV. entsprach seiner Denkweise und seiner Vorstellung von einer uneingeschränkten Herrschaft des Königs über sein Reich und seine Untertanen. Diesen absoluten Herrschaftsanspruch leitete er von Gott ab (Gottesgnadentum*). Er wurde darin von seinem Hofprediger, dem Bischof Jacques Bossuet (1627–1704), der großen Einfluss auf die Politik des Königs hatte, unterstützt.

Q2 Jacques Bossuet über die Stellung des Königs:
… Gott setzt die Könige als seine Minister ein und regiert durch sie die Völker. Sie handeln als seine Diener und Stellvertreter auf Erden … Der königliche Thron ist nicht der Thron eines Menschen, sondern der Thron Gottes selbst. Aus all dem geht hervor, dass die Person des Königs geheiligt ist … Der König muss über seine Befehle niemandem Rechenschaft geben … Nur Gott kann über seine Maßnahmen urteilen …

3 *Wer setzt nach Bossuet die Könige ein? Was ergibt sich daraus für die Herrschaft des Königs? Vergleicht damit den Artikel 20 des Grundgesetzes („Alle Staatsgewalt geht vom Volke aus.").*
4 *Überlegt, inwiefern sich die Gedanken Bossuets über die Stellung des Königs in der Statue (Abbildung 1) und in dem Gemälde (Abbildung 2) widerspiegeln. Achtet dabei besonders auf die Mimik (Gesichtsausdruck) und Gestik (Körperhaltung) des Königs.*
5 *Warum lässt sich Ludwig XIV. als römischer Kaiser darstellen (siehe Abbildung 1)?*

Jacques Bénigne Bossuet (1627–1704). Gemälde von Hyacinthe Rigaud, 1698. Der Bischof von Meaux war Erzieher Ludwigs XIV. und unterstützte ihn gegen die Protestanten.

Das Schloss von Versailles

Künstler und Wissenschaftler am Hof Ludwigs XIV.:

Molière, eigentlicher Name: Jean-Baptiste Poquelin (1622 bis 1673)

Blaise Pascal (1623–1662)

Jean-Baptiste Lully (1632–1687)

Hyacinthe Rigaud (1659–1743)

Ludwig XIV. im Gewand eines Sonnengottes.

Adlige Frau in der Mode zur Zeit des Absolutismus.

1 Schloss Versailles. Blick aus dem königlichen Schlafzimmer. Gemälde von Pierre Denis Martin, 1722.

Ein Schlafzimmer im Zentrum des Schlosses

Q1 Die Prinzessin Liselotte von der Pfalz, die mit einem Bruder Ludwigs XIV. verheiratet war, schrieb über Versailles:

… Es herrscht hier in Versailles eine Pracht, die du dir nicht ausdenken kannst. An Marmor und Gold wurde nicht gespart. Edelsteine, Spiegel, Edelhölzer, Teppiche, wohin du nur schaust. Köstliche Gemälde und Statuen an den Wänden. Und erst die Springbrunnen, Wasserkünste und Pavillons in dem riesigen Park. Denke dir nur, alle Alleen, Wege und Wasserläufe sind auf das Schlafzimmer des Königs, das im Zentrum des Schlosses liegt, ausgerichtet …

▶ Versailles, ca. 15 km von Paris entfernt, war ursprünglich eine sumpfige Einöde. In einem „Sumpf, in dem Nattern, Kröten und Frösche hausten" – so berichtet ein Zeitgenosse –, ließ der König das Jagdschlösschen seines Vaters zur glanzvollen Residenz ausbauen. Von 1661 bis 1689 bauten bis zu 36 000 Arbeiter an der Schlossanlage, die zum Vorbild vieler fürstlicher Residenzen in Europa wurde. Im Zentrum der Anlage stand das Schloss. Seine Dimensionen übertrafen alles bisher Bekannte: eine Gartenfront von 580 m Länge mit 375 Fenstern, insgesamt mehr als 2000 Räume, unter anderem riesige Säle wie der 73 m lange und mit 17 wandhohen Spiegeln und 42 prächtigen Kronlüstern geschmückte Spiegelsaal sowie riesige Flure.

Trotz all der Pracht herrschte im Schloss eine qualvolle Enge. Versailles beherbergte nahezu 20 000 Menschen. Nur wenige Räume waren beheizbar und es fehlten Bäder und Toiletten. Die vornehmsten Damen und Herren mussten den Körpergeruch mit starkem Parfüm überdecken und ihre Notdurft unter den Treppenabsätzen verrichten. Zum Hofstaat gehörte aber nicht nur der Adel. Mehrere tausend Diener, 338 Köche, 80 Pagen, 16 Türhüter, 12 Mantelträger, 8 Rasierer, 2 Nachtstuhlträger, 74 Geistliche, 48 Ärzte und viele andere Berufe – auch Künstler, Ingenieure und Wissenschaftler standen im Dienst des Königs. Denn wer in Frankreich etwas werden und bedeuten wollte, musste sich in die Nähe des Königs begeben und alles tun um auf sich aufmerksam zu machen.

1 Überlegt, aus welchen Gründen der König sein Schlafzimmer ins Zentrum des Schlosses verlegen ließ.

2 Sucht im Internet Informationen über Molière, Pascal, Lully und Rigaud.

Die Gärten von Versailles

2 Vom Apollobrunnen aus hat der Betrachter einen ungehinderten Blick auf die Schlossanlage von Versailles.

Festliche Gärten

Um die Hauptanlage des Schlosses herum erstreckte sich ein ausgedehnter Park, der 15 000 Hektar trockengelegtes Sumpfland umfasst. Die Gärten von Versailles bildeten den Rahmen für prächtige Hoffeste.

Q2 Der Gartenbaumeister André le Nôtre schrieb über seine Anlage:
… Ein König von Frankreich muss in diesen Lustbarkeiten etwas anderes sehen als nur ein schieres Schauspiel. Das Volk mag das Schauspiel, mit dem man ja eigentlich immer Vergnügen bereiten will. Dadurch beherrschen wir seinen Geist und seine Herzen manchmal besser als mittels Belohnungen oder Wohltaten …

Dabei fiel der erstaunte Blick des Betrachters in dem riesigen, offenen Park auch auf die geometrisch angelegten Blumenbeete, kugel- oder pyramidenförmig zugeschnittenen Sträucher und Bäume, Heckenlabyrinthe, Grotten, Pavillons, künstliche Wasserbecken und Marmorsäulen. Um die 1400 Brunnen und Fontänen mit Wasser zu versorgen, musste ein kleiner Fluss angestaut werden. Auf dem großen Kanal, der sogar schiffbar war, war die ganze Flotte, auf die der König besonders stolz war, in Miniaturform zu bewundern. Mit dieser Gartenarchitektur, bei der alles Natürliche vermieden wurde, sollte gezeigt werden, dass der König selbst die Natur beherrschte und sie nach seinem Willen formen konnte.

3 *Fasst die Ziele zusammen, die Ludwig XIV. mit den höfischen Festen und der Gartengestaltung verfolgte.*

Der König in Not

Das Schloss und das höfische Leben von Versailles waren aber nicht nur glanzvoll, sondern auch sehr teuer.

Q3 Aus dem französischen Staatshaushalt für das Jahr 1680:

Einnahmen	61 500 000 Livres
Baukosten des Schlosses	76 000 000 Livres
Hofhaltung	29 000 000 Livres

Jahr für Jahr verschlangen der Bau und der Unterhalt der königlichen Residenz und Hofhaltung einen Großteil der Staatseinnahmen. Dies war auch ein Grund, warum Frankreich am Ende der Regierungszeit Ludwigs XIV. hoch verschuldet, praktisch bankrott war. Aber dem König war nichts zu teuer gewesen um seine fast göttliche Stellung gegenüber den eigenen Untertanen und dem Ausland demonstrieren zu können.

4 *Die Bauzeit des Schlosses betrug 28 Jahre. Berechnet die jährliche finanzielle Belastung. Wie hoch waren die Unterhaltskosten im Vergleich zu den Einnahmen des Staates?*

5 *Was bedeutete Versailles für den französischen Steuerzahler?*

André le Nôtre (1613–1700), Gartenbaumeister Ludwigs XIV.

Löhne und Preise zur Zeit des Baus von Versailles (in Livres):

Jahresgehalt des Gartenbaumeisters le Nôtre 14 000
Jahreslohn eines Maurers (13-Stunden-Tag) ca. 180

Kosten für
– ein Leinenhemd 4
– ein Pfund Ochsenfleisch 0,15
– 450 g Weißbrot 0,10
– eine Perücke 42–100

Ein König im Schlafrock

1 **Der König wird angekleidet.** Farblithografie von Maurice Leloir, 19. Jahrhundert.

Wer darf dem König beim Anziehen helfen?

Schloss Versailles war das Zentrum Frankreichs. Der König bestimmte nicht nur über das Leben seiner Untertanen, sondern auch über das Leben am Hof. Die strenge Hofetikette* schrieb jedem Höfling den Tagesablauf vor.

Q1 Über die tägliche ▶ „Zeremonie des Ankleidens" berichtet ein Herzog:

… Morgens weckt den König der erste Kammerdiener. Dann treten der Reihe nach fünf verschiedene Gruppen von Menschen in das Schlafzimmer.
Zuerst kommt die „vertrauliche Gruppe": Das sind seine Kinder, der erste Arzt und der erste Chirurg. Es folgt die „große Gruppe": Zu ihr gehören der Meister der Garderobe, Friseure, Schneider, verschiedene Diener und die Kammerdamen der Königin. Man gießt dem König aus einer vergoldeten Schale Franzbranntwein über die Hände. Dann bekreuzigt sich der König und betet. Anschließend erhebt er sich aus dem Bett und zieht die Pantoffeln an. Der Großkämmerer reicht ihm den Schlafrock.
In diesem Augenblick wird die dritte Gruppe hereingelassen: verschiedene Diener, weitere Ärzte und Chirurgen und die königlichen Nachttopfträger. Der Kammeredelmann nennt dem König die Namen der vor der Tür wartenden Edelleute.
Diese treten als vierte Gruppe ein: Es sind dies die Mantel- und Büchsenträger, Kaplan und Hofprediger, Hauptmann und Major der Leibgarde, der Oberjägermeister, der Oberwolfsjäger und Oberbrotmeister, Gesandte und Minister.
Der König wäscht sich jetzt die Hände und zieht sich aus. Zwei Pagen ziehen ihm die Pantoffeln aus. Das Hemd wird beim rechten Ärmel vom Großmeister der Garderobe, beim linken Ärmel vom ersten Diener der Garderobe entfernt. Ein anderer Diener trägt ein frisches Hemd herbei.
In diesem feierlichen Augenblick wird die fünfte Gruppe hereingelassen, die einen großen Teil der übrigen Hofgesellschaft umfasst.
Diener bringen dem König jetzt die Kleider. In einem Körbchen werden ihm verschiedene Halsbinden gezeigt, von denen er eine auswählt. Der Vorstand der Taschentücherabteilung bringt auf einem silbernen Teller drei Taschentücher zur Auswahl. Schließlich überreicht ihm der Garderobenmeister Hut, Stock und Handschuhe. Der König kniet nochmals nieder zum Gebet. Dann erteilt er die Tagesbefehle und bestimmt das Programm des Tages …

Etikette:
Regeln, die beim Umgang mit anderen Menschen einzuhalten sind, besonders gegenüber höher Gestellten.

1 Beschreibt die Abbildung 1. Beachtet dabei auch die Haltung der einzelnen Personen.
2 Sucht in der Quelle 1 die Textstelle, die zu dieser Abbildung passt.
3 Versetzt euch in die Situation und überlegt, was die verschiedenen Personen übereinander gedacht haben könnten. Wie hättet ihr euch dabei gefühlt?

Die königliche Lockenpracht

Ludwig XIV. hatte nicht nur die politische Macht, er bestimmte auch die Mode und das kulturelle Leben. Man sagte, dass der neueste französische Trend, wenn er nach England oder Deutschland gelangte, in Paris schon wieder unmodern war. Über die Mode der Männer zur Zeit Ludwigs heißt es in einem Jugendbuch:

Ludwig führte am französischen Hof die Perücke ein – böse Zungen meinen um seine Kahlköpfigkeit zu verdecken. Die „Allongeperücke" (lang lockige, über die Schultern reichende Perücke) verlieh Würde und Autorität und jeder „feine Herr" trug sie. Das eigene Haar darunter war kurz geschnitten oder der Kopf ganz kahl geschoren. Teurere Perücken bestanden aus Menschenhaar, billigere aus Pferdehaar. Die Damenfrisuren erreichten nicht die Pracht der Männerperücken, doch wurde um 1690 als Gegenstück zur Allongeperücke die „Fontangeperücke" modern. Diese Hochfrisur türmte sich bis zu 20 cm auf dem Scheitel. Sie war an einem Drahtgestell befestigt, mit Bändern und Spitzen verziert und verjüngte sich nach oben. Die arbeitende Bevölkerung trug keine Perücken, da diese zu teuer und bei der Arbeit nur hinderlich waren. Blasse Haut galt nicht nur bei Frauen, sondern auch bei Männern als vornehm. Als Kontrast und um Hautflecken und Schmutz zu überdecken – Baden und Waschen galt nämlich als ungesund –, benutzten selbst Männer Rouge als Make-up sowie Schönheitspflästerchen aus schwarzem Taft in den verschiedensten Formen, z. B. Sonnen, Monde oder Sterne. Im 17. Jahrhundert tauchte die anzugähnliche Kleidung in der Herrenmode auf. Die lange Jacke (Justaucorps) wurde anfangs zugeknöpft, später offen getragen. Die Ärmel hatten breite geknöpfte Aufschläge. Dazu trug man eine Kniehose aus dem gleichen Stoff, die Culotte. Die Halsbinde begann die Halskrausen zu ersetzen. Der gut gekleidete Herr hatte häufig einen Spazierstock oder einen Degen bei sich, der von einem Bandelier (Schultergürtel) gehalten wurde.

Weitere Informationen über die Mode zur Zeit des Sonnenkönigs findet ihr in dem Buch von L. Rowland-Warne: Kleidung und Mode. Von der Toga bis zur Mode der Punks. Gerstenberg Verlag, Hildesheim 1992.

Bildbeschriftungen:
- Allongeperücke mit zwei Wülsten
- Halsbinde (Vorläuferin der Krawatte)
- festgeknöpfter breiter Ärmelaufschlag
- frackähnliches Sakko
- Kniehose

Methode: Arbeit mit Bildern

1 Das Jahr 1701: In der Werkstatt des königlichen Hofmalers Hyacinthe Rigaud (1659–1743) wird ein Bild Ludwigs XIV. angefertigt. Das große Gemälde (1,94 m x 2,77 m) zeigt den 63-jährigen König, der seit 40 Jahren Frankreich regiert.

Ein Herrscherbild erzählt

Schon das Schloss und das Hofleben von Versailles haben uns viel über Ludwig XIV. erzählt, aus dem Herrscherbild können wir noch mehr über ihn erfahren. Vor der Erfindung von Radio, Film und Fernsehen waren nämlich Gemälde die wichtigste Möglichkeit von Herrschern sich selbst ihrem Volk zu präsentieren. Kein Detail eines Bildes war deshalb dem Zufall überlassen, die Maler mussten genau nach Anweisung arbeiten.

Um die Darstellung eines Bildes und insbesondere die Botschaft, die es vermittelt, zu verstehen, müssen wir es uns genau anschauen, analysieren und interpretieren. Folgende Vorgehensweise kann uns dabei helfen:

– Zuerst wollen wir das Herrschergemälde auf uns wirken lassen. Schaut es in Ruhe an und schildert dann den ersten Eindruck, den der König auf euch macht.

– Wir wollen aber noch mehr über das Bild erfahren und es deshalb genauer untersuchen:

• Wer ist dargestellt?
Die Namen und Lebensdaten des Herrschers sind euch ja schon bekannt. Ihr könnt aber überlegen, warum der König das Gemälde erst so spät anfertigen ließ.
Der König ist ganz alleine auf dem Bild. Warum hat der Maler keine weiteren Personen in das Bild gemalt?

• Was ist dargestellt?
Erstellt eine Liste der wichtigen Einzelheiten im Bild. Überlegt, welche Bedeutung sie haben könnten. Was sollen z. B. die Lilien bedeuten?
Tipp: Erinnert ihr euch an die „Reichsinsignien" (Krone, Schwert, Zepter)?

• Wie ist der Herrscher dargestellt?
Betrachtet genau die Kleidung, die Haartracht, die Gestik und Mimik des Königs. Was sagen sie aus?

• An wen richtet sich die Darstellung?
Überlegt, wer sich dieses Bild angesehen hat. Immer waren es die Untertanen des Königs. Wie sehen sie ihren Herrscher? Schaut er sie an? Wie schaut er sie an? Sehen sie selbst den König eher von unten oder von oben an?

– Wir können uns aber noch mehr auf das Bild einlassen und versuchen kreativ mit ihm zu arbeiten, z. B. indem wir den Bildaufbau nachzeichnen. Klebt so viele Bogen Packpapier zusammen, bis ihr die Größe des Gemäldes erreicht habt. Befestigt diese Fläche an einer Wand im Klassenzimmer und skizziert die Person des Königs.

• Sprech- oder Denkblasen in das Bild einfügen. Überlegt, welcher Ausspruch Ludwigs XIV. am besten zu dem Gemälde passen würde.

• Einen Bildauftrag formulieren. Verfasst einen Brief, in dem Ludwig XIV. seinen Hofmaler Rigaud beauftragt ein Porträt von ihm zu malen. Erläutert dem Maler eure Vorstellungen.

• Unterschiedliche historische Bilder gegenüberstellen. In welchem Zusammenhang stehen das Historienbild und die Karikatur (Abbildung 2)? Beachtet dabei auch dessen Titel.

2 **Demaskierung.** Karikatur von William Thackeray, um 1830. Der Zeichner schrieb zu der Karikatur: „Man sieht sofort, dass die Majestät aus der Perücke gemacht ist, den hochhackigen Schuhen und dem Mantel ... So stellen Barbiere und Flickschuster die Götter her, die wir anbeten."

Der König und seine Untertanen

1 „Hoffentlich ist bald Schluss." Kolorierte Radierung, 1789.

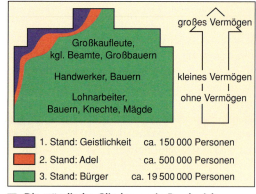

2 Die ständische Gliederung in Frankreich im 18. Jahrhundert.

Geistlicher

Adliger

Bürger

Bauer

Die ständische Gesellschaft

Die französische Gesellschaft war seit Jahrhunderten in Stände eingeteilt. Die höheren Geistlichen, Bischöfe und Äbte, gehörten zum ersten, der Adel zum zweiten Stand. Beide Stände besaßen bestimmte Vorrechte, so genannte Privilegien. Obwohl die meisten sehr reich waren, brauchten die Mitglieder der beiden Stände keine Steuern bezahlen; von den abhängigen Bauern erhielten sie Abgaben und Frondienste. Außerdem wurde der Adel bei der Vergabe von hohen Ämtern in Armee, Verwaltung und Kirche bevorzugt – als Ausgleich dafür, dass er vom König entmachtet worden war. Zudem durften Adlige als Einzige jagen und fischen und die meisten von ihnen lebten am Hof von Versailles. Als Höflinge genossen sie das aufwändige, aber auch kostspielige Hofleben, gerieten so in finanzielle Schwierigkeiten und wurden von der Gunst des Königs abhängig.

Fast alle Steuern, die der König einnahm, wurden vom dritten Stand, den Bürgern und Bauern, bezahlt. Hierzu zählten Bankiers, reiche Kaufleute, Handwerksmeister und Anwälte, aber auch kleine Händler, Gewerbetreibende und Gesellen, die in den Städten lebten, sowie die Landbevölkerung, meist leibeigene Bauern und Tagelöhner. Sie zusammen stellten die Mehrheit der Bevölkerung (etwa 82 Prozent). Bereits zu Beginn der Regierungszeit Ludwigs XIV. gelang es aber vielen Angehörigen des Bürgertums, in Ämter aufzusteigen, die früher nur Adel und Klerus vorbehalten waren. Ursache war die dauernde Geldnot des Königs, so dass der Finanzminister immer mehr Staatsämter auch an Bürgerliche verkaufte, die dadurch sogar in den Adelsstand aufsteigen konnten. Und auch mancher kleine Landadlige musste froh sein, wenn er seinen Sohn oder seine Tochter an einen reichen Bürger oder Bauern verheiraten konnte. So veränderte sich im 18. Jahrhundert die ursprünglich so starre Ständegesellschaft immer mehr.

1 Beschreibt die Karikatur (Abbildung 1). Wie lässt sich der Untertitel des Bildes deuten?
2 Berechnet mit Hilfe des Zahlenmaterials in Abbildung 2 den jeweiligen Anteil (in Prozent) der einzelnen Stände und Bevölkerungsgruppen an der Gesamtbevölkerung.
3 Versetzt euch in die Figuren, die in der Randleiste abgebildet sind. Überlegt, wie sie die Herrschaft Ludwigs XIV. empfunden haben könnten.

„Ein König, ein Glaube, ein Gesetz"

Ludwig hielt sich für einen König von Gottes Gnaden (siehe S. 13). Die katholische Kirche, der Ludwig angehörte, unterstützte diese Auffassung des Königs. Doch viele Untertanen gehörten zu den Hugenotten, den An-

Die Stützen der königlichen Macht

3 Die Stützen der absolutistischen Macht.

hängern Calvins in Frankreich. Im Widerspruch zum Edikt von Nantes (siehe S. 10) erneuerte Ludwig XIV. den alten Grundsatz der französischen Könige: „Ein König, ein Glaube, ein Gesetz". Im Jahre 1685 verbot er den Protestantismus und ließ alle Kirchen der Reformierten niederreißen. Den Hugenotten wurde es zudem verboten auszuwandern. Viele von ihnen traten nun aus Angst um ihr Leben zum katholischen Glauben über oder flohen trotz des königlichen Verbots ins Ausland, z. B. nach Preußen (siehe S. 30). Die katholische Kirche aber räumte dem König weitgehende Rechte ein. Ludwig XIV. ernannte fortan die Bischöfe und hatte auch die Aufsicht über das Kirchenvermögen.

Der König regiert zwar selbst, aber nicht allein

Zur Verwaltung seines Reichs benötigte der König erfahrene Ratgeber und Fachleute. Er gewährte deshalb ihm treu ergebenen Adligen, aber auch fähigen Angehörigen des dritten Standes gut bezahlte Ämter in der Staatsverwaltung. Wichtig für die Regierung des Landes waren insbesondere die Minister in den einzelnen Ressorts (Außenpolitik, Krieg, Marine, Justiz oder Finanzen) und die Intendanten, seine Beauftragten in den Provinzen. In ganz Frankreich überwachten sie z. B. die Steuereinziehungen, führten bei Gericht den Vorsitz und gaben die königlichen Anordnungen an die ihnen unterstellten Beamten weiter. Über alle Vorkommnisse erstatteten sie dem König Bericht, der somit über alles, was in seinem Reich vor sich ging, informiert war und rechtzeitig seine Maßnahmen, z. B. gegen bestechliche Beamte oder unzufriedene, aufrührerische Untertanen treffen konnte. Mit diesem zentralistischen Verwaltungssystem wurde der absolutistische Staat zum Vorbild für den modernen Staat.

Immer einsatzbereit – das stehende Heer*

Um seine absolute Herrschaft gegen aufständische Untertanen durchzusetzen, vor allem aber um Frankreich zum mächtigsten Staat Europas zu machen, brauchte Ludwig XIV. eine schlagkräftige Armee. Energisch und mit hohem finanziellen Aufwand betrieb er deshalb den Aufbau eines stehenden Heeres, das auch in Friedenszeiten einsatzbereit unter Waffen stand. Immer mehr Soldaten wurden für längere Zeit angeworben, mit neuen Waffen und gleichen Uniformen ausgerüstet und in Kasernen stationiert. Frankreich hatte 1664 etwa 45 000, bis 1703 schon fast 400 000 Soldaten täglich einsatzbereit und war damit die stärkste Militärmacht Europas geworden.

4 Erklärt die Bedeutung des Grundsatzes „Ein König, ein Glaube, ein Gesetz".

5 Zahlreiche militärische Bezeichnungen wurden im 17. und 18. Jahrhundert von anderen europäischen Armeen übernommen (siehe Randspalte). Informiert euch über Begriffe, die ihr nicht kennt, in einem Lexikon.

Stehendes Heer*:
Im Mittelalter wurden Heere nur für einen Krieg aufgestellt. Nach Kriegsende entließ man die Söldner und Landsknechte wieder. Seit dem 17. Jahrhundert schufen die absolutistischen Herrscher jedoch Armeen, die auch in Friedenszeiten einsatzbereit unter Waffen standen.

Zahlreiche militärische Bezeichnungen aus der französischen Armee wurden im 17. und 18. Jahrhundert von anderen europäischen Armeen übernommen, so z. B: Infanterie, Artillerie, Kavallerie, Leutnant, Munition, General und Proviant.

Merkantilismus – die neue Wirtschaftspolitik

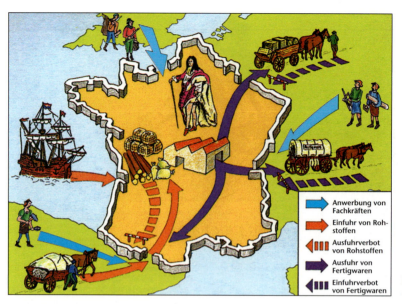

1 Die Wirtschaftsform des Merkantilismus.

▶ **Merkantilismus*** (lat. mercator = Kaufmann): Staatlich gelenkte Wirtschaftsform des Absolutismus. Durch intensiven Handel sollte möglichst viel Geld in das Land kommen, möglichst wenig Geld das Land verlassen. Die Regierung erhöhte daher die Ausfuhr von Fertigwaren und erschwerte die Einfuhr ausländischer Waren durch hohe Zölle.

Jean-Baptiste Colbert (1619–1683), Finanzminister Ludwigs XIV. und Begründer des Merkantilismus.

Ludwig XIV. braucht viel Geld

Q1 Die Finanzlage des Staates:
Der französische Staatshaushalt 1678
 Einnahmen: 99,5 Mio. Livres
 Ausgaben: 98,0 Mio. Livres für das Heer
  29,0 Mio. Livres für den Hof
  2,5 Mio. Livres für Sonstiges
Entwicklung der Staatsausgaben
 1609 König Heinrich IV. 78 Mio. Livres
 1699 König Ludwig XIV. 137 Mio. Livres
 1715 König Ludwig XIV. 219 Mio. Livres
Entwicklung der Schulden
 1680 ca. 47 Mio. Livres
 1715 ca. 3500 Mio. Livres

1 Was fällt bei der Zusammensetzung des Staatshaushalts und der Entwicklung der Staatsausgaben auf?

Nur wenige Jahre nach dem Regierungsantritt Ludwigs XIV. war der französische Staat bereits hoch verschuldet. Jahr für Jahr gab der König mehr Geld aus, als er einnahm. Schlossbau und Hofhaltung in Versailles, eine große Armee und die vielen Kriege verschlangen riesige Summen. Die Verschuldung des Staates stieg zusehends. Colbert, der Finanzminister des Königs, erkannte, dass die normalen Steuereinnahmen niemals ausreichen würden um die hohen Ausgaben des Königs zu decken. Dieser war nicht bereit zu sparen und zudem genossen Adel und Klerus das Privileg der Steuerfreiheit.
Um den immer neuen Geldforderungen nachkommen zu können entwickelte er ein neues Wirtschaftssystem, den Merkantilismus*. Mit der gezielten Förderung von Handel und Gewerbe wollte Colbert die Wirtschaft ankurbeln um damit eine neue Einnahmequelle für den Staat zu erschließen.

Colbert und die neue Wirtschaftspolitik

Um möglichst viel Geld hereinzubekommen schlug Colbert folgendes Verfahren vor:
– Frankreich importiert billige Rohstoffe aus dem Ausland, wenn möglich aus den eigenen Kolonien, die wirtschaftlich ausgebeutet werden. Die Einfuhr von Fertigwaren ist verboten oder wird durch Zölle verteuert.
– Diese Rohstoffe werden von französischen Arbeitern (oder ausländischen Fachkräften) in Manufakturen zu Fertigwaren verarbeitet und anschließend ins Ausland exportiert und verkauft.
– Um den Handel innerhalb Frankreichs zu erleichtern werden Maße, Gewichte und das Münzwesen vereinheitlicht.
– Innerhalb des französischen Staates darf es keine Zölle mehr geben. Der Ausbau von

Fortschrittliche Produktionsstätten: Manufakturen

2 Rasiermessermanufaktur. Kupferstich von Le Roy, um 1750.

Über die Arbeit in einer Stecknadelmanufaktur schrieb Adam Smith, der schottische Wirtschaftsfachmann, etwa 100 Jahre später:
... Einer zieht den Draht (a), ein anderer richtet ihn ein (b), ein Dritter schrotet ihn ab (c), ein Vierter spitzt ihn zu (d), ein Fünfter schleift ihn am oberen Ende (e), damit der Kopf angesetzt wird ... so wird das wenig wichtige Geschäft der Stecknadelfabrikation in ungefähr 18 verschiedene Verrichtungen verteilt ...

Straßen, Brücken und Kanälen wird vorangetrieben.
2 Erklärt mit Hilfe von Abbildung 1 die Grundzüge des Merkantilismus. Diskutiert die Vor- und Nachteile dieses Wirtschaftssystems.

Die Gründung von Manufakturen
Um die eigenen Fertigwaren möglichst günstig anbieten zu können musste man sie billig herstellen. Deshalb förderte Colbert die Gründung von Manufakturen, in denen viele Menschen arbeiteten. Die Arbeit wurde dabei in Einzelschritte zerlegt und jeder Arbeiter machte nur einen Handgriff. In diesen Großbetrieben konnten dadurch auch mehr Waren hergestellt werden als in den alten Handwerksbetrieben. Da zudem die Löhne für die oft ungelernten Arbeiter, die häufig von ausländischen Fachkräften angelernt wurden, sehr gering waren, erhöhten sich die Gewinne der Unternehmer. Es gab sowohl Manufakturen für Luxuswaren (z. B. Porzellan, Wandteppiche, Uhren) als auch für Massenerzeugnisse (z. B. Tuche, Waffen, Werkzeuge). In den Manufakturen standen allerdings noch keine Maschinen, die Arbeit wurde noch mit der Hand erledigt; dennoch kann man sie als Vorläufer der heutigen Fabriken bezeichnen.
3 Zählt nach, wie viele Arbeiter in der Rasiermessermanufaktur (Abbildung 2) beschäftigt waren. Was fällt dabei auf? Welche einzelnen Arbeitsschritte könnt ihr erkennen?
4 Ordnet die einzelnen Arbeitsschritte bei der Herstellung von Stecknadeln (siehe Quelle in der Randspalte) der jeweiligen Zeichnung zu.
5 Vergleicht die Manufaktur mit einem mittelalterlichen Handwerksbetrieb und einer modernen Fabrik.

Ein Blick von außen
Colbert hatte mit seiner Wirtschaftspolitik Erfolg. Die Einnahmen des Staates verdoppelten sich in kurzer Zeit.

Q2 Der Botschafter Venedigs äußerte voller Bewunderung:
... Colbert unterlässt nichts um die Industrien anderer Länder in Frankreich heimisch zu machen. Er versucht auf englische Art die französischen Häute zu gerben, damit sie die englischen Felle ersetzen ... Deutschland hat man die Hutmacherei und die Fabrikation des Weißblechs ... abgesehen ... Das Beste, was man in allen Weltteilen hat, stellt man jetzt in Frankreich her und so groß ist die Beliebtheit dieser Erzeugnisse, dass von allen Seiten die Bestellungen einlaufen ...
6 Stellt die Folgen zusammen, die der französische Merkantilismus für die übrigen Staaten Europas haben musste.

①

②

③

④

⑤

Ludwig XIV. – der königliche Räuber

Von der Muskete zum Gewehr:
Man brauchte 23 Handgriffe und acht bis zehn Minuten um eine Luntenschlossmuskete zu laden. Wegen ihres Gewichts musste der Musketier die Muskete auf einer kleinen Gabel aufstützen um zielen zu können. Unter Ludwig XIV. wurde diese großkalibrige Waffe durch das leichtere Gewehr ersetzt, das einfacher zu bedienen und wetterbeständiger war, denn es funktionierte ohne Lunte. Hinzu kam auch das Bajonett, eine Stoßwaffe für den Nahkampf, die auf den Gewehrlauf aufgesteckt wurde. Das Schießen selbst war alles andere als ungefährlich: Nicht selten explodierte die Waffe neben dem Kopf des Schützen, besonders dann, wenn er zu viel Pulver verwendet hatte.

Devolutionskrieg*:
So benannt nach dem Devolutionsrecht (= erbrechtlicher Vorrang der Kinder aus erster Ehe).

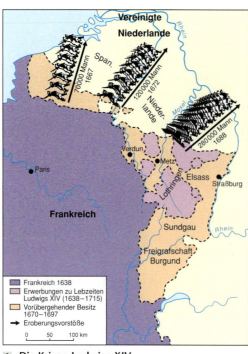

1 Die Kriege Ludwigs XIV.

Q1 Erzbischof Fenelon in einem anonymen Brief an den König:
… Sie waren 20 Jahre hindurch der Antreiber zu blutigen Kriegen, zu denen Ruhmsucht oder Rachsucht der einzige Anlass war … Alle durch Krieg erlangten Gebietserweiterungen sind zu Unrecht erfolgt. Immer wollten Sie den Frieden diktieren, Bedingungen stellen, statt maßvoll zu verhandeln. Deshalb war der Friede nie von Dauer … Selbst im Frieden haben Sie Krieg geführt und gewaltige Eroberungen gemacht … Ein solches Verhalten hat ganz Europa gegen Sie aufgebracht …

1 Fasst die Vorwürfe, die der Erzbischof gegen den König erhebt, zusammen.

Die französische Expansion im Überblick
Um sein Ziel, der mächtigste Herrscher in ganz Europa zu sein, zu erreichen führte Ludwig XIV. zahlreiche Kriege:

– **1667–1668 Devolutionskrieg***
Unter Berufung auf umstrittene Erbansprüche aus seiner Ehe mit einer spanischen Prinzessin greift der König die spanischen Niederlande an. Ein englisch-holländisch-schwedisches Bündnis zwingt ihn im Frieden von Aachen sich mit dem Gewinn einiger niederländischer Grenzfestungen zufrieden zu geben.

– **1672–1678 Niederländischer Krieg**
Wirtschaftliche Gründe führen zum Angriff auf die niederländischen Generalstaaten (Holland). Im Frieden von Nimwegen gewinnt Ludwig Gebiete in Burgund und am Oberrhein.

– **Seit 1679 Reunionen**
Französische Sondergerichtshöfe (Reunionskammern) erheben zweifelhafte historische Ansprüche auf Städte und Dörfer im Elsass und in Lothringen. Das rechtfertigt in den Augen des Königs deren Eingliederung in sein Reich, z. B. 1681 die Besetzung Straßburgs.

– **1688–1697 Pfälzischer Krieg**
Ludwig XIV. will rechtlich unhaltbare Erbansprüche seiner Schwägerin Liselotte von der Pfalz gewaltsam durchsetzen und sieht sich einem überlegenen europäischen Bündnis gegenüber. Auf ihrem Rückzug verwüstet die französische Armee die Pfalz, u. a. wird das Heidelberger Schloss zerstört.

– **1701–1713/14 Spanischer Erbfolgekrieg**
Nach dem Tod des letzten spanischen Habsburger Herrschers erhebt Ludwig Erbansprüche auf den spanischen Thron. Erneut bildet sich ein antifranzösisches Bündnis unter der Führung Englands, das das „Gleichgewicht der Macht" („balance of power") in Europa erhalten will. Im Frieden von Utrecht erhält zwar Philipp von Anjou, ein Enkel Ludwigs, die spanische Königswürde, eine Vereinigung Spaniens mit Frankreich wird aber ausgeschlossen. Damit bleibt Frankreich eine Großmacht unter anderen, hat jedoch Ludwigs Ziel einer französischen Vorherrschaft über Europa nicht erreicht. Über 1,2 Millionen Menschen waren dem Machtstreben des Sonnenkönigs zum Opfer gefallen.

2 Welche Folgen hatte Ludwigs Kriegspolitik?
3 Informiert euch in eurem Heimatmuseum, welche Folgen der Spanische Erbfolgekrieg für eure Region hatte (siehe auch S. 102/103).
4 Überlegt, welche anderen Mittel ein Herrscher hat um seine außenpolitischen Ziele zu erreichen.

Der Griff nach der Weltmacht

2 **Historische Karte der Kolonie Louisiana.** An den Ufern des Mississippi lebten zahlreiche Indianerstämme, mit denen die Franzosen anfäglich gut auskamen, sie aber sehr bald bekämpften.

Jacques Cartier (um 1491–1557) erforschte auf drei Entdeckungsreisen den St.-Lorenz-Strom bis in die Gegend von Quebec und Montreal.

Cavelier de la Salle (1643–1687) fuhr den Mississippi bis zum Golf von Mexiko hinunter (1681/82). Zuvor hatte er den Ohio und die Großen Seen erforscht.

Le Moyne d'Iberville (1661–1706) gründete die Kolonie Louisiana.

„Neu-Frankreich" in Übersee

Ludwigs Machtanspruch führte nicht nur zu Konflikten in Europa, sondern auch in den Kolonien, vor allem in Indien und Nordamerika. Frankreich sollte unter Ludwigs Herrschaft Weltmacht werden. Zudem waren Kolonien eine Voraussetzung für das Funktionieren des Merkantilismus: Einerseits sollten sie den Import von billigen Rohstoffen für die Manufakturen sicherstellen, andererseits als Absatzmarkt für die heimischen Erzeugnisse dienen. Bereits Jacques Cartier hatte auf seiner Suche nach „Kanada" (indianisch „Dorfgemeinschaften") 1534–1543 den St.-Lorenz-Strom erforscht, Siedlungen für den Pelzhandel mit den Indianern gegründet und von einem „Neu-Frankreich" geträumt. Samuel de Champlain verwirklichte diesen Traum mit der Gründung der Kolonie Quebec 1608.

Um die Engländer daran zu hindern, die französischen Siedler am St.-Lorenz-Strom zu überfallen, besetzten die Franzosen um 1682 den Lauf des Mississippi. Die neu erschlossenen Gebiete nannten sie zu Ehren des Sonnenkönigs „Louisiana". 1718 wurde Neu-Orleans (New Orleans) gegründet, die spätere Hauptstadt von Louisiana. Im Mississippi-Becken und vor allem in der kanadischen Provinz Quebec hat sich die französische Kultur bis heute erhalten.

5 Versetzt euch in die Lage eines französischen Siedlers, der seinen Verwandten in Frankreich einen Brief schreibt und sein Leben schildert.

Der König stirbt

Ludwigs Sucht nach Macht und Ruhm hatte Frankreich nicht nur in gefährliche militärische Abenteuer gestürzt, sondern den Staat auch finanziell ruiniert. Mehr als all die Prunkbauten waren diese Kriege Ursache dafür, dass er bei seinem Tod Staatsschulden zurückließ, deren Höhe auf über drei Milliarden Livres geschätzt wurde.

Q2 Nach einer 44-jährigen Regierung warnte Ludwig 1715 den fünf Jahre alten Thronfolger, seinen Urenkel, davor, seine Fehler zu wiederholen:

… Bald wirst du König eines großen Reichs sein. Trachte danach, Frieden mit deinen Nachbarn zu halten. Ich habe den Krieg zu sehr geliebt. Folge mir hierin nicht oder darin, mehr auszugeben als vorhanden ist. Erleichtere die Bürde deines Volkes – bald – und tue, was ich selbst unglücklicherweise nicht getan habe …

6 Erklärt, was Ludwig XIV. „unglücklicherweise nicht getan" hat.

Lesetipp:

Hans-Otto Meissner: *Kundschafter am St.-Lorenz-Strom.* Klett, Stuttgart 1984.

Hans-Otto Meissner: *Louisiana für meinen König.* Klett, Stuttgart ³1966.

Heiliges Römisches Reich

1 Das Heilige Römische Reich Deutscher Nation* 1648–1780.

Ein Reich und viele hundert Herren

Q1 In einer Abhandlung über die Verfassung des Heiligen Römischen Reichs Deutscher Nation schreibt der bedeutendste deutsche Rechtsgelehrte und Geschichtsschreiber des 17. Jahrhunderts, Samuel Pufendorf (1632 bis 1694), im Jahr 1667:

… Wir können also den Zustand Deutschlands am besten als einen solchen bezeichnen, der einem Bund mehrerer Staaten sehr nahe kommt, in dem ein Fürst als Führer des Bundes die herausragende Stellung hat und mit dem Anschein königlicher Macht umgeben ist. Die Größe und Stärke des Deutschen Reichs könnte, wenn es eine monarchische Verfassung hätte, für ganz Europa bedrohlich sein, aber es ist durch innere Krankheiten und Umwälzungen so geschwächt, dass es kaum sich selbst verteidigen kann …

1 *Wie charakterisiert Samuel Pufendorf das Deutsche Reich? Ist dies gerechtfertigt? Vergleicht seine Struktur mit der der Bundesrepublik Deutschland.*

Im Gegensatz zu Frankreich besaß das Deutsche Reich weder ein einheitliches Staatsgebiet noch eine einheitliche Staatsgewalt. Es bestand aus einem wahren „Flickenteppich" unterschiedlichster Einzelstaaten – Kurfürstentümer, Herzogtümer, Grafschaften oder auch kleinerer Gebilde wie Reichsstädte, Reichsritterschaften oder Reichsdörfer – unter der Herrschaft souveräner* Landesherren. Der von den Kurfürsten gewählte Kaiser war weitgehend politisch entmachtet und von den Reichsständen* abhängig. Nicht er verkörperte den Gedanken der Reichseinheit, sondern das Reichskammergericht und der Reichstag als oberste Verfassungsorgane.

Das 1495 gegründete Reichskammergericht, das seinen Sitz in Wetzlar hatte, besaß die höchste richterliche Gewalt im Reich, es wurde von den Reichsständen finanziert und besetzt. Der Klageweg stand allen offen, ob nun Adliger, Bürger oder Bauer. Jeder, der sich in seinen Rechten verletzt fühlte, konnte sich an dieses höchste Gericht wenden.

Die oberste Reichsgewalt lag beim ▶ Reichstag, der seit 1663 ständig in der freien Reichsstadt Regensburg tagte.

2 *Mit welchem heutigen Verfassungsorgan könnte man das Reichskammergericht vergleichen? Begründet eure Meinung.*

Heiliges Römisches Reich Deutscher Nation*: Offizielle Bezeichnung seit 1474, ab 1770 als Deutsches Reich oder Deutschland im Sprachgebrauch; bestand bis 1806.

souverän*: selbstständig, unabhängig.

Reichsstände*: Reichsstand war, wer Sitz und Stimme im Reichstag hatte. Dazu zählten die geistlichen und weltlichen Fürsten und die Reichsstädte. Gemeinsam war ihnen die direkte Besteuerung durch das Reich, die Belehnung durch den Kaiser und die Herrschaft über ein Territorium.

Rechts- und Friedensordnung

2 Auffahrt der Gesandten zum Immerwährenden Reichstag. Kupferstich von Andreas Geyer, 1729.

Vom Hoftag zum Immerwährenden Reichstag

Bereits im Mittelalter hatten die Kaiser die Reichsfürsten in unregelmäßigen Abständen zu Hof- oder Fürstentagen einberufen um gemeinsam über Angelegenheiten des Reichs zu beraten und Entscheidungen zu treffen. Im Rahmen einer umfassenden Reichsreform Ende des 15. Jahrhunderts entwickelte sich daraus der Reichstag, der nun jährlich vom Kaiser einberufen wurde. Das Recht der Teilnahme beschränkte sich auf die Reichsstände, die in drei Kurien organisiert waren: dem Kurfürstenrat mit neun Mitgliedern, dem Fürstenrat mit 100 und dem Städterat mit 50 Mitgliedern. Verhandelt wurden Angelegenheiten, die das Reich betrafen: Krieg und Frieden, Bündnisse, Landfrieden, Münzwesen, Steuern und Religionsfragen.

Trat der Reichstag anfänglich in verschiedenen Reichsstädten zusammen, so tagte er von 1663 bis 1806 fast ohne Unterbrechung als Immerwährender Reichstag in Regensburg. Deshalb ließen sich der Kaiser und andere hohe Herren durch Gesandte vertreten, die nach Weisung ihrer Auftraggeber bei den Beschlüssen ihre Stimme abgaben. Wichtige Reichsabschiede mussten einstimmig beschlossen werden. Der Reichstag wurde zum Vorläufer und Vorbild des heutigen Parlaments, allerdings nicht im Sinne einer demokratischen Volksvertretung, sondern als Ständeversammlung, die es im Zeitalter des Absolutismus nur noch in wenigen europäischen Ländern gab.

„Beglücktes Regensburg" – Stadt der Reichstage

Q2 Auch das Leben in der Stadt war in besonderem Maße durch den Reichstag geprägt:

… Jedes Mal, wenn ein Reichstag zusammentrat, war die große Welt zu Gast; feierliche, prunkvolle Einzüge der Prominenz des Reichs waren zu bestaunen; es gab große Empfänge und aufwändige Festlichkeiten am laufenden Band. Höfisches Leben zog ein: Theater- und Konzertaufführungen, Maskenbälle, Feuerwerke, Diners, die bis in den frühen Morgen dauerten. Aus ganz Deutschland und teilweise sogar aus dem europäischen Ausland strömten Diplomaten herbei; Gäste kamen um das interessant gewordene Regensburg zu besuchen, unter ihnen Leute mit klingendem Namen: Goethe, Mozart, Joseph Hadyn und viele andere. Die Architektur empfing neue Impulse; Barock und Rokoko hielten ihren Einzug, die alte Stadt erhielt ein neues Gesicht …

Regensburg, eine Stadt mit 20 000 Einwohnern, war damit zur „Stadt des Reichs", zu einer Art Hauptstadt des Heiligen Römischen Reichs Deutscher Nation geworden.

Gesandtensekretär

Geschenkträger

„Beglücktes Regensburg" – Stadt der Reichstage

1　Der Reichssaal im Alten Rathaus von Regensburg heute.

Das Alte Rathaus in Regensburg ist ein zentraler Ort der deutschen Verfassungsgeschichte, denn hier tagte von 1663 bis 1806 der „Immerwährende Reichstag" als oberste Verfassungsinstitution des Heiligen Römischen Reichs Deutscher Nation. Die Tagungsräume der verschiedenen Reichsstände, der Kurfürsten, Reichsfürsten und Reichsstädte, sowie der Reichssaal – ehemaliger städtischer Tanz- und Festsaal – sind noch im Originalzustand erhalten; sie sind heute Bestandteil des Reichstagsmuseums und können im Rahmen einer Führung besichtigt werden. Der „Reund Correlationssaal", wie der Reichssaal ursprünglich genannt wurde, war der repräsentative Ort, an dem sich alle Reichsstände zur Anhörung der Verhandlungsthemen, zur Diskussion und Beschlussfassung versammelten. Die Sitzordnung im Saal spiegelte dabei auch die politische und gesellschaftliche Rangordnung im Reich wider. In der Mitte der Stirnwand stand, erhöht durch vier mit rotem Tuch bespannte Stufen, unter einem Baldachin der Thron des Kaisers bzw. des Prinzipalkommissars, seines Stellvertreters. Zwei Stufen tiefer, ebenfalls auf rot bespannten Bänken, saßen zu beiden Seiten die geistlichen und weltlichen Kurfürsten. Die beiden grün bezogenen Bänke an den Längsseiten – nur durch eine Stufe erhöht – waren den reichsfürstlichen Gesandten vorbehalten und in der Mitte des Saals saßen auf ihren Bänken die Prälaten, Grafen und Vertreter der Städte. Daneben gab es noch eine Reihe weiterer Sitzungsräume für die einzelnen Kollegien. Im Regensburger Rathaus hat sich – vereinfacht gesagt – der Aufbau unseres heutigen Parlaments, des Bundestags, in seinem Anfangsstadium bereits abgezeichnet.

1 Oftmals wird der Reichstag mit dem heutigen Bundestag verglichen. Welche Unterschiede könnt ihr zwischen dem Reichssaal und dem Plenarsaal des Bundestages erkennen?
2 Bereitet eine Exkursion in das Reichstagsmuseum nach Regensburg vor. Informationen dazu könnt ihr euch unter folgender Adresse über das Internet besorgen: www.museen-in-bayern.de.

Einheit in der Vielfalt?

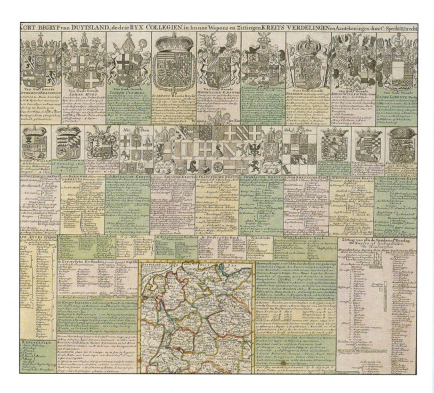

2 Die Reichskreise des Heiligen Römischen Reichs Deutscher Nation.

Die Reichskreise

Neben dem Reichstag stellten die Reichskreise ein weiteres föderales* Element der Reichsverfassung dar. Seit dem 16. Jahrhundert waren die über 1000 selbstständigen Territorien des Reichs in zehn regionale Reichskreise eingeteilt. Das heutige Bayern umfasste die Gebiete des ehemaligen bayerischen, fränkischen und schwäbischen Kreises. Kreismitglieder waren alle weltlichen und geistlichen Reichsstände. Die Reichskreise waren einerseits Institutionen* des Reichs, die Reichstagsbeschlüsse und Anordnungen des Kaisers in den Regionen umsetzen mussten, andererseits eigenständige Organe der Selbstverwaltung, d. h. sie konnten viele in ihrem Bereich anfallende staatliche Aufgaben eigenverantwortlich regeln. Auf Kreistagen, den regionalen Ständeversammlungen, wurde z. B. über Maßnahmen zur Sicherung des Landfriedens, die Vollstreckung der Urteile des Reichskammergerichts, das Münz- und Geldwesen, die Eintreibung der Reichssteuern oder die Aufstellung und Unterhaltung des Reichsheeres beraten und beschlossen.

Diese föderalen Strukturen des alten Reichs wirken bis in unsere Zeit fort. Die Bundesrepublik Deutschland ist ein Bundesstaat, in dem die Bundesländer eigenstaatliche Zuständigkeiten (z. B. Kulturhoheit) haben und durch den Bundesrat als Ländervertretung an politischen Entscheidungen des Bundes mitwirken. Auch in den Bundesländern wirkt dieses Prinzip fort, in Bayern z. B. in Form der Regierungsbezirke mit den Bezirkstagen oder in den Landkreisen mit den Kreistagen.

Mit seiner föderalen Struktur stellte das Heilige Römische Reich Deutscher Nation eine Besonderheit in der europäischen Staatenwelt des absolutistischen Zeitalters dar. Es war zudem kein Nationalstaat, sondern eine übernationale, multikulturelle Föderation von Königen, geistlichen und weltlichen Fürsten sowie Städten. Innerhalb seiner Grenzen sprach man nicht nur deutsch, sondern auch niederländisch, französisch, italienisch, tschechisch oder dänisch. Die Struktur dieses Reichs kann auch als Modell für eine Einigung Europas in unserer Zeit dienen.

▶ **Föderalismus/ föderal*:**
Politisches Gestaltungsprinzip, in dem sich einzelne Teilstaaten zusammenschließen, aber innerhalb des Gesamtstaates eigene Zuständigkeiten behalten und durch entsprechende Einrichtungen an der politischen Macht im Gesamtstaat beteiligt sind.

Institution*:
Einrichtung.

Vom Herzogtum zum Königreich: Brandenburg-Preußen

1 Territoriale Entwicklung Brandenburg-Preußens 1415–1795.

Friedrich Wilhelm I. (1640–1688), der „Große Kurfürst". Gemälde von Adriaen Hannemann, um 1650.

Friedrich I. (König in Preußen 1701 bis 1713). Gemälde von Friedrich Wilhelm Weidemann.

Streusandbüchse*:
Wegen seines kargen Sandbodens wurde die Mark Brandenburg als „des Reiches Streusandbüchse" verspottet. Eine Streusandbüchse war ein Gefäß ähnlich einem Salz- oder Pfefferstreuer; Streusand diente früher zum Trocknen nasser Tinte.

Asyl*: *Schutz vor Verfolgung.*

Der Aufstieg Brandenburg-Preußens

Im Jahr 1415 hatte Kaiser Sigismund den Burggrafen von Nürnberg, Friedrich von Hohenzollern, mit der Mark Brandenburg belehnt; seit dieser Zeit herrschten die Hohenzollern als Kurfürsten über „des Reiches Streusandbüchse*". Durch eine geschickte Heiratspolitik, durch Erbverträge und Kauf konnten sie ihr Territorium im Lauf der Zeit beträchtlich vergrößern. Vordringlichste Aufgabe der preußischen Herrscher musste es sein, aus ihrem Streubesitz einen einheitlichen Staat zu formen.

Dieser Aufgabe stellte sich als Erster der „Große Kurfürst", Friedrich Wilhelm I., der mit wechselnden Bündnissen die Macht Preußens in den kriegerischen Auseinandersetzungen mit Schweden behaupten und sogar vergrößern und im Westfälischen Frieden 1648 weitere Gebiete hinzugewinnen konnte. Zugleich verstand er es im Innern, seine absolute Herrschaft zu festigen, eine zentrale Verwaltung in den räumlich getrennten Landesteilen einzurichten und das durch die Kriege verwüstete Land wiederaufzubauen. Dies gelang vor allem durch die Aufnahme von über 20 000 aus Frankreich vertriebenen und geflüchteten Hugenotten, die in Preußen Asyl* erhielten und maßgeblich am Aufbau des Merkantilismus mitwirkten.

Friedrich III. – der Weg zur Krone

Als der habsburgische Kaiser Leopold I. im Spanischen Erbfolgekrieg Hilfe benötigte, gewährte ihm Friedrich III., der Sohn des „Großen Kurfürsten", militärischen und politischen Beistand und erhielt im Gegenzug 1701 den Königstitel. Als „König in Preußen" herrschte Friedrich I. anfänglich nur über die Gebiete Preußens, die außerhalb der Grenzen des Deutschen Reichs lagen, schließlich aber doch über Gesamt-Preußen. Diesen neuen Rang galt es nun auch zu repräsentieren. Berlin wurde zur Hauptstadt, das königliche Schloss Charlottenburg (benannt nach der Königin Sophie Charlotte) zur Residenz mit einer prächtigen Hofhaltung. Zugleich förderte er Kunst und Wissenschaft: 1694 gründete er die Universität Halle, 1696 die Akademie der Künste und Wissenschaften in Berlin. Doch die Staatsfinanzen waren zerrüttet; als der König 1713 starb, hinterließ er einen Schuldenberg von 20 Millionen Talern. Preußen stand vor dem Bankrott.

1 *Preußen wird nicht nur wegen der Sandböden Brandenburgs als „des Reiches Streusandbüchse" bezeichnet. Erarbeitet mit Hilfe von Karte 1 weitere Besonderheiten der geografischen Lage Preußens.*

2 *Zeigt Möglichkeiten auf, wie dieses zersplitterte Territorium zu einem einheitlichen Staat geformt werden kann.*

Friedrich Wilhelm I. – der „Soldatenkönig"

2 Militärstrafen zur Zeit Friedrich Wilhelms I. Anonymer Kupferstich, 1726.

Preußen wird zum Militärstaat

Im Gegensatz zu seinem verschwenderischen Vater war Friedrich Wilhelm I. sparsam bis zum Geiz. Um den Staatshaushalt zu sanieren gab er die teure Hofhaltung auf. Von den 24 Schlössern seines Vaters behielt er nur sechs, die anderen wurden verkauft oder verpachtet. Er entließ Kammerdiener und Pagen, löste die Hofkapelle auf und schloss die Oper; Karossen und Pferde, Möbel und Tafelsilber wurden versteigert, selbst der Krönungsmantel wurde verkauft.

Mit dem Erlös zahlte er nicht nur die Schulden seines Vaters, sondern finanzierte auch den Ausbau des stehenden Heeres. In kürzester Zeit rüstete er es auf 80 000 Soldaten auf, so dass Preußen die drittgrößte Militärmacht Europas wurde. Zugleich wurde die Bewaffnung modernisiert (eiserne Ladestöcke), die Montur vereinheitlicht (Uniform), die Ausbildung reglementiert (Gleichschritt). Der Drill und die Disziplin der Soldaten waren hart und grausam. Geringste Verstöße wurden streng geahndet. Nicht vorschriftsmäßige Montur oder Frisur hatten Prügel zur Folge. Mit Spießrutenlaufen wurden Trunkenheit, Prügeleien oder Glücksspiele bestraft. In den Stock spannen, Reiten auf dem scharfen Esel und Krummschließen waren weitere Strafen. Deserteuren schnitt man Ohren und Nasen ab oder sie wurden gehängt. Jede Befehlsverweigerung hatte die Todesstrafe zur Folge.

Das Heer in Preußen			Soldaten je 1000 Einw. 1740	
Jahr	Bevölkerung	Heer		
1660	–	8 000	Frankreich	10
1688	1 500 000	30 000	Preußen	37
1740	2 240 000	82 000	England	5
1786	5 430 000	188 000	Österreich	8
			Russland	9

3 Die Entwicklung des Heeres.

Mit unmenschlicher Härte formte der König eine Armee, die als unbesiegbar galt. Eine Elitetruppe – und zugleich eine besondere Liebhaberei – stellte dabei sein Garderegiment dar: die blauen Grenadiere, im Volksmund auch „lange Kerls" genannt. 2500 Soldaten mit überdurchschnittlicher Größe ließ er überall in Europa werben und kaufen, Geld spielte dabei keine Rolle. Nicht umsonst erhielt Friedrich Wilhelm I. den Beinamen „der Soldatenkönig" und trug als erster Monarch in Europa die Uniform.

3 Beschreibt anhand der Tabelle 3, wie sich die Heeresstärke in Preußen entwickelt hat. Vergleicht mit den anderen Ländern.

4 Welche Militärstrafen erkennt ihr auf der Radierung (Abbildung 2)? Was stellt die symbolische Figur im Vordergrund dar? Diskutiert die Bedeutung des Spruchs auf dem Sockel des Standbilds: „Ich schone niemand."

Friedrich Wilhelm I. (König von Preußen 1713–1740). Gemälde von Antoine Pesne, um 1733.

Bis zu 5000 Taler zahlte der König für seine großen Soldaten. Das Bild von Christof Merk (274 mal 110 cm) zeigt Schwerid Redivanoff aus Moskau in Originalgröße.

Methode: Ein historisches Lied als Quelle nutzen

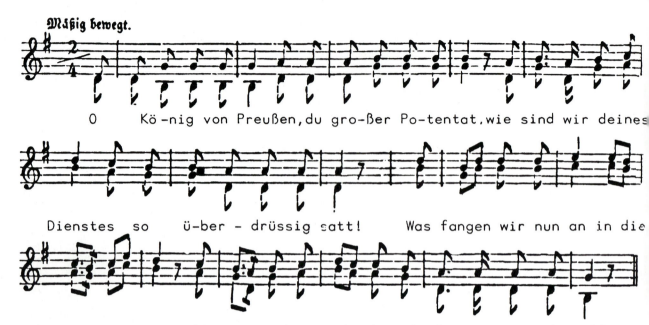

1.
O König von Preußen,
Du großer Potentat,
Wie sind wir deines Dienstes
So überdrüssig satt!
Was fangen wir nun an
In diesem Jammertal,
Allwo ist nichts zu finden
Als lauter Not und Qual?

2.
Und kommt das Frühjahr an,
Da ist die große Hitz',
Da muss man exerzier'n,
Dass ein'm der Buckel schwitzt.
Da muss man exerzier'n
Vom Morgen bis Mittag,
Und das verfluchte Leben,
Das währt den ganzen Tag.

3.
Vom Exerzieren weg
Geht's wieder auf die Wacht,
Kein Teufel tut nicht frag'n,
Ob man gefressen hat.
Kein Branntwein in der Flaschen,
Kein weißes Brod dabei;
Ein schlechtes Tabakrauchen,
Das ist der Zeitvertreib.

4.
Dann kommt ein ‚frisch' Parad';
Tut man ein falschen Tritt,
So fängt man an zu rufen.
Der Kerl muss aus dem Glied!
Patrontasche runter,
Den Säbel abgelegt,
Und tapfer drauf geschmissen,
Bis er sich nicht mehr regt!

5.
Ihr Herren, nehmt's nicht Wunder,
Wann einer desertiert,
Wir werden wie die Hunde
Mit Schlägen strapleziert;
Und bringen sie uns wieder,
Sie henken uns nicht auf,
Das Kriegsrecht wird gesprochen:
Der Kerl mus Gassen lauf!

6.
Und wann wir Gassen laufen,
So spielet man uns auf
Mit Waldhorn und Trompeten,
Da geht es tapfer drauf;
Da werden wir gehauen
Von einem Musketier,
Der eine hat's Bedauern,
Der andre gönnt es mir.

7.
Und werden wir dann alt.
Wo wenden wir uns hin?
Die G'sundheit ist verloren,
Die Kräfte sind dahin!
Und endlich wird es heißen:
Ein Vogel und kein Nest!
Geh', Alter, nimm den Schnappsack,
Bist auch Soldat gewest!

(Herkunft unbekannt)

Ein Soldatenlied aus dem 18. Jahrhundert

„Tiefer als Gedanken wurzeln Gefühle, tiefer als Worte Lieder. Sie erfassen die ganze Persönlichkeit. Wo immer Menschen sich von etwas ergriffen fühlen – sei es Freude oder Trauer, Hass oder Liebe, Begeisterung oder Mitgefühl –, drücken sie dies durch Lieder aus."

So sind auch geschichtliche Begebenheiten, Persönlichkeiten und Schicksale von den Menschen in ihrer Zeit in Lieder gefasst worden und haben sich sogar über die Jahrhunderte überliefert. Aus ihnen erfahren wir oftmals mehr vom Denken und Fühlen der Menschen, insbesondere der „kleinen Leute", als aus Textquellen. Die Vielzahl historischer Lieder lässt sich in verschiedene Typen unterteilen:

– Da sind zuerst die Lieder zu nennen, die vom Alltagsleben der Menschen in den verschiedenen Jahrhunderten erzählen, z. B. von Arbeit und Elend des bäuerlichen Lebens im Zeitalter des Absolutismus.

– Eine weitere umfangreiche Liedgruppe bilden die Arbeitslieder, in denen Bauern, Handwerker und Arbeiter ihr schweres Los beklagen.

– Vielfältig ist der Bestand an politischen Liedern, seien es nun Protest-, Spott- oder Revolutionslieder, in denen Kritik an den gesellschaftlichen Zuständen geübt wird.

– Schließlich ist die große Zahl der Soldaten- und Kriegslieder nicht zu übersehen. Lieder über große Heerführer (vgl. S. 37), soldatische Tugenden, Kameradschaft oder Vaterlandsliebe sollen Kampfeslust und Siegeszuversicht wecken, Lieder über die Schwere des Soldatenlebens, den Abschied von der Liebsten, den Verlust der Heimat, die Schrecken des Krieges spiegeln Trauer und Verzweiflung wider.

Das Soldatenlied „O König von Preußen"

Dieses preußische Soldatenlied ist erst verhältnismäßig spät (1815) überliefert worden. Doch darf als sicher angenommen werden, dass es schon früher in verschiedenen Versionen gesungen worden ist. Es war den Soldaten in der preußischen Armee bei Strafe verboten, dieses Lied, dessen scharfe Anklagen sich direkt an den König wenden, zu singen. Das Lied beschreibt allgemein das Soldatenleben im absolutistischen Preußen. Von den so genannten Säulen des absolutistischen Staates war das Militär in Preußen die weitaus wichtigste. Auf dem Aufbau eines stehenden, also dem Herrscher stets verfügbaren Heeres beruhte Preußens Aufstieg im 18. Jahrhundert.

Um Inhalt, Aussage und Absicht genauer zu erschließen stellen wir folgende Fragen an das Lied:

– Wann und wo ist dieses Lied entstanden?
– Wer ist der Verfasser dieses Liedes? Warum ist er unbekannt bzw. wird sein Name nicht genannt?
– Worum geht es in dem Lied? Unterstreicht dazu die entsprechenden Aussagen des Liedtextes in den einzelnen Strophen.
– Die erste Strophe des Liedes richtet sich an den König, die fünfte an die Vorgesetzten. Stellt Vermutungen an, ob die Soldaten das Lied tatsächlich in deren Gegenwart gesungen haben. Wie hätten König bzw. Vorgesetzte vermutlich reagiert?
– Was wollten die Soldaten, die dieses Lied sangen, zum Ausdruck bringen?
– Welchen Eindruck macht dieses Lied auf euch, wenn ihr es hört und auch selber singt (evtl. mit Begleitung einer Gitarre)? Passt die Musik zum Text? Bewegt euch selbst zum Rhythmus des Liedes. Ihr könnt dieses Soldatenlied auch zur Durchführung eines fächerübergreifenden Projekts (Geschichte, Deutsch, Musik, Kunsterziehung) heranziehen.

Aus der CD „Historische Lieder" (Erhard Friedrich Verlag, Seelze/Ernst Klett Schulbuchverlag, Stuttgart 1996) könnt ihr euch ausgewählte Ausschnitte anhören.

1 Gestaltet den Liedtext in ein Rollenspiel um, indem ihr euch in die Situation von preußischen Soldaten des 18. Jahrhunderts versetzt, die ihr Schicksal schildern. Führt das Rollenspiel vor der Klasse auf.

2 Im 18. Jahrhundert hätten Soldaten kaum gewagt einen Beschwerdebrief an den König zu schreiben – wenn sie überhaupt schreiben konnten. Verfasst einen Bittbrief der Soldaten an den König, in dem sie dem König vorschlagen, wie er das Soldatenleben erleichtern könnte.

3 Inszeniert eine Moritat (Bänkelsang). Zeichnet oder malt zu den einzelnen Strophen des Lieds entsprechende Bilder. Klebt sie auf Pappe und stellt sie auf eine Staffelei. Lied und Bilder können dann in Bänkelsängermanier (weitere Hilfsmittel Bank und Zeigestock) vor der Klasse oder vor größerem Publikum dargeboten werden.

4 Stellt ein Liederheft zusammen, in dem ihr Soldaten- und Kriegslieder aus den verschiedenen Jahrhunderten sammelt. Ihr könnt es zusätzlich mit passenden Texten, Bildern oder Zeichnungen ausschmücken.

Aufgeklärter Absolutismus in Preußen

1 **Flötenkonzert in Sanssouci.** Gemälde von Adolph von Menzel, 1850–52.

Kronprinz Friedrich und seine Frau Elisabeth Christine von Braunschweig-Bevern, mit der er eine glück- und kinderlose Ehe führte, bevor er sie 1740 auf Schloss Niederschönhausen verbannte.

Aufgeklärter Absolutismus*:
Der Versuch einiger Herrscher in der Spätzeit des Absolutismus, ihre Herrschaftsform mit den Gedanken der Aufklärung zu vereinen. Dabei gewinnen z. B. die Vorstellungen der Gleichheit der Menschen vor dem Gesetz oder der Duldung verschiedener Religionen an Bedeutung.

Der Vater-Sohn-Konflikt

König Friedrich Wilhelm I. wünschte, dass sein ältester Sohn Friedrich (1712–1786) „ein frommer Christ, ein tüchtiger Soldat, ein sparsamer Haushalter werde". Doch der Kronprinz war mehr den schönen Künsten zugetan, er liebte Literatur und Musik, spielte Flöte und komponierte. Da sein strenger Vater dafür kein Verständis hatte, kam es zwischen beiden zu erbitterten Auseinandersetzungen. Schließlich entschloss sich Friedrich zusammen mit seinem Freund, dem Leutnant von Katte, zur Flucht nach England. Beide wurden aber kurz vor der Grenze gefasst und der wutentbrannte Vater ließ sie vor das Kriegsgericht bringen, das Friedrich zu Festungshaft, seinen Freund aber zum Tod verurteilte. Dieses furchtbare Erlebnis und die Haft veränderten sein Verhältnis zum Vater, mit dem er sich – wenn auch nur nach außen hin – versöhnte. Auf seinen Wunsch heiratete er auch eine braunschweigische Prinzessin, die er allerdings nicht liebte, so dass seine Ehe nicht glücklich wurde. Auf Schloss Rheinsberg versammelte er einen Kreis gleichgesinnter Freunde um sich der Kunst, Wissenschaft und Philosophie zu widmen. Insbesondere konnte er sich für die Ideen der Aufklärung (siehe S. 76–81) begeistern, die der französische Philosoph Voltaire ihm nahe brachte und die er nach dem Tod seines Vaters 1740 als Herrscher umsetzen wollte.

Der Herrscher als Staatsdiener

46 Jahre dauerte die Herrschaft ▶ Friedrichs II. in Preußen, das er im Sinne des aufgeklärten Absolutismus* regierte.

Q1 Über seine Stellung und Aufgaben als aufgeklärter Monarch schrieb Friedrich II.:
… Man hat dem Herrscher nicht die höchste Macht anvertraut, damit er in Verweichlichung dahinlebe, sich vom Mark des Volkes mäste und glücklich sei, während alles darbt. Der Herrscher ist der erste Diener des Staates …
… Der Fürst ist für den Staat, den er regiert, dasselbe, was das Haupt für den Körper ist: Er muss für die Allgemeinheit sehen, denken und handeln …

Friedrich II. – der „erste Diener des Staates"

2 Friedrich II. bei der Wachparade in Potsdam. Gemälde von Elisabeth Vigée-Lebrun, 1778.

Eine seiner ersten aufgeklärten Regierungsmaßnahmen bestand darin, in Strafprozessen die Folter abzuschaffen, mit der man jedes Geständnis erzwingen konnte. Noch wichtiger wurde aber seine Forderung nach einer Trennung der Gewalten bei der Rechtsprechung.

Q2 So schrieb er 1752:
… Ich habe mich entschlossen niemals in den Lauf des gerichtlichen Verfahrens einzugreifen, denn in den Gerichtshöfen sollen die Gesetze sprechen und der Herrscher schweigen …

Auch strebte er die Gleichheit aller Untertanen vor dem Gesetz an.

Q3 In einer Zeitung ließ Friedrich 1779 den folgenden Text veröffentlichen, der sich in ganz Europa wie ein Lauffeuer verbreitete:
… Vor der Justiz sind alle Leute gleich, es mag ein Prinz sein, der gegen einen Bauern klagt oder umgekehrt. Bei solchen Gelegenheiten muss nach der Gerechtigkeit verfahren werden, ohne Ansehen der Person …

Als aufgeklärter Herrscher trat Friedrich II. auch dafür ein, tolerant gegenüber den Religionen zu sein.

Q4 Auf die Anfrage, ob auch ein Katholik das Bürgerrecht in Preußen erwerben dürfe, schrieb er:
… Alle Religionen sind gleich und gut, wenn nur die Leute, die sie bekennen, ehrliche Leute sind. Und wenn Türken und Heiden kämen und wollten sich in diesem Land niederlassen, so wollen wir ihnen Moscheen und Kirchen bauen. Ein jeder kann bei mir glauben, was er will, wenn er nur ehrlich ist …

1 Beschreibt, welche Vorstellung Friedrich II. von seinem Herrscheramt hatte, und vergleicht sie mit der Auffassung Ludwigs XIV. von Frankreich (siehe S. 12/13).
2 Welcher Widerspruch spiegelt sich in den Abbildungen 1 und 2 wider?

Deutschland, ganz Europa blickte voller Bewunderung nach Sanssouci (frz. sans souci = frei von Sorge), der Residenz Friedrichs II. in Potsdam, wo Dichterlesungen gehalten und Konzerte veranstaltet wurden. Doch Friedrich war nicht nur ein „König der Philosophen", der 1740 den Thron bestiegen hatte, sondern auch ein rücksichtsloser Gewaltherrscher, der seine Macht vergrößern und die Vorherrschaft Preußens in Deutschland erringen wollte. Die Gelegenheit dazu war günstig.

Friedrich II. (König von Preußen 1740–1786) im Alter von 52 Jahren. Gemälde von Heinrich Franke, um 1763.

Berühmte Aussprüche:
„Gazetten, wenn sie interessant sein sollen, dürfen nicht zensiert (= überwacht) werden."
„Jeder soll nach seiner Fasson selig werden."

Die Entstehung der „Donaumonarchie"

1 Die Entwicklung des Habsburgerreichs im 16. und 17. Jahrhundert.

Großwesir Kara Mustafa, den der Sultan nach seinem Misserfolg in der Schlacht am Kahlenberg 1683 erdrosseln ließ.

Kaiser Leopold I. (1640–1705, röm.-deutscher Kaiser 1658–1705). Anonymes Gemälde.

Die Habsburger als Kaiser und Landesherren

Seit dem 15. Jahrhundert waren die Habsburger die mächtigste Dynastie im Heiligen Römischen Reich Deutscher Nation. Sie stellten nicht nur die Kaiser, sondern herrschten als Landesherren über das größte zusammenhängende Territorium im Reichsverband. Da das Kaisertum aber seit dem Spätmittelalter ständig an Bedeutung verloren hatte, versuchten die Habsburger durch eine gezielte Heiratspolitik ihre Hausmacht zu erweitern. „Mögen die anderen Kriege führen, du, glückliches Österreich, heirate" – wurde zu ihrem Wahlspruch: So herrschten sie im 16. und 17. Jahrhundert nicht nur über die so genannten Stammlande Österreich, Steiermark, Krain, Kärnten und Tirol, sondern auch über Böhmen, Mähren, Schlesien und große Teile Ungarns und Siebenbürgens. Zur Lebensader des Habsburgerreichs wurde die Donau („Donaumonarchie"), zu seinem Mittelpunkt die Hauptstadt Wien, wo seit 1658 Kaiser Leopold I. regierte. Er befand sich zeit seiner Herrschaft in einem Zweifrontenkrieg: Im Westen kämpfte er gegen Ludwig XIV. von Frankreich und im Südosten gegen das Osmanische Reich.

1 Stellt anhand der Karte 1 die Gebiete und Völker zusammen, die zum Habsburgerreich gehörten. Welche Gebiete lagen dabei außerhalb der Grenzen des Deutschen Reichs?

Die türkische Bedrohung

Den Türken war es seit dem 15. Jahrhundert gelungen, weite Teile Südosteuropas zu erobern. Bereits 1529 standen sie vor den Toren Wiens, wo aber ihr Angriff erfolgreich abgewehrt werden konnte. 1683 marschierte erneut ein türkisches Heer mit 200 000 Soldaten unter der Führung des Großwesirs Kara Mustafa gegen Wien und belagerte die Stadt, die mit 11 500 Mann verteidigt wurde. Deutsche und europäische Fürsten unterstützten die Habsburger, da sie im Islam den gemeinsamen Feind der Christenheit sahen. Einem Entsatzheer gelang es in einer gewaltigen Schlacht am Kahlenberg, den Belagerungsring zu sprengen und die Türken in die Flucht zu schlagen (Band 7, S. 169). Diesen Sieg wollte nun Leopold I. nutzen um die Türken auch vom Balkan zu verdrängen.

2 Versetzt euch in die Lage des Kaisers und verfasst einen Aufruf an die Bevölkerung zur Verteidigung Wiens.

Der Aufstieg Österreichs zur Großmacht

2 Schlacht bei Mohacs 1687. Durch den Sieg der kaiserlichen Truppen konnte Ungarn zurückerobert werden. Kolorierter Holzstich nach einem Gemälde von Wilhelm Camphausen.

Die Türkenkriege

Der militärische Erfolg rief eine wahre Kreuzzugsstimmung hervor. Schon ein Jahr später kam es auf Betreiben des Papstes zum Abschluss der „Heiligen Liga", in der sich der Papst, Venedig und Polen dem Türkenkrieg des Kaisers anschlossen. Oberbefehlshaber der Verbündeten wurde der in österreichischen Diensten stehende Prinz Eugen von Savoyen, der die türkische Armee in mehreren Feldzügen besiegte. In zwei Friedensverträgen (1699 und 1718) musste das besiegte Osmanische Reich große Teile Südosteuropas abtreten: Ungarn, Siebenbürgen, Kroatien, Slawonien, Nordserbien, das Banat und die Walachei. Damit hatte die Habsburgermonarchie auch seine weiteste Ausdehnung auf dem Balkan erreicht und wurde zu einer europäischen Großmacht, zumal es im Spanischen Erbfolgekrieg (1701–1714) weitere Gebiete in Italien und in den Niederlanden erhielt. Allerdings war die neue Großmacht zugleich auch ein Vielvölkerstaat, in dem die unterschiedlichsten Nationalitäten, u. a. Deutsche, Ungarn, Italiener, Slowaken, unter der Herrschaft Habsburgs vereint waren.

3 Diskutiert darüber, welche Schwierigkeiten entstehen können, wenn die Grenzen eines Staates nicht mit denen der Völker übereinstimmen.

4 Welche Staaten existieren heute auf dem Gebiet der ehemaligen Habsburgermonarchie?

Deutsche Kolonisten im Donauraum

Durch die langjährigen Kriege waren die eroberten Gebiete auf dem Balkan weitgehend verwüstet und entvölkert; viele Menschen waren in den Kämpfen getötet worden oder aus den zerstörten Dörfern und Städten geflohen. Deshalb ließ der habsburgische Kaiser überall in Europa, insbesondere aber in Deutschland, Siedler anwerben. Viele Bauern, Handwerker und Kaufleute folgten mit ihren Familien seinem Aufruf, zumal ihnen zahlreiche Vergünstigungen wie die Aufhebung der Leibeigenschaft oder Steuerfreiheit versprochen wurden. Da sich viele der Auswanderer in Ulm trafen, um zu Schiff, auf so genannten Ulmer Schachteln, donauabwärts in die Batschka, das Banat oder die Walachei zu fahren, nannte man sie auch „Donauschwaben", obwohl die wenigsten von ihnen aus Schwaben stammten. In der neuen Heimat bestellten sie das Land, gründeten Dörfer und Städte und sicherten zugleich die Grenze zum Osmanischen Reich. Es gelang ihnen an der mittleren Donau eine blühende Kulturlandschaft aufzubauen, die bis ins 20. Jahrhundert von deutscher Kultur und Lebensweise geprägt war.

5 Erkundigt euch, ob es in den südosteuropäischen Staaten auch heute noch deutschstämmige Bürger gibt.

6 Versucht das Sprichwort der Siedler (siehe Randspalte) zu erklären.

Prinz Eugen von Savoyen (1663–1736): Seine Erstürmung Belgrads 1717 schildert ein zeitgenössisches, viel gesungenes Soldatenlied:

Prinz Eugen, der edle Ritter,
Wollt dem Kaiser wiedrum kriegen
Stadt und Festung Belgarad.
Er ließ schlagen einen Brucken
Dass man kunnt hinüberrucken
Mit d'r Armee wohl vor die Stadt.

Ein Sprichwort aus dem Banat:
„Dem Ersten der Tod, dem Zweiten die Not, dem Dritten das Brot."

Maria Theresia – eine Frau versteht zu herrschen

1 **Maria Theresia, Franz I. Stephan und ihre Kinder.** Gemälde von Martin van Meytens d. J., um 1754.

Vorder- und Rückseite des Maria-Theresien-Talers.

Lesetipp:
Brigitte Hamann: Ein Herz und viele Kronen. Das Leben der Kaiserin Maria Theresia. Ueberreuter, Wien 1998.

„Einmal haben die Habsburger einen Mann, und dieser ist eine Frau"
Mit diesen Worten charakterisierte Friedrich II. seine Gegenspielerin ▶ Maria Theresia, die im selben Jahr wie er die Herrschaft in der Habsburgermonarchie antrat. Trotz der Pragmatischen Sanktion von 1713, welche die weibliche Erbfolge ermöglichte, war ihre Thronfolge dennoch umstritten. Vor allem Bayern und Sachsen machten Erbansprüche geltend und auch Teile der Bevölkerung lehnten die Regierung einer Frau ab. Als 1740 der Österreichische Erbfolgekrieg ausbrach und der preußische König dies nutzte um die österreichische Provinz Schlesien anzugreifen (siehe S. 40), war die Lage Maria Theresias verzweifelt. Nach einem achtjährigen Krieg konnte sie im Frieden von Aachen ihre Herrschaft endgültig sichern und nun darangehen ihre Auffassung von Kaisertum in ihrem Reich umzusetzen. Wie Friedrich II. machte auch sie sich die von der Aufklärung (siehe S. 78 ff.) getragene neue Herrschaftsidee zu Eigen, dass der Monarch nicht bloß zu seinem Vergnügen da sei, sondern dass er Pflichten im Sinne des Staates habe.
1 *Überlegt, inwiefern sich die Herrschaftsauffassungen Maria Theresias und Friedrichs II. (siehe S. 34/35) gleichen.*

Maria Theresia als „Landesmutter"
1717 als Tochter Kaiser Karls V. geboren wurde Maria Theresia streng religiös erzogen und erlebte im Gegensatz zu Friedrich II. eine sorglose Jugend, wurde allerdings von ihren Eltern auf ihr späteres Herrscheramt auch nicht vorbereitet. 1736 heiratete sie Franz Stephan von Lothringen und führte 29 Jahre eine glückliche Ehe, aus der 16 Kinder hervorgingen. Nach dem Tod ihres Gemahls 1765 teilte sie die Regentschaft mit ihrem ältesten Sohn Joseph II. 1780 starb die Kaiserin, die als Reformerin auch „ihren Ländern allgemeine und beste Mutter sein" wollte. In „mütterlicher Fürsorge" nahm sie sich vor allem der ausgebeuteten Bauern an, deren Abgabenlast sie verminderte. Dagegen mussten Adel und Klerus nun auch Steuern entrichten. Überall im Land ließ sie Manufakturen errichten und baute die Verkehrswege aus. Nach preußischem Vorbild führte sie die allgemeine Wehrpflicht ein und zentralisierte die Verwaltung.
2 *Informiert euch mit Hilfe des Internets über Leben und Werk der Kaiserin Maria Theresia und berichtet vor der Klasse.*
Fertigt einen einfachen Stammbaum an und forscht nach, was aus ihren Kindern geworden ist.

Joseph II. – ein aufgeklärter Monarch

2 Unterricht in einer Knabenvolksschule. Anonymes Ölgemälde, um 1775.

Die Gründung einer „Volksschule"

Das Hauptaugenmerk Maria Theresias galt einer Reform des Bildungswesens, denn einer der Grundgedanken der Aufklärung war die Veränderung der Welt zum Besseren durch Bildung, die den „finsteren Aberglauben" ersetzen sollte. Trotz ihrer tiefen Religiosität beseitigte sie deshalb den Einfluss der Kirche im Schulwesen, das sie verstaatlichte. Die „Allgemeine Schulordnung" von 1775 sah eine allgemeine Unterrichtspflicht für alle Kinder zwischen sechs und zwölf Jahren vor. Auf dem Land wurden einklassige Volksschulen errichtet, in denen die Schüler Schreiben, Lesen und Rechnen lernten und Religionsunterricht erhielten. In den größeren Städten gründete man Hauptschulen mit drei Klassen, deren Lehrplan zusätzlich Deutsch, Geschichte, Geografie und Zeichnen enthielt. Unterrichtet wurden die Schüler von Pädagogen, die in so genannten Normalschulen für ihre Lehrertätigkeit ausgebildet wurden. Eine Neuheit stellten auch die Schulbücher dar. Mit diesen Maßnahmen gelang es der Kaiserin, den Analphabetismus ihrer Untertanen weitgehend zu beseitigen.

3 Beschreibt die in Abbildung 2 dargestellte Schulszene und versetzt euch in die Lage der Schüler. Wie haben sie wohl Schule und Unterricht empfunden?

Joseph II. – ein radikaler Aufklärer

Im Gegensatz zu seiner Mutter versuchte Joseph II. (1765–1790) seine Vorstellungen radikal durchzusetzen, so dass sogar sein von ihm bewundertes Vorbild Friedrich II. über ihn urteilte: „Er tut immer den zweiten Schritt vor dem ersten." Große Bedeutung erlangten folgende Reformen:

1781	Untertanenpatent: Aufhebung der Leibeigenschaft der Bauern
1781/82	Toleranzedikt: Glaubensfreiheit für Protestanten und Bürgerrechte für Juden
1787	Strafgesetzbuch: Gleichheit aller vor dem Gesetz, Abschaffung der Folter und der Todesstrafe

Als er mit seinen Maßnahmen aber immer tiefer in die Angelegenheiten der Kirche (Aufhebung von Orden und Klöstern, Einführung der Zivilehe) und in die religiösen Traditionen der Bevölkerung (Abschaffung von Feiertagen, Verbot von Wallfahrten und Prozessionen) eingriff, stieß er auf entschiedenen Widerstand. Sein Nachfolger musste viele der josephinischen Reformen zurücknehmen, er aber ließ auf seinen Grabstein die selbst verfasste Inschrift meißeln: „Hier ruht Joseph II., der in allem versagte, was er unternahm."

4 Erfindet eine Grabinschrift, die der Leistung Josephs II. gerecht wird.

Figuren aus dem Wiener Volksleben:

Der Bretzenbäck

Das Kästenweib

Mädel mit Honig und Obst

Zwei Großmächte in einem Reich

1 Die Schlesischen Kriege. Zeitgenössische Karikaturen.

Die Zarin Elisabeth (1709–1762) in Paradeuniform zu Pferd. Sie war bis zu ihrem Tod eine erbitterte Feindin Friedrichs II. Gemälde von Georg Christian Grooth, um 1750.

Marquise de Pompadour (1721–1764): Sie überzeugte Ludwig XV. von Frankreich, sich mit Maria Theresia zu verbünden.

Territoriale Machtgelüste: Die Schlesischen Kriege (1740–1745)

Das Jahr 1740 wurde zum Schicksalsjahr im Verhältnis der beiden deutschen Großmächte zueinander. Skrupellos nutzte der junge, ehrgeizige preußische König die Gunst der Stunde. Unter dem Vorwand alter preußischer Rechte auf Schlesien beschloss er, die strategisch und wirtschaftlich bedeutsame österreichische Provinz anzugreifen und in sein Reich einzugliedern.

Q1 Friedrich II. an seinen Freund Jordan:
… Meine Jugend, die Glut der Leidenschaften, der Ruhmesdurst … kurz ein geheimer Instinkt hat mich den Freuden der Ruhe entrissen. Die Genugtuung, meinen Namen in den Zeitungen und später in der Geschichte zu sehen, hat mich verführt … Der Besitz schlagfertiger Truppen, eines wohlgefüllten Staatsschatzes und eines lebhaften Temperaments. Das waren die Gründe, die mich zum Krieg bewogen …

Der Übermacht ihrer Gegner war Maria Theresia nicht gewachsen, die österreichische Armee wurde bei Mollwitz von der preußischen vernichtend geschlagen. Um wenigstens ihre Herrschaft über Österreich und das Kaisertum gegen die Ansprüche des bayerischen Kurfürsten Karl Albrecht zu retten, war sie bereit, 1742 im Frieden von Breslau Schlesien an Preußen abzutreten. Als es ihr aber gelang, die in Österreich und Böhmen eingedrungenen Bayern und Franzosen zu vertreiben, Bayern zu besetzen und die Unterstützung Englands zu gewinnen, fürchtete Friedrich II. um seinen Erfolg.

1744 brach ein erneuter Krieg um den Besitz Schlesiens aus, der nach dem preußischen Sieg im Frieden von Dresden 1745 die Abtretung Schlesiens an Preußen erneut bestätigte. Im Gegenzug war Friedrich II., der nun von seinen Untertanen als „der Große" gefeiert wurde, bereit, die Herrschaft Maria Theresias und ihres Gemahls in der Donaumonarchie sowie das habsburgische Kaisertum anzuerkennen. Dennoch konnte die österreichische Kaiserin den Verlust Schlesiens nicht vergessen. Ihr Kanzler, Graf Kaunitz, schmiedete ein „Bündnis der Unterröcke" (Österreich, Russland, Frankreich) um bei passender Gelegenheit gegen Preußen loszuschlagen.

1 *Erklärt die persönlichen und die eigentlichen Motive Friedrichs II. für die Schlesischen Kriege.*
2 *Welche außenpolitischen Situationen spiegeln sich in den Karikaturen (Abbildung 1) wider? Erläutert die Gemeinsamkeiten und Unterschiede.*
3 *Nach den erfolgreichen Schlesischen Kriegen wird Friedrich II. von seinen Untertanen „der Große" genannt. Diskutiert, ob dieser Titel gerechtfertigt ist.*

Der Kampf um die Vorherrschaft

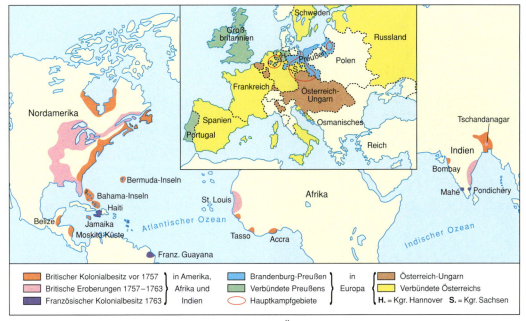

2 Der Siebenjährige Krieg 1756–1763 in Europa und in Übersee.

Der Siebenjährige Krieg (1756–1763) als Weltkrieg

Auf die Nachricht von russischen Kriegsvorbereitungen eröffnete Friedrich II., der sich zwischenzeitlich mit England verbündet hatte, ohne Kriegserklärung die Kampfhandlungen. Während Preußen und Österreich im Reich um die Hegemonie* kämpften, rivalisierten England und Frankreich in den Kolonien um ihre Weltmachtstellung. Militärische Erfolge und Misserfolge der Mächte wechselten sich vor allem auf dem Kriegsschauplatz Deutschland ab. Konnte die preußische Armee 1757 bei Roßbach und Leuthen noch glänzende Siege erringen, so brachte die verheerende Niederlage bei Kunersdorf 1759 Preußen an den Rand des Untergangs. Der verzweifelte König dachte sogar an Selbstmord. Doch der Tod der Zarin Elisabeth (1762) wurde zum „Wunder des Hauses Brandenburg". Ihr Nachfolger, Zar Peter III., ein Bewunderer Friedrichs II., schloss einen Waffenstillstand und sogar ein Bündnis mit Preußen.

Im Kolonialkrieg war es inzwischen England unter seinem Premierminister William Pitt dem Älteren gelungen, Frankreich in Übersee zu besiegen. Doch in dem sieben Jahre dauernden Krieg hatten sich alle Mächte erschöpft und waren nun zum Frieden bereit. Im Frieden von Hubertusburg 1763 verzichtete Maria Theresia endgültig auf Schlesien. Preußen war nun neben Österreich nicht nur Großmacht im Reich, sondern auch in Europa geworden. Dieser Dualismus* der beiden Mächte dauerte über hundert Jahre und wurde erst im Deutschen Krieg 1866 entschieden.

Im Frieden von Paris 1763 fand der Kolonialkrieg ein Ende. Frankreich musste seine Besitzungen in Nordamerika und Indien an England abtreten, das nun zur unangefochtenen Weltmacht des 18. Jahrhunderts aufstieg. In Frankreich aber, das sich durch diesen Krieg finanziell ruiniert hatte, warf eine Revolution bereits ihre Schatten deutlich voraus.

4 *Erklärt, warum England im Siebenjährigen Krieg ein Bündnis mit Preußen eingegangen war.*

5 *Fasst die Ergebnisse des Siebenjährigen Krieges zusammen.*

6 *Inwiefern kann dieser Krieg auch als der „Erste Weltkrieg der Geschichte" bezeichnet werden?*

▶ **Hegemonie***: Vorherrschaft.

▶ **Dualismus** (lat. duo = zwei)*: Gegensatz zweier Großmächte und Ringen um Vorherrschaft, z. B. im Deutschen Reich zwischen Österreich und Preußen.

Lesetipp:
James Fenimore Cooper: Der letzte Mohikaner. Der Pfadfinder. Zwei Lederstrumpferzählungen. Arena, Würzburg 1994 (= Bibliothek der Abenteuer).

Anfänge des Parlaments in England

1 **Die Eröffnung des Parlaments im Oberhaus, 1523.** In der Mitte thront der König, vor ihm sitzen in der Mitte die Richter, außerdem sieht man zwei Schreiber, kniend. Auf der linken Seite sitzen die Bischöfe und Äbte (= geistliche Lords), auf der rechten die Angehörigen des Hochadels.

Magna Charta Libertatum (1215)*:
Die „Große Urkunde der Freiheiten" garantierte das Eigentum und die Rechte des englischen Adels und der Geistlichkeit. Sie sollte Kirche und Adel vor Übergriffen des Königs schützen.

Parlament (lat. parlamentum = Unterredung, Verhandlung)*:
Seit dem Mittelalter übernahmen Ständevertretungen die Aufgabe den Herrscher zu beraten. Aus solch einer Versammlung entwickelte sich das älteste Parlament – das englische. Es bestand aus zwei Häusern. Im Oberhaus saßen vor allem die vom König berufenen Angehörigen des Hochadels, im Unterhaus die gewählten Vertreter des niederen Adels und der Städte. Die wichtigsten Aufgaben des Parlaments waren die Gesetzgebung und die Bewilligung von Steuern.

Repräsentanten*:
Gewählte Vertreter des Volkes, die in seinem Auftrag die politische Macht durch das Parlament ausüben.

Magna Charta Libertatum

Auch in England versuchten die Könige im 17. Jahrhundert den Absolutismus durchzusetzen, stießen hier aber auf entschiedenen Widerstand des Volkes. In der Magna Charta Libertatum* von 1215 hatte der König politische Zugeständnisse machen müssen.

Q1 Aus der Magna Charta von 1215:
… Es soll kein Schildgeld oder Hilfsgeld in unserem Königreich ohne Genehmigung durch den Gemeinen Rat des Königreichs auferlegt werden. Und zur Tagung des Gemeinen Rates … werden wir die Erzbischöfe, Bischöfe, Äbte, Grafen und größeren Barone … auf einen bestimmten Tag … an einem bestimmten Ort aufbieten lassen. Kein freier Mann soll verhaftet oder eingekerkert, um seinen Besitz gebracht, geächtet oder verbannt werden …, es sei denn auf Grund eines gesetzlichen Urteils seiner Standesgenossen oder gemäß dem Gesetz des Landes …

1 Ein Baron will die Bewohner seines Herrschaftsbereichs über die Magna Charta informieren. Verfasst eine Ansprache, mit der er den Bewohnern einer englischen Kleinstadt um 1215 das Wesentliche mitteilt.

Waren in dem „Gemeinen Rat" – seit 1259 als Parlament* bezeichnet – ursprünglich nur Hochadel und hohe Geistlichkeit vertreten, so erweiterte sich diese Ständeversammlung seit 1295 um die Verteter des Landadels und der Freien aus Grafschaften und Städten. Im Laufe des 14. Jahrhunderts teilte sich das Parlament in das House of Lords (Oberhaus) mit den Angehörigen des Hochadels (einschließlich Klerus) und dem House of Commons mit den gewählten Repräsentanten* des Landadels und des Bürgertums. Vom König einberufen besaß das Parlament seit 1314 das ausschließliche Steuerbewilligungsrecht und war maßgeblich an der Gesetzgebung beteiligt. Hatten es im 16. Jahrhundert die Herrscher aus der Dynastie der Tudors (Heinrich VIII. und Elisabeth I.) verstanden, nicht gegen, sondern mit dem Parlament zu regieren („crown in parliament"), so änderte sich mit dem Herrschaftsantritt der Stuartkönige, die seit 1603 Schottland und England regieren, das Verhältnis zwischen Krone und Parlament grundlegend.

Machtkampf zwischen König und Parlament

2 Die Hinrichtung Karls I. 1649 auf Beschluss des Parlaments. Zeitgenössischer Stich.

1642–1648: Bloody Revolution.

Absolutismus auch in England?

Der Konflikt zwischen König und Parlament entzündete sich, als Jakob I. (1566–1625), seit 1603 König von England und Schottland, dem Parlament seine Regierungsweise erläuterte:

Q2 Aus der Erklärung König Jakobs I.:
… Gott hat Gewalt zu schaffen und zu zerstören, Leben und Tod zu geben. Ihm gehorchen Seele und Leib. Dieselbe Gewalt besitzen die Könige. Sie schaffen und vernichten ihre Untertanen, gebieten über Leben und Tod, richten in allen Sachen, selber niemand verantwortlich denn allein Gott. Sie können mit ihren Untertanen handeln wie mit Schachfiguren, das Volk wie eine Münze erhöhen oder herabsetzen …

Diese absolutistischen Vorstellungen des Königs riefen vor allem den Widerstand des Unterhauses hervor, in dem viele Puritaner* vertreten waren. Sie wollte der König in die Anglikanische Hochkirche, deren Oberhaupt er war, eingliedern. Viele von ihnen verließen 1620 England um sich in den nordamerikanischen Kolonien eine neue Heimat zu suchen (siehe S. 112). Offene Unruhen brachen aus, als Karl I. 1625 König wurde.
Rücksichtslos griff er in alte Rechte des Parlaments ein. Als dieses auf seine verbrieften Rechte nicht verzichten wollte, löste es der König 1629 auf. Erst elf Jahre später, als in Schottland ein Aufstand ausbrach und der König Geld brauchte um ein Heer aufzustellen, berief er es erneut ein. Doch das Parlament bestand darauf, dass das königliche Heer von Männern seines Vertrauens geführt werde, während der König selbst den Oberbefehl forderte. Um das Parlament einzuschüchtern klagte der König fünf Abgeordnete, die durch ihren Widerstand besonders hervorgetreten waren, des Hochverrats an und wollte ihnen den Prozess machen. Dies war nun für die Parlamentarier das Signal zum Kampf gegen den König. 1642 brach die Bloody Revolution, der Bürgerkrieg, aus. Erst 1648 gelang es dem Heer des Parlaments unter Führung Oliver Cromwells, eines Landadligen, die königlichen Truppen endgültig zu besiegen. Karl I. wurde gefangen genommen, vor einem Gericht wegen Hochverrats zum Tode verurteilt und am 30. Januar 1649 öffentlich hingerichtet.

2 Stellt anhand der Quelle 2 fest, welche Stellung Jakob I. beanspruchte.
3 Versetzt euch in die Rolle der Zuschauer bei der Hinrichtung Karls I. (Abbildung 2). Wie werden sie dieses Ereignis empfunden haben? Diskutiert darüber, was die Hinrichtung des Königs für die Herrschaftsform des Absolutismus bedeutete.

König Jakob I. (1603–1625).

König Karl I. (1625–1649).

Puritaner*: Anhänger des Calvinismus in England.

Wird England Republik?

1 **Oliver Cromwell wird am 20. April 1653 zum Lord-Protector ausgerufen.** Kolorierte Kreidelithografie von Theodor Hosemann, 1855.

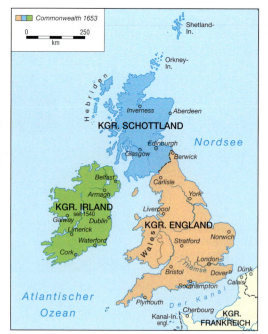

2 **Oliver Cromwell vereinigt die Königreiche England, Schottland und Irland 1653 zu einem Commonwealth.**

1649–1658:
Cromwell herrscht als Diktator in England.

Republik (lat. res publica = die öffentliche Sache)*: Staatsform, in der das Volk durch gewählte Repräsentanten die Macht ausübt.

Commonwealth (engl. = Gemeinwohl)*: Name der englischen Republik 1653–1660

Militärdiktatur*: Herrschaft eines Einzelnen mit Hilfe der Armee.

Gottesstaat*: Staat, in dem das öffentliche und private Leben von der Religion geprägt ist.

Lesetipp:
Rosemary Sutcliff: Simon der Kornett. Eine Erzählung aus der Zeit Oliver Cromwells. Freies Geistesleben, Stuttgart 1996.

Cromwells Diktatur

Mit der Hinrichtung Karls I. 1649 war auch die Monarchie beseitigt. Das Parlament erklärte England nun zur Republik*. Die staatliche Macht lag beim Unterhaus, das die Regierungsgeschäfte Oliver Cromwell, dem siegreichen Feldherrn der Revolution, übertrug. Der jungen Republik drohten aber viele Gefahren; vor allem in Irland und Schottland brachen Aufstände aus, die Cromwell in zwei Feldzügen 1649–1651 brutal niederschlug. Insbesondere das katholische Irland wurde von seiner Armee rücksichtslos verwüstet, mehr als 40 000 Iren wanderten nach Amerika aus. Damit war zugleich auch eine der Wurzeln für den bis heute andauernden Konflikt in Nordirland gelegt. Aber Cromwell war es damit gelungen, die Einheit Großbritanniens wiederherzustellen: 1653 wurden England, Schottland und Irland zum Commonwealth* zusammengeschlossen.

Die militärischen Erfolge und der Rückhalt seiner Armee stärkten auch die Position Cromwells, der seine Macht nun zum Staatsstreich nutzte. Im April desselben Jahres drangen seine Soldaten mit Waffengewalt in das Parlament ein, vertrieben die Abgeordneten und riefen Cromwell zum Lord-Protector auf Lebenszeit aus. Aus der Republik war eine Militärdiktatur* geworden und Cromwell versuchte nun seine politischen und vor allem auch religiösen Vorstellungen durchzusetzen. Als überzeugter Puritaner wollte er England in einen calvinistischen Gottesstaat* umgestalten, so waren z. B. die Sonntage von jeder Arbeit und Veranstaltung freizuhalten und die Engländer mussten regelmäßig die Bibel lesen. Wer sich dagegen wehrte, wurde eingekerkert, über 12 000 politische Gefangene saßen bei Cromwells Tod 1658 im Gefängnis. Zugleich aber stieg England unter seiner Herrschaft zur größten See- und Handelsmacht auf. Trotz dieser außenpolitischen Erfolge gärte es dennoch in der Bevölkerung. Deshalb beschloss nach Cromwells Tod das neu gewählte Parlament die Monarchie wieder einzuführen.

1 *Schildert aus der Sicht der Abgeordneten den in Abbildung 1 dargestellten Staatsstreich Cromwells.*

England – die Insel der Freiheiten?

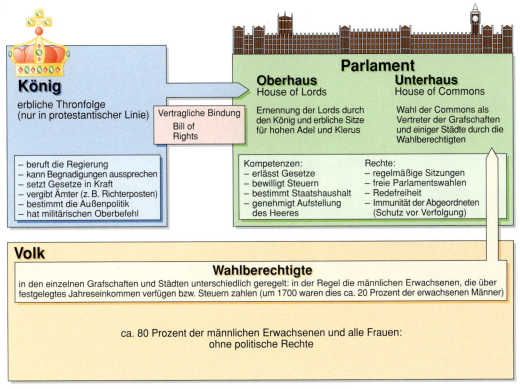

3 Die Monarchie in England nach der „Glorreichen Revolution".

England auf dem Weg zur parlamentarischen Monarchie*

Zwei Jahre später trat Karl II., ein Sohn Karls I., der im Exil* in Frankreich gelebt hatte, die Herrschaft über England an. Obwohl der neue König versprochen hatte die alten Rechte des Parlaments zu achten, zeigten sich schon bald die bekannten Gegensätze zwischen Krone und Parlament. Der Konflikt verschärfte sich, als Karls Thronfolger, Jakob II. (1663–1701), die Macht übernahm. Wieder brachen überall im Land Unruhen aus. Um endlich wieder Frieden zu bekommen wurde die Königskrone Wilhelm III. von Oranien (1650–1702) angeboten, der mit Maria, der ältesten Tochter des Königs, verheiratet war. Als Wilhelm mit einem großen Heer in England erschien, floh Jakob II. nach Schottland. Da der Machtwechsel unblutig verlief, nannte man ihn in England die „Glorreiche Revolution". Mit seiner Flucht – so stellte das Parlament fest – habe der König auf den Thron verzichtet.

Q1 Vor ihrer Krönung bestätigten Maria und Wilhelm dem Parlament alle seine Rechte:
… Steuern für die Krone ohne Erlaubnis des Parlaments für längere Zeit oder in anderer Weise als erlaubt und bewilligt zu erheben, ist gesetzwidrig.
Es ist gegen das Gesetz, es sei denn mit Zustimmung des Parlaments, eine stehende Armee im Königreich in Friedenszeiten aufzustellen oder zu halten.
Die Wahl von Parlamentsmitgliedern soll frei sein. Die Freiheit der Rede und der Debatten und Verhandlungen im Parlament darf von keinem Gerichtshof infrage gestellt werden …

Mit dieser „Bill of Rights" wurde in England der König an das vom Parlament geschaffene Gesetz gebunden und somit der Weg zur parlamentarischen Demokratie beschritten.
2 Erläutert mit Hilfe von Quelle 1 und des Schemas (Abbildung 3), welche Rechte das Parlament und welche der König besaß.

1688:
Glorious Revolution.

1689:
▶ Bill of Rights. Bestätigung der Rechte des Parlaments.

▶ **Parlamentarische Monarchie*:** Staatsform, in der die politische Macht des Königs (Monarchen) durch das Parlament beschränkt ist. Der König übt nur mehr repräsentative Aufgaben aus, d. h. er vertritt den Staat nach außen.

Exil (lat. exilium = Verbannung)*: Bezeichnet das erzwungene oder freiwillige Verlassen des Heimatlandes.

Gesellschaft und Wirtschaft im Wandel

1 **Die alten Ostindiendocks im Hafen von London um 1702.** Gemälde von Samuel Scott, 1750.

Der Aufstieg der Gentry

Gleichzeitig mit den politischen Veränderungen vollzog sich im 17. Jahrhundert in England auch ein grundlegender gesellschaftlicher und wirtschaftlicher Wandel. Wie in allen europäischen Monarchien nahm der Hochadel (Peers) die gesellschaftlich führende Stellung ein, er besetzte die wichtigsten Ämter in der Staatsverwaltung und genoss Privilegien, was sich unter anderem an dem vom König verliehenen Titel „Lord" zeigte.

Von großer wirtschaftlicher Bedeutung sollte aber vor allem der niedere Adel (Gentry) werden, ein Stand, der nicht nur die adligen Großgrundbesitzer umfasste, sondern auch die städtischen Führungsschichten, reiche Kaufleute und Gewerbetreibende, die ihr Kapital in den Landbesitz investierten und in deren Familien adlige Söhne und Töchter einheirateten. Sie übten auch den größten politischen Einfluss im Parlament aus, da sie das aktive und passive Wahlrecht* besaßen, das an ein bestimmtes Einkommen gebunden war (Zensuswahlrecht*). Der Wohlstand der Gentry beruhte auf einer breiten wirtschaftlichen Grundlage, sowohl auf der Landwirtschaft als auch auf Gewerbe und Handel. Auf dem Land entstanden landwirtschaftliche Großbetriebe, die durch Ausweitung der Anbauflächen und Verbesserung der Anbaumethoden produktiv arbeiten konnten. Dieser Konkurrenz waren die Kleinbauern und kleinen Pächter nicht gewachsen, sie gaben ihre Höfe auf und gingen in die Städte um in den Handwerksbetrieben Arbeit zu finden.

Insbesondere das Textilgewerbe, aber auch der Bergbau und das metallverarbeitende Gewerbe erlebten einen ungeheuren Aufschwung. Ursache war nicht nur der steigende Bedarf der eigenen Bevölkerung, die sich im 16. und 17. Jahrhundert auf fünf Millionen Menschen verdoppelte, sondern auch der zunehmende Handel mit anderen europäischen Staaten und vor allem den Kolonien in Übersee. Zu diesem Zweck schlossen sich die Kaufleute zu großen Handelsgesellschaften zusammen, z. B. zur East Indian Company 1600 für den Orienthandel oder zur South Sea Company 1711. Hafenstädte wie Bristol, Liverpool und besonders London gewannen immer mehr an Bedeutung.

1 Vergleicht die gesellschaftliche und wirtschaftliche Stellung des Adels in England und Frankreich. Welche Unterschiede könnt ihr feststellen?

2 Beschreibt die Abbildung 1. Inwieweit spiegelt das Gemälde den wirtschaftlichen Aufschwung Englands im 17. Jahrhundert wider?

Aktives und passives Wahlrecht*:
Recht zu wählen und gewählt zu werden.

Zensuswahlrecht*:
Beschränktes Wahlrecht, abhängig vom Vermögen oder der Steuerleistung.

Englands Aufstieg zur Kolonial- und Handelsmacht

2 Friedensvertrag William Penns mit den Indianern von 1682. Gemälde von Benjamin West, 1771.

Die Anfänge der Kolonialpolitik

Schon unter der Herrschaft Elisabeths I. (1558 bis 1603) errichteten die Engländer in Amerika, Indien und Afrika Stützpunkte und Handelsniederlassungen, die sie im 17. Jahrhundert Zug um Zug zu Kolonien ausbauten. Zu den bedeutendsten entwickelten sich die Neuengland-Staaten, Siedlungen an der nordamerikanischen Ostküste, in die viele Menschen aus politischen, religiösen und wirtschaftlichen Gründen auswanderten.

Bereits 1607 gründete John Smith die Kolonie Jamestown in Virginia, 1620 gingen 102 Puritaner – später nannte man sie „Pilgrim Fathers" (Pilgerväter) oder „Founding Fathers" (Gründerväter) – von Bord der „Mayflower" und ließen sich in Massachusetts nieder, 1632 besiedelten englische Katholiken Maryland und 1682 gründete der Quäker-Prediger William Penn (1644–1718) Philadelphia in Pennsylvania (siehe auch S. 112).

Hatten sich die ersten Siedler anfangs mit der indianischen Urbevölkerung noch vertragen, kam es sehr bald zu Auseinandersetzungen, als sie versuchten mit Feuer und Schießpulver ihr Gebiet zu vergrößern. Dagegen wehrten sich die Indianer, bereits 1622 führten die Powhatan Krieg in Virginia. Noch folgenschwerer waren die zunehmenden Interessenkonflikte mit anderen ausländischen Siedlern, vor allem mit den Franzosen, die die Flussgebiete des Mississippi und des St. Lorenz-Stroms erschlossen hatten. Im Siebenjährigen Krieg (siehe S. 41) zogen sowohl Frankreich als auch England indianische Hilfstruppen heran, das langsame Sterben der indianischen Kultur hatte begonnen.

Die Kolonien waren auch von großer wirtschaftlicher Bedeutung für das englische Mutterland, sie waren sowohl Rohstofflieferanten als auch Abnehmer für englische Waren. Durch die Navigationsakte Cromwells 1651 hatte England den Atlantikhandel in seiner Hand, ein „Dreieckshandel", in dem die Kolonien in Amerika und Afrika eine wichtige Rolle spielten, von dem aber allein das Mutterland profitierte. Er wurde vor allem der schwarzen Bevölkerung Afrikas zum Schicksal. Englische Kapitäne tauschten an der afrikanischen Küste Waffen, Alkohol und billigen Schmuck gegen die Ware Mensch. Nach einer qualvollen Überfahrt, die viele nicht überlebten, wurden die Verschleppten auf Sklavenmärkten zur Arbeit in den Baumwoll- und Zuckerrohrplantagen verkauft. Man schätzt, dass im 16. und 17. Jahrhundert über zehn Millionen Afrikaner als Sklaven nach Amerika verschleppt wurden.

3 Wiederholt, wie der „Dreieckshandel" funktionierte (siehe Bd. 7, S. 153).

4 Erkundigt euch in einem Lexikon oder im Internet über William Penn.

5 Fertigt eine Wandzeitung an, in der ihr das Schicksal der aus Afrika stammenden Sklaven darstellt. Das nötige Material dazu könnt ihr euch aus der Schülerbücherei besorgen oder aus dem Internet abrufen.

John Smith (um 1579–1631): Im Elisabethanischen Zeitalter hatten die Engländer die ganze Küste zwischen Florida und dem St. Lorenz-Strom „Virginia" getauft, zu Ehren ihrer „jungfräulichen Königin" Elisabeth. John Smith, Seefahrer und Siedler, wurde 1608 Präsident der Virginia-Gesellschaft, gründete 1609 im Auftrag König Jakobs I. die Kolonie Jamestown und erkundete die gesamte Ostküste Nordamerikas, der er den Namen Neu-England gab.

Lesetipp:
Peter Lampe: Pocahontas. Verlag Diederich, München 1995.

Werkstatt Geschichte: Das Absolutismus-Rätsel

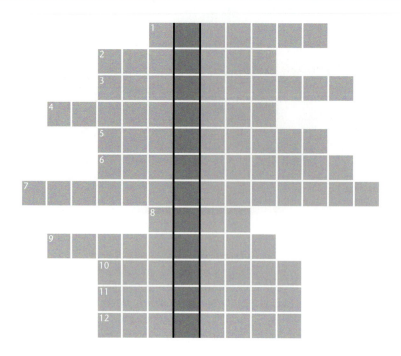

1 Kardinal, führte anstelle des unmündigen Ludwig die Staatsgeschäfte
2 Finanzminister Ludwigs XIV. von Frankreich
3 Regierungssitz und Schloss des Sonnenkönigs
4 Fachbegriff (Fremdwort) für Vormachtstellung, die Frankreich unter Ludwig XIV. über Europa anstrebte
5 Institution, mit der sich in England die Könige die Macht im Staat teilen mussten
6 Betrieb, in dem arbeitsteilig, aber meist noch mit Handarbeit hochwertige Fertigwaren hergestellt wurden
7 Wirtschaftspolitik unter Ludwig XIV., die Handel und Gewerbe förderte und von allen europäischen Staaten übernommen wurde
8 Vor den Toren dieser Stadt scheiterte 1683 der Angriff des Osmanischen Reichs auf das christliche Abendland
9 Ständeversammlung, in der Kaiser und Reichsstände gemeinsam das Heilige Römische Reich Deutscher Nation regierten
10 Herrschte nach der Bloody Revolution als Lord-Protector über das Commonwealth
11 1701 krönte sich in Berlin Friedrich I. zum König dieses Reichs
12 Diese Herrscherfamilie stellte jahrhundertelang den Kaiser des Heiligen Römischen Reichs Deutscher Nation und herrschte zugleich über die Donaumonarchie

Das Lösungswort ergibt eine Epoche, die im 17. und 18. Jahrhundert Europa prägte.

Zusammenfassung

Der französische Absolutismus
Ludwig XIV. von Frankreich begründete 1643 mit dem Absolutismus eine Herrschaftsform, in der der König uneingeschränkt über die Untertanen herrschte. Zum äußeren Zeichen seiner Macht wurde seine Residenz in Versailles. Der Bau und Unterhalt dieses Schlosses, das aufwändige höfische Leben sowie die Aufstellung eines stehenden Heeres und die zahlreichen Kriege des Sonnenkönigs verursachten jedoch ungeheure Kosten, die sich selbst durch die neue Wirtschaftsform, den von Colbert entwickelten Merkantilismus, nicht mehr finanzieren ließen. Als Ludwig XIV. 1715 starb, hinterließ er ein völlig verschuldetes Land.

1643–1715

Ludwig XIV., König von Frankreich und Begründer des Absolutismus.

**Vielfalt und Einheit
im Heiligen Römischen Reich Deutscher Nation**
Im Gegensatz zum absolut herrschenden französischen König musste der Kaiser des Heiligen Römischen Reichs Deutscher Nation seine Macht mit den Reichsständen teilen. Der in Regensburg seit 1663 tagende „Immerwährende Reichstag" hatte die oberste Regierungsgewalt in einem Reich, das in unzählig viele selbstständige Herrschaftsgebiete zersplittert war. Nur im Nordosten und Südosten entwickelten sich Brandenburg-Preußen, seit 1701 Königreich, und die Donaumonarchie Österreich, das seit den erfolgreichen Türkenkriegen auch große Teile des Balkans beherrschte, zu neuen Großmächten.
Obwohl Friedrich II. von Preußen und Maria Theresia von Österreich in ihren Ländern als „aufgeklärte" Monarchen zum Wohle ihrer Untertanen zu herrschen versuchten, kämpften sie in zwei Kriegen erbittert um die Vorherrschaft im Reich, das durch den Dualismus der beiden Mächte bis ins 19. Jahrhundert belastet wurde.

1508–1806

Heiliges Römisches Reich Deutscher Nation.

1740–1866

Deutscher Dualismus zwischen Preußen und Österreich.

**Der Machtkampf zwischen Krone und Parlament
in England**
Auch in England scheiterte im 17. Jahrhundert der Versuch der Könige die Alleinherrschaft durchzusetzen am entschiedenen Widerstand der Ständeversammlung. In zwei Bürgerkriegen, von denen einer sogar zur Hinrichtung des Königs führte, gelang es dem Parlament, die Macht des Monarchen weitgehend einzuschränken. Der Weg zu einer parlamentarischen Monarchie zeichnete sich ab. Die Diktatur Oliver Cromwells als Lord-Protector des Commonwealth war nur eine Episode; allerdings wurde England in dieser Zeit zur führenden Kolonial- und Handelsmacht.

1649

Hinrichtung König Karls I.

Barock und Aufklärung in Europa

Der französische König Ludwig XIV. besuchte 1671 mit Minister Colbert die französische Akademie der Wissenschaften, die fünf Jahre zuvor in seinem Auftrag gegründet worden war. Noch ganz barocker Herrscher – seine Kleidung und sein Auftreten machen dies deutlich – ließ er sich auf dem Gemälde als Förderer der Wissenschaften und Künste darstellen. Macht und Ansehen eines Herrschers konnten auch am Ruf einer königlichen Akademie gemessen werden. Daher bemühte sich Ludwig die bedeutendsten Wissenschaftler und Gelehrten nach Paris zu ziehen. Sein Interesse ging über die weit verbreiteten Kuriositätenkabinette seiner Zeit hinaus, in denen Adlige und interessierte Bürger Gemälde und kuriose Dinge aus fernen Ländern, wie Tierschädel oder Muscheln, sammelten.

Schon im 18. Jahrhundert wurde der absolutistische Herrschaftsstil, wie er durch Ludwig XIV. und andere Herrscher im Zeitalter des Barock geprägt wurde, durch Wissenschaftler, Philosophen und Künstler in Frage gestellt. Sie lösten sich langsam aus der Bevormundung durch Kirche und weltliche Macht und begannen mit ihren von der Vernunft geleiteten Ideen an den Grundfesten des Absolutismus zu rütteln.

Das Barock: eine Zeit der Widersprüche

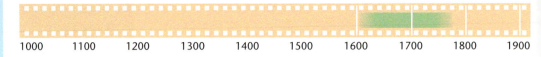

1000 1100 1200 1300 1400 1500 1600 1700 1800 1900

apokalyptisch*
(griech.): auf das Weltende hinweisend, Unheil kündend.

Um sich vor Ansteckung zu schützen trugen Ärzte in Pestzeiten eine Bekleidung, die den ganzen Körper abdeckte: wachsgetränkter Mantel und Handschuhe, schnabelförmige Maske mit in Essig getränktem Tuch oder Heilkräutern im Schnabel, Hut. Kupferstich, 1656.

Häuser von Pestkranken wurden mit solchen Warnschildern versehen. Diese Tafel könnte aus Augsburg stammen, wo seit 1628 die Pest immer wieder ausbrach und viele Opfer forderte.

1   **Die vier apokalyptischen* Reiter.** Holzschnitt von Albrecht Dürer, 1498.

Q1 Aus den Aufzeichnungen des Kaplans Röhl aus Burgbarnheim in der Maingegend, 1631:
… O Gott! Der Jammer war groß! In diesem Jahr war auch die Pest und der ward glücklich gepriesen, der ohne Soldatenplag daran gestorben …

1   Überlegt, auf welches große Ereignis des 17. Jahrhunderts in dem Zitat angespielt wird.

Das 17. Jahrhundert brachte den Menschen viel Unruhe, Kriege und Seuchen. Die Türken bedrohten immer wieder die Grenzen des Heiligen Römischen Reichs Deutscher Nation. Der Dreißigjährige Krieg zerstörte und entvölkerte ganze Landstriche. Auch die immer wiederkehrenden Pestwellen, die sich durch die umherziehenden Soldaten noch schneller verbreiteten, machten den Menschen klar, wie schnell und ohne Rücksicht auf die soziale Stellung das Leben enden konnte.

2   Schlagt im Lexikon den Begriff „Pest" nach.
3   Findet heraus, welche Gefahren für das Leben der Menschen in der Abbildung 1 dargestellt sind.

Kunst im Dienst der Kirche

2 Der Petersplatz in Rom. Entwurf von Gian Lorenzo Bernini.

Bauwerke als Symbole der Macht

Der Glaube an Gott war in Zeiten großer Not wie ein Rettungsanker für viele Menschen. Seit der Ausbreitung der Lehre Luthers aber fürchtete die katholische Kirche ihren Machtverlust. Mit Hilfe neuer, prunkvoller und mächtiger Kirchenbauten versuchte sie ihre Macht und die Herrlichkeit des Glaubens darzustellen. Die Architektur* spielte in der Zeit der Gegenreformation eine wichtige Rolle. Die reich geschmückten Gotteshäuser sollten die Überlegenheit des katholischen Glaubens unterstreichen.

In Rom wurden die ersten Gotteshäuser in neuem Stil gebaut. Der führende Baumeister war Gian Lorenzo Bernini. Er gestaltete im Auftrag von Papst Alexander VII. den Petersplatz in Rom. Der Papst wünschte, dass die Hauptkirche der Katholiken mit ihrer riesigen Kuppel (132 m hoch) einen würdigen Vorplatz erhielt. Bernini gestaltete die Begrenzung des Platzes mit Säulenreihen (Kolonnadengängen), die die Christenheit wie mütterliche Arme umschließen sollten. Kirche und Platz sollten den Triumph der Kirche darstellen. Bernini schuf auch das Tabernakel* im Petersdom und den Baldachin* über dem Papstaltar. Die dabei verwendeten gedrehten Säulen wurden zu einem Stilelement des neuen Baustils im 17. Jahrhundert.

Neben Kirchen wurden auch zahlreiche Paläste, Plätze und Brunnen in Rom im Auftrag des Papstes gestaltet um die Rolle der Kirche zu unterstreichen. Der neue Baustil, der sich von Italien aus über die Alpen nach Europa und bis in die spanischen Kolonien in Lateinamerika ausbreitete, wird Barock genannt.

Auch viele weltliche Herrscher wollten ihre Macht nach außen deutlich machen. Bauaufträge für neue Schlösser wurden erteilt. Prachtvolle Gärten entstanden. Ganze Städte wurden im Auftrag von Herrschern im Barockstil erbaut.

4 Erklärt, warum dem Papst und der katholischen Kirche im 17. Jahrhundert so viel an der Darstellung ihrer Macht mit Hilfe von Kirchenbauten lag.

5 Erstellt eine Kurzbiografie von Gian Lorenzo Bernini. Benutzt dazu Nachschlagewerke oder das Internet.

6 Michelangelo entwarf die riesige Kuppel des Petersdoms. Findet mit Hilfe von Lexika heraus, welche Kirchen in Italien und in Europa nach dem Vorbild des Petersdoms gebaut wurden. Welche technischen Probleme waren damit verbunden?

Architektur* (griech.): Baukunst. Nach den Verwendungszwecken unterscheidet man zwischen Sakralbauten (Kirchen und Klöster) und Profan- oder Zweckbauten (Schlösser, Wohnhäuser, Brücken, Badehäuser).

Tabernakel*: Ort zur Aufbewahrung des Brotes für das Abendmahl.

Baldachin*: Überdachung eines Altars oder einer Statue.

▶ *Gian Lorenzo Bernini (1598–1680):* italienischer Barockbaumeister und Bildhauer.

Barock – ein Feuerwerk für die Sinne

▶ **Barock:**
Kunst- und Kulturepoche zwischen 1600 und 1720.

Detailformen des Barock:

Gesprengter Giebel mit Ziervase

Gedrehte Säule

Putte

1 Die Wallfahrtskirche Vierzehnheiligen in Oberfranken (Innen- und Außenansicht).

Was bedeutet „Barock"?

Der Ursprung des Wortes ist etwas unklar. In Portugal wurde eine unregelmäßige, schiefrunde Perle als „barocca" bezeichnet. In der italienischen Sprache benutzte man das Wort im Sinne von „verworren, unklar, überladen". Der Begriff Barock wurde oft abschätzig verwendet, da barocke Kunstwerke als unvollkommen galten. Erst im 19. Jahrhundert setzte sich das Wort Barock als Begriff für eine Epoche in Kunst und Kultur durch, die man von etwa 1600 bis 1720 datiert.

1 *Wiederholt die drei Kunststile, die ihr in der 7. Klasse kennen gelernt habt.*

2 *Ordnet die folgenden Merkmale und Beispiele in einer Tabelle den jeweiligen Baustilen zu: Betonung der Horizontalen, Rundbogen, Strebepfeiler, Betonung der Vertikalen, viele Fensterreihen, Spitzbogen, Stützpfeiler, hohe Kirchtürme, dicke, wehrhafte Mauern, Dombauhütten, Grundform der Basilika, Wasserspeier, Freskenmalerei, Kuppeln, Skulpturen, Rathaus in Augsburg, Stiftskirche St. Georg auf der Insel Reichenau, Regensburger Dom.*

Woran erkennt man Barockkunst?

In der Renaissance spielten die Grundformen Kreis, Quadrat und Dreieck eine wichtige Rolle. Im Barock wurden die Ellipse, das Oval und Kurven bevorzugt um Bewegung, Schwung und Spannung zu erzeugen. An Gebäuden betonte man die Mitte sehr stark. Viele Verzierungen, riesige Gemälde an den Decken und Wänden, die Verwendung von Tonnengewölben und Kuppeln beim Bau von Kirchen, Türme (oft Doppeltürme) mit kunstvollen Turmhauben – all das sind Merkmale der barocken Baukunst. Kirchen, Klöster, Paläste, Wohn- und Rathäuser wurden im Barockstil errichtet. Ihre komplexen Formen und reich verzierten Fassaden mit Skulpturen, Säulen, die Verwendung von Gold, Marmor, Stuck*, oben und unten abgerundeten bis hin zu ovalen Fenstern (so genannte Ochsenaugen) beeindrucken uns noch heute. Besonders in Süddeutschland und Österreich breitete sich der neue Baustil nach dem Dreißigjährigen Krieg aus.

Das Rokoko – verspieltes Muschelwerk

2 Die Wieskirche in Oberbayern (Innen- und Außenansicht).

Rokoko: Spätphase des Barock, um 1720 bis 1780.

Stuck*: Eine Mischung aus Gips, Wasser, Kalk und Sand, die zur Anfertigung von Plastiken, Wand- und Deckenschmuck verwendet wurde. Die besondere Kunst bestand im schnellen und exakten Formen der Figuren und Elemente, da das Material nach dem Trocknen nicht mehr bearbeitet wird. In Altbayern und Schwaben waren die Stukkateure und Baumeister aus Wessobrunn sehr berühmt und gefragt.

Bauformen des Rokoko:

Fassade

„Ochsenauge"

Das Rokoko

Die Spätphase des Barock wird als Rokoko bezeichnet, sie dauerte bis etwa 1780. Das Wort Rokoko leitet sich vom französischen „rocaille" ab und bedeutet Muschelwerk. C- und S-Formen wurden dabei zu zahlreichen Schnörkeln verbunden, die wie Muscheln aussahen. Decken, Wände, Säulen oder Kanzeln wurden damit verziert. Im Rokoko überwogen helle und freundliche Farben wie Rosa oder Weiß. Rokokoräume, -bilder und -möbel wirken leicht, luftig und elegant.

3 Vergleicht die beiden Innenaufnahmen von Kirchen (Abbildungen 1 und 2) und beschreibt ihren jeweiligen Baustil.
4 Welche der im Text genannten Merkmale findet ihr auf den Abbildungen wieder?
5 Legt eine Tabelle an, in die ihr die Merkmale für das Barock und das Rokoko eintragt.

Barock – mehr als nur Architektur

Das Barock ist nicht nur ein Baustil. Die Kunstrichtung des Barock äußert sich auch in der Musik, in der Mode, der Lebensweise und im Denken und Fühlen der Menschen. Im Barock entstanden Schelmen-, Entwicklungs- und Abenteuerromane, Gedichte wurden gern in Form einer Figur geschrieben, ihr Inhalt somit auch äußerlich sichtbar gemacht.

Q1 Der Dichter Paul Fleming schrieb 1633 in einem Gedicht:
… Stelle deine Schlachten ein,
Mars, und lerne milder sein!
Tu die Waffen ab und sprich:
Hin, Schwert, was beschwerst du mich! …

6 Auf welches Ereignis spielt das Gedicht an? Fasst seine Aussage mit eigenen Worten zusammen.
7 Erarbeitet im Deutschunterricht, welche Schelmen- und Abenteuerromane im Barock entstanden sind. Wählt einige davon aus und stellt sie der Klasse vor.

Besonders beliebt waren im Barock Spottgedichte oder -lieder. Theaterstücke mit religiösen, politischen und komischen Inhalten wurden von Wanderschauspielern auf Plätzen oder in festen Theatergebäuden aufgeführt.
8 Schlagt in einem Lexikon nach, welche Musikwerke im Barock geschrieben wurden und wie die Komponisten heißen. Hört euch einige Ausschnitte im Musikunterricht an. Notiert beim Zuhören, wie diese Musik auf euch wirkt.
9 Fertigt eine Collage über Barockkunst an. Nutzt dazu Auszüge aus Schelmen- und Abenteuerromanen, Bilder von Komponisten, Barockbauwerken und Stilelementen usw.

Vorsicht: Täuschung!

Tonnengewölbe mit Stichkappen (1) und Dachgauben (2).

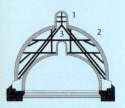

Kuppel: Laterne (1), Kuppelschale (2), Aufhängung (3).

1 Gewölbe mit Fresken in der Benediktiner-Abteikirche Neresheim (Schwäbische Alb). Balthasar Neumann begann 1747 mit dem barocken Innenausbau.

Freskotechnik*: Auftragen von Wasserfarben auf den frischen Kalkputz.

Um die Wirkung ihrer Kunstwerke zu verstärken wendeten die Barockkünstler häufig kleine optische Tricks an. Der Einfall des Lichts spielte dabei eine wichtige Rolle. Hinter dem Altarbild wurde gern ein kleines Fenster mit gelbem Glas eingebaut. Somit schien der Heilige Geist die dargestellte Szene, z. B. die Himmelfahrt Marias oder die Auferstehung Jesu, zu beleuchten. Die großen Fenster im Langhaus wurden so angelegt, dass ihr Licht den Weg zu Chor und Altar weist. Polierte Marmorplatten auf dem Boden spiegelten das seitlich einfallende Licht und verstärkten so die Wirkung.

Besonderer Wert wurde auf die Gestaltung der Decken gelegt. Diese wurden mit Hilfe der Freskotechnik* ausgemalt. Dargestellt waren meist Szenen aus der Bibel, aus dem Leben von Heiligen und Ordensgründern oder aus der Geschichte.

Die Künstler bemühten sich den Eindruck zu erwecken, dass ihr Bild unendlich sei. Das gelang durch die Darstellung des Himmels, der sich nach oben zu öffnen schien. Kuppeln wurden unter Ausnutzung der gegebenen Höhe mit Himmelsszenen ausgestaltet. Und waren keine oben offene Kuppel oder kein Gewölbe vorhanden, so malte der Künstler einen Himmel sehr realistisch auf eine flache Decke auf. Engelsfiguren oder Putten zierten oft den Rand solcher Deckenbilder. Sie wurden aus Marmor oder Stuck gefertigt und schienen in die Bilder hineinzugehen oder hineinzufliegen.

1 *Beschreibt die Wirkung von Abbildung 1 auf euch. Welche Technik wendete der Künstler an?*

2 *Überlegt, was die Kirche mit derartigen Gestaltungstechniken den Gläubigen klarmachen wollte.*

Zwischen Illusion und Todesangst

2 Votivtafel aus Siegertsbrunn (Oberbayern).

Lebenslust und Todesangst, Prunk und Not

Während in der Renaissance Vernunft und Verstand angesprochen wurden, war die Zeit des Barock ein Appell an das Gefühl und die Fantasie der Menschen. Der Betrachter sollte Architektur und Kunst sinnlich erleben. Das riesige Schloss mit gewaltiger Treppe, unzähligen Salons und kunstvollen Gärten führte ihm die Macht und die Rolle des Herrschers vor Augen. Die prunkvolle Kirche diente dazu, die Allmacht Gottes zu verdeutlichen. An die Endlichkeit des menschlichen Daseins erinnerten Darstellungen des Totenkopfs, der Sanduhr, des Sensenmanns oder fauler Beeren. Das Motto lautete: Denk an den Tod! (Memento mori). Die Botschaft hinter dieser Aufforderung könnte lauten: Genieße das Leben, denn es endet schnell.

Volksfrömmigkeit

Im Barock wechselten ausgelassene Lebensfreude und tiefe Frömmigkeit einander ab. Feste wurden ausgelassen und mit übermäßigem Essen und Trinken gefeiert. Einen Gegenpol dazu bildeten die Ängste der Menschen vor Notsituationen (Hunger, Krankheit, Kriege). Der Tod war allgegenwärtig. In katholischen Gebieten entwickelte sich eine tiefe Volksfrömmigkeit. Darstellungen von Heiligen befanden sich nicht nur in den Kirchen, sondern auch auf den Marktplätzen und an Privathäusern. Wallfahrten wurden unternommen und Votivtafeln* in den Kirchen als Ausdruck der Dankbarkeit für die Rettung in Notfällen angebracht. Gläubige stellten Weg- und Feldkreuze auf. Alljährlich fanden Prozessionen wie die Leonhardifahrt statt. Passionsspiele* (z. B. seit 1643 in Oberammergau) wurden aufgeführt, Heiligenfiguren aufgestellt um Gott für seine Gnade (z. B. für die Erlösung von der Pest) zu danken.

3 Zählt auf, welche Wallfahrten euch in der Nähe eures Heimatorts bekannt sind. Erkundigt euch, wann sie entstanden sind.

4 Beschreibt die Abbildung 2. Versucht herauszufinden, von wem und aus welchem Anlass die Votivtafel gestiftet und wem die eingetretene Hilfe zugeschrieben wurde.

5 Der Heilige Sebastian und der Heilige Florian sind häufig anzutreffen gewesen. Wofür waren sie zuständig?

6 Überlegt, warum die Menschen Feld- und Wegkreuze aufgestellt haben.

7 Sucht im Lexikon oder im Internet nach Informationen über die Oberammergauer Passionsspiele (www.oberammergau.de). Schreibt darüber einen kurzen Artikel für die Schülerzeitung (Ort, Zeit, Anlass, Mitwirkende usw.).

Darstellung des Todes in der Abtei Admont/Österreich.

Votivtafel*: Einem Heiligen geweihtes Bild als Ausdruck des Danks für eine erwiesene Wohltat (Errettung aus Gefahr, Genesung von schwerer Krankheit u. Ä.).

Passion*: Leidensgeschichte Christi.

Ludwig XIV. als Vorbild

1 Schloss Schleißheim* bei München.

*Die **Schlossanlage von Schleißheim*** zählt zu den bedeutendsten Barockanlagen Deutschlands. Ende des 16. Jahrhunderts erwarb der bayerische Herzog das Moorgebiet nördlich von München und ließ ein Landgut errichten. Für ihn war es ein Ort des Rückzugs und Gebets. Unter seinen Nachfolgern wuchs die Anlage. Den Höhepunkt erreichte sie unter Max Emanuel. Das Gesamtensemble besteht aus Altem und Neuem Schloss, Schloss Lustheim und einem lang gestreckten Garten, der die einzelnen Gebäude durch Sichtachsen miteinander verbindet.*

***Empfangszeremoniell*:** *Streng geregelter Ablauf bei der Begrüßung von Besuchern.*

***Repräsentationsbauten*:** *Gebäude, die die herausragende Stellung und den Machtanspruch eines Herrschers widerspiegeln sollten.*

***Wappenkartuschen*:** *Schild mit reich dekoriertem Rahmen zur Aufnahme von Inschriften, Initialen oder Familienwappen.*

Kleine Ludwigs in Europa

Was Ludwig XIV. in Frankreich tat, was er trug, wie er regierte und vor allem, wie er wohnte, war für viele europäische Herrscher ein Vorbild. Selbst im zersplitterten Heiligen Römischen Reich versuchten die Landesfürsten einen Hauch der französischen Prachtentfaltung an ihre Höfe zu zaubern. Auch wenn ihr Fürstentum oft nur klein war, ahmten sie den französischen Lebensstil nach und verschuldeten sich dabei enorm zu Lasten ihrer Untertanen.

Unter den weltlichen und geistlichen Herrschern brach eine regelrechte Bauwut aus. Man wollte sich gegenseitig mit dem Bau prächtiger Paläste, Jagdschlösser, Theater und Parks ausstechen. Die reiche Innenausstattung übertraf oft die äußere Gestaltung der Schlösser: riesige Säle, die über zwei Stockwerke reichen konnten und durch das Anbringen von Spiegeln noch größer wirkten, große Treppenhäuser, die für ein würdiges Empfangszeremoniell* notwendig erschienen. Macht und Reichtum sollten auf diese Weise zur Schau gestellt werden.

Beispiele für solche Repräsentationsbauten* sind das Schloss Schönbrunn in Wien, Schloss Sanssouci bei Potsdam, Schloss Ludwigsburg bei Stuttgart, der Zwinger in Dresden, die Residenzen der Familie Schönborn in Franken und am Rhein oder das Schloss Nymphenburg in München.

Aber auch wohlhabende Bürger ließen ihre Wohnhäuser, Palais und Rathäuser im Barockstil bauen und außen kunstvoll mit Girlanden, Muschelwerk, Erkern und Fensterumrahmungen verzieren. Auch Wappenkartuschen* waren an ihren Häusern zu finden, wobei diese meist leer blieben, da dem Adel das Privileg eines Familienwappens zustand.

1 Schlagt nochmal die Seiten 12/13 nach und wiederholt, was ihr über die Regierung Ludwigs XIV. gelernt habt.

2 Schaut euch die Abbildung 1 an und berichtet, welche Elemente der barocken Baukunst ihr wiedererkennen könnt.

3 Gestaltet eine Wandkarte mit Fotos von Barockbauten, die ihr kennt. Tragt auch die im Text genannten Bauten darauf ein. Benutzt einen Atlas.

Der barocke Park

2 Französische Gartenanlage*, Gartenkunst-Museum Schloss Fantaisie Bayreuth.

3 Englische Gartenanlage*, Schloss Nymphenburg.

Lustwandeln im Park

Der barocke Garten gehörte unmittelbar zum Schloss. Grundelement seiner Gestaltung war wie beim Schloss die Mittelachse. Sie wurde durch eine Allee oder einen Kanal gebildet. Auf den Kanälen konnten Boote fahren, als Schmuck dienten Skulpturen und Blumenrabatten entlang der Achse. Die Blumenbeete wiesen geometrische Formen auf und ihre Bepflanzungen folgten je nach Jahreszeit einem genau festgelegten Muster. Wasserbecken und Fontänen waren weitere Gestaltungselemente. Sie wurden durch ein System von Kanälen, Windmühlen, Pumpen und Türmen mit Wasser versorgt.

Bei Festen wurden Feuerwerke entzündet, Brunnen und Fontänen beleuchtet und die Wasserspiele mit Musik untermalt. Anlässlich der Hochzeit des österreichischen Kaisers Leopold I. (1658–1705), die ein Jahr lang gefeiert wurde, wurde 1667 ein Pferdeballett aufgeführt und im Schlosshof sogar eine Seeschlacht nachgespielt.

Terrassen und Treppen brachten Bewegung in eine barocke Parkanlage. Als Orte zum Zurückziehen wurden so genannte Lustwälder, Irrgärten (Labyrinthe) und Laubengänge angelegt. Diese künstlich gestaltete Natur geht auf den Franzosen André Le Nôtre (siehe S. 15) zurück.

Im 18. und 19. Jahrhundert änderte sich der Geschmack und viele Barockgärten wurden umgestaltet. Der naturnahe, englische Landschaftsgarten war zu dieser Zeit modern geworden. Der Gartenschriftsteller Cay L. Hirschfeld schrieb 1785 über einen Besuch im Landschaftsgarten Schönbusch bei Aschaffenburg: „Alles scheint Natur, so glücklich ist die Kunst versteckt."

4 Schaut euch die Bilder oben genau an und erklärt dann den Unterschied zwischen französischem und englischem Garten.

Französischer Garten: Er setzt die Idee des Barockschlosses fort, ist streng gegliedert durch symmetrische Achsensysteme. Die Natur wird sich nicht selbst überlassen, sondern nach genauen Mustern gestaltet durch Blumenrabatten, Bassins, Skulpturen, Irrgärten oder in Mustern gestalteten Rasenflächen. In Orangerien wurden empfindliche Gewächse wie Orangenbäume untergestellt.

Englischer Garten: Landschaftsgarten, der wie ein Park wirkt durch großzügige Rasenflächen, geschwungene Wege und natürliche Baumgruppen. Bäche, Brücken, Tempel, künstliche Ruinen oder exotische Bauten zeigen auch hier die Gestaltung der Natur durch Menschenhand. Der Englische Garten in München ist ein typischer Landschaftsgarten.

Methode: Architektur als Quelle nutzen

„Ist ja bloß altes Gemäuer"
Oft gehen wir achtlos an Gebäuden aus vergangenen Jahrhunderten vorüber und sind uns nicht bewusst, welche Schätze sich in ihnen verbergen. Erst ein Artikel oder ein Bild in der Zeitung, der Blick in einen Stadtführer machen uns neugierig. Wenn Gebäude erzählen könnten, was sich in ihren Mauern alles abgespielt hat, wären sie so spannend wie ein guter Krimi. Schon ihr Baustil liefert uns viele Details über die Entstehungsgeschichte und -zeit, Baumeister und Auftraggeber. Es lohnt sich einen näheren Blick auf solche alten Bauwerke zu werfen.
Als Beispiel soll uns die ehemalige Zisterzienserabtei Fürstenfeld mit ihrer Klosterkirche Mariä Himmelfahrt dienen.

Hintergrundinformationen
Wie kam es zum Bau eines Klosters in Fürstenfeldbruck?
Im 13. Jahrhundert ließ Herzog Ludwig der Strenge seine Frau, Maria von Brabant, wegen Untreue hinrichten. Maria hatte zwei Briefe geschrieben, einen an ihren Mann und den anderen an den Grafen von Kyrburg. Leider verwechselte der Bote die Briefe und so nahm das Unglück seinen Lauf. Als sich später Marias Unschuld herausstellte, verpflichtete der Papst den Herzog ein Kloster zu gründen. 1263 ließen sich Mönche aus dem strengen Zisterzienserorden auf des Fürsten Feld nieder und 1266 wurde das Kloster feierlich gegründet. Nach einer wechselvollen Geschichte des Gebäudes und schweren Schäden im Dreißigjährigen Krieg begann um 1700 der Bau der barocken Klosterkirche. Sie ersetzte einen frühgotischen Bau aus dem 13. Jahrhundert.

1 Der Hochaltar der ehemaligen Zisterzienserabteikirche Fürstenfeld.

1 *Legt eine Liste über Barockbauten in eurem Heimatraum an. Sammelt Bildmaterial über sie. Ihr könnt Reiseführer, Prospekte oder Angebote im Internet dazu benutzen. Oder ihr fertigt eigene Fotos an.*

Der Bau
Der Hofbaumeister der Wittelsbacher Herzöge, Giovanni Antonio Viscardi, entwarf den Kloster- und Kirchenbau. Er wollte dabei die Vorstellungen des Kurfürsten Max Emanuel von einem „bayerischen Escorial" (Klosterresidenz und Grabstätte spanischer Könige nahe Madrid) verwirklichen. 1716 übernahm ein einheimischer Architekt die Bauplanung und -leitung. Die Fassade ist durch einen Volutengiebel und Säulen (toskanische, ionische, korinthische) geprägt. Der mächtige Innenraum mißt 83 m Länge, 27 m Breite und 28 m Höhe. Das Langhaus wird von einem Tonnengewölbe bekrönt und Wandpfeiler mit Halbsäulen bilden Seitenkapellen. An der Ausgestaltung der Kirche waren bayerische Künstler wie die ▶ Gebrüder Asam, italienische und französische Künstler beteiligt. Als ein Bauwerk aus der Zeit des Spätbarock weist sie auch Elemente des Rokoko auf (Verzierungen an der Kanzel mit Rocaille-Elementen). Sie wurde, wie bei den Zisterzienserklöstern üblich, der Gottesmutter Maria geweiht, was sich am Hochaltar zeigt: Mariä Himmelfahrt. Gedrehte Säulen umrahmen das Altarbild. Die wertvolle Orgel hat die Form des Buchstabens M und ist in der Mittelsäule durch eine Darstellung Marias verziert.
Deckenbilder zeigen Szenen aus dem Leben des heiligen Bernhard von Clairvaux (Leiter des Zisterzienserordens im 12. Jahrhundert, Kirchenlehrer). Stifter (Ludwig der Strenge und Ludwig der Bayer) und Bauherr wurden ebenfalls als Skulpturen verewigt. Einen Hinweis auf das geografische Wissen der Zeit liefern vier Medaillons in einem als Scheinkuppel gestalteten Deckengemälde. Sie stellen die vier damals bekannten Erdteile Europa (Pferd, Zepter, Reichsapfel), Afrika (Federbusch, Räucherschale, Elefantenkopf), Asien (Kamel, Turban, Dattelzweig) und Amerika (Krokodil, Juwelen) dar.
Die Kirche zählt zu den großartigsten Barockkirchen Oberbayerns.

Methode: Architektur als Quelle nutzen

Manchmal kann es sehr schwierig sein, ein Bauwerk einem Architekturstil zuzuordnen. Es können Mischformen auftreten oder unübliche Elemente verwendet worden sein. Viele Baustile wurden in späteren Jahrhunderten in leicht abgeänderter Form wieder verwendet. Die Zeit des Historismus (19. Jahrhundert) benutzte beispielsweise viele Elemente des Barock wieder.
Die genannten Arbeitsschritte sollen euch beim Erkennen von Barockbauwerken helfen:

1. Schritt
Art des Gebäudes und Bauherr

Im Barockstil wurden hauptsächlich Kirchen, Klöster und Schlösser, aber auch Wohnhäuser reicher Bürger errichtet.
Auch die Frage, wer sich das Gebäude errichten ließ, kann weiterhelfen.

2. Schritt
Bauzeit

Von 1600 bis 1780 sprechen wir von der Zeit des Barock und ab 1720 von seiner Spätform, dem Rokoko. Bedingt durch die Wirren des Dreißigjährigen Krieges fasste im Vergleich mit anderen europäischen Ländern das Barock in Deutschland erst spät Fuß.

3. Schritt
Baumeister

Neben Gian Lorenzo Bernini waren Francesco Boromini, Martino Longhi d. Jüngere und Pietro da Cortona bekannte Barockarchitekten.
In Nord- und Mitteldeutschland wirkten Johann C. Schlaun, Andreas Schlüter, Georg W. von Knobelsdorff und Matthäus D. von Pöppelmann.
Zu berühmten Baumeistern dieser Zeit in Süddeutschland siehe die Seite 72.

4. Schritt
Außenansicht

Doppeltürme bei Kirchen, Turmhauben in Zwiebelform, Kuppeln, gekurvte Gebäudefronten mit üppigem Fassadenschmuck aus Säulen, abgerundeten Fenstern mit Verzierungen, Wappenkartuschen, Blüten- oder Muschelornamenten, Hervorhebung der Mitte – all das können Hinweise auf ein Bauwerk im Stil des Barock sein.

5. Schritt
Innenansicht

Schon der Grundriss einer Kirche oder eines Schlosses kann uns weiterhelfen. Auch hier fallen die geschwungenen Abschlüsse der Gebäude auf.
Im Kircheninnern wurde im Barock eindeutig der Altarraum durch die Form des Kirchenschiffs und die Lichtführung betont. Beliebt waren ovale oder elliptische Raumformen, besonders für Kuppeln.
Reicher, manchmal erdrückender Schmuck (Gemälde, Fresken, Skulpturen, Blattgold, Stuck, Marmor und Ornamente) zeichnen die Gestaltung barocker Bauten aus.
In Schlössern durfte eine prunkvolle Treppe mit großem Treppenhaus für Empfänge nicht fehlen.
Berühmte Maler fertigten Bilder von teilweise enormem Ausmaß für die Ausgestaltung der Räume an. Bildthemen waren oft der Bibel, Sagen oder der Geschichte entnommen. Aber auch Stilleben und Porträts waren gefragt. Berühmte Maler der Barockzeit waren Rubens, Rembrandt, Velasquez und van Dyck.

6. Schritt
Lage

Barocke Bauwerke wurden oft auch unter Berücksichtigung der Fernwirkung gebaut: Kirchen, besonders Wallfahrtskirchen auf Hügeln, Schlösser und Palais an natürlichen oder künstlich angelegten Gewässern um sich darin zu spiegeln und im Schnittpunkt von Straßen und Wegen, die strahlenförmig darauf hinführten. Reichtum und Macht sollten nach außen deutlich erkennbar sein.

2 Gestaltet mit Hilfe einer Karte eures Landkreises eine Wandzeitung oder Collage mit Barockbauwerken in eurer Umgebung. Entwerft einen kleinen Kunstführer über die Barockzeit in eurem Heimatraum.

Der französische Stil setzt sich durch

1 Kleidung der Barockzeit. Porzellanfiguren.

Herrenmode des Barock:

Allongeperücke

Zweispitz

Der galante Kavalier
Da Ludwig XIV. ein Frauenfreund war, mochte er schöne Frauen bei Hofe um sich haben. Er machte ihnen Komplimente und grüßte jede, auch eine Dienstmagd, indem er den Hut vom Kopf nahm und sich verbeugte. Das gehörte fortan zur Höflichkeit der Herren gegenüber den Damen. Ebenso hatte ein Kavalier einer Dame den Vortritt zu lassen. Der Umgang zwischen Männern und Frauen und die Kunst der Konversation waren streng geregelt und in so genannten Kompilementierbüchern beschrieben.

Bei Hof unterhielt man sich Französisch. Der Preußenkönig Friedrich II. soll sogar Probleme mit seiner Muttersprache gehabt haben, da er lieber französisch sprach und schrieb. Auch wohlhabende Bürger ließen Worte in Französisch in ihre Rede einfließen und hielten dies für modern und vornehm.

1 *Vergleicht das Eindringen der französischen Sprache in das Deutsche während der Barockzeit mit der heutigen Situation der Sprache. Was stellt ihr fest? Sucht nach Beispielen für eure Aussagen.*

2 *Folgende Worte stammen aus dem Französischen. Versucht sie durch deutsche Umschreibungen zu ersetzen und nach Oberbegriffen zu ordnen: Armee, Allee, Appetit, adieu, charmant, galant, Etage, Chaussee, Dame, Balkon, Jackett, Frack, Madame, Omelette, Sofa, Finanzen, Hotel, Frisur, Perücke, Garderobe, Alarm, elegant, Toilette, Kavalier, Uniform, Kompliment, Ballett, Souffleuse, soufflieren, dinieren.*

Die Mode im Barock
Wie die Architektur und der Lebensstil sollte natürlich auch die Mode des Adels prunkvoll sein. Den Trend gaben wieder Ludwig XIV. und der französische Hof vor. Paris wurde zu einem Modezentrum mit Weltruf. Ganz im Sinne merkantilistischer Wirtschaftspolitik wollte man hier nicht nur Vorbild sein, sondern auch den Handel mit Stoffen, Schmuck, Perücken, Handschuhen und Lederwaren bestimmen. Puppen von 80 cm Größe, so genannte Männekens (oder später Mannequins), wurden im Stil der neuesten Pariser Mode bekleidet und in andere Länder verschickt. Die französischen Manufakturen erhielten dann von den europäischen Fürstenhöfen die Bestellungen für Damen- und Herrenbekleidung.

3 *Erklärt noch einmal das Sytem des Merkantilismus (siehe S. 22/23) am Beispiel der Mode.*

Was trug der barocke Mann von Welt?
Die barocke Männermode war sehr weiblich (siehe auch die Illustration auf Seite 17). Die seidene Kniehose (Culotte) wurde unter dem Knie mit Bändern zusammengehalten und konnte sehr weit sein. Dazu wurden farbige Strümpfe, z.B. aus Seide, und Halbschuhe mit Spangen oder Laschen und Absätzen getragen. Über einem kunstvoll verzierten weißen Hemd mit Schwedenkragen oder Halsbinde trug der Mann entweder eine lange Weste mit verzierten Knöpfen oder nur den körpernahen Überrock, den Justaucorps. Die Ärmelaufschläge waren breit, mit Litzen verziert und ließen die kostbaren Spitzen des Hemdes sehen. Obwohl das Hemd direkt mit dem Körper in Berührung kam, wurde es selten gewechselt, ca. einmal im Monat. Jacke und Hose wurden nur gelüftet, da die schweren Stoffe aus Seide und Brokat mit ihren Ver-

Kleider machen Leute

zierungen nicht gewaschen werden konnten. Als Schmuck wurden auch von Männern Ringe, Ketten und Orden getragen. Farbige Tücher, die um den Hals gebunden wurden, bildeten den Vorläufer der Krawatte. Ein steifer Hut mit breiter Krempe, ein Zwei- oder Dreispitz vervollständigten das Outfit. Das Gesicht war glatt rasiert, manchmal wurde ein kleiner Schnurrbart getragen. Die Haare ließen sich viele Männer ganz abrasieren und trugen stattdessen eine Perücke.
Zur Mode der Männer zur Zeit des Barock siehe auch Seite 17.

4 *Betrachtet das Bild des bayerischen Kurfürsten auf Seite 64. Welche der beschriebenen Kleidungsstücke findet ihr dort wieder, welche fehlen oder kommen hinzu?*

5 *Denkt über die Bequemlichkeit einer derartigen Garderobe im Alltag nach.*

Damenmode im Barock

Entgegen der hochgeschlossenen spanischen Mode mit riesigen runden Spitzenkragen war das barocke Kleid tief ausgeschnitten und ließ die Schultern frei. Das Oberteil war sehr eng anliegend und hatte meist enge Ärmel. Darunter trug die Frau ein Korsett aus Fischbein um sich zu schnüren, Unterhemd und Hose. Der Rock war lang und glockenförmig. Auf den Hüften konnte er gerafft werden. Durch Hüftpolster verstärkt sah das Becken übermäßig breit aus. Im Rokoko wurde der ovale Reifrock unter dem Kleid getragen. Seidenstrümpfe mit Strumpfbändern, spitze Schuhe aus edlen Stoffen, Fächer, Handschuhe und viel Schmuck (Ketten, Ringe, Federn oder Bänder) rundeten die Garderobe ab. Im Winter diente die Pelerine (Mantel oder Umhang) und ein so genannter Flohpelz um den Hals als Schutz vor der Kälte.

Die Haare wurden entweder durch eine Perücke verdeckt oder auf ein Drahtgestell, die Fontange, zusammen mit Spitzen und Bändern aufgesteckt.

Mit Hilfe von Puder und Parfüm wurde der Körpergeruch überdeckt. Waschen galt als schädlich, da man glaubte, das Wasser könne durch die Haut in den Körper eindringen und man sei Krankheitserregern schutzlos ausgeliefert. Bei der Morgentoilette wurden nur die

2 Erzherzogin Maria Anna in einem Blumenmusterkleid mit mächtigem Reifgerüst. Gemälde von Martin van Meytens.

Hände in Wasser getaucht und mit Eau de Cologne benetzt. Gegen die kleinen Plagegeister (Flöhe und Läuse) setzte man Kratzhilfen, den Flohpelz oder Lausefallen ein. Das waren kleine, dünne Gläser, die mit Schweineblut gefüllt wurden und in der Perücke verstaut zum Anlocken der Läuse dienen sollten.

So bekleidet trugen die Damen teilweise 50 Kilogramm Gewicht am Leib. Durch das Korsett waren sie sehr eingeschnürt und neigten daher zu Ohnmachtsanfällen. Deshalb gehörte in jedes Handtäschchen eine Flasche mit Riechsalz oder ein in Parfüm getränktes Tüchlein zur Erfrischung.

6 *Überlegt, welche Probleme das An- und Auskleiden mit sich brachte. Betrachtet dazu auch die Abbildung 1.*

7 *Welche Tätigkeiten waren in Barockroben gar nicht oder nur schwer zu verrichten?*

8 *Fasst mit Hilfe der Abbildung 2 die wesentlichen Bestandteile der weiblichen Barockmode zusammen.*

Damenmode des Barock:

Fontange des Barock

Rokokofrisur

Reifrock

Schuh

Barocker Lebensstil in Bayern

1 Kurfürst Max II. Emanuel. Gemälde von G. v. Desmarées.

Maximilian II. Emanuel (1662–1726), bayerischer Kurfürst 1679–1726. Er hatte eine Vorliebe für die Farbe blau, weshalb er auch „der blaue Kurfürst" genannt wurde.

Im Barock genoss der Adel das Leben in vollen Zügen. Unzählige Feste mit üppigen Festmahlen, Theateraufführungen, Jagden und andere Vergnügungen sorgten für Abwechslung bei Hofe.

Der bayerische Kurfürst Max II. Emanuel besaß nicht nur die Residenz in München und das von seinem Vater erbaute Schloss Nymphenburg. Er erteilte auch Aufträge zum Ausbau der Schlösser Dachau, Lustheim und Schleißheim. Mit großartigen Plänen für Park und Schloss wollte der Kurfürst in Schleißheim sein bayerisches Versailles entstehen lassen. Aber nur ein Flügel des Schlosses wurde wirklich gebaut.

In Nymphenburg ließ er das erste beheizbare Hallenbad seit der Antike, die Badenburg, errichten, wo sogar eine Kapelle für den musikalischen Rahmen beim Baden sorgte.

Zahlreiche Handwerker belieferten den Hof mit allem Notwendigen und nannten sich stolz Hoflieferanten. Die bayerischen Kurfürsten waren ihre wichtigsten Auftraggeber und Kunden.

Q1 Giacomo Fantuzzi, im Auftrag des Papstes unterwegs, berichtete in seiner Reisebeschreibung 1652:
… Darum aß man im ganzen bayerischen Staat kein anderes Brot und trank kein anderes Bier als das des Herzogs, welches er gemäß seiner Anordnung herstellen, verwalten und verkaufen ließ … So sind auch alle Käsewaren, die man in Bayern verzehrt und nach auswärts versendet, vom Herzog …

Q2 Über die bayerische Bevölkerung schrieb er:
… Es sind Leute mit einem gesunden Urteil und von großer Geschäftstüchtigkeit. Aber der Herzog erlaubt ihnen nicht, dass sie dieselbe ausüben und gänzlich zu ihrem eigenen Vorteil gebrauchen …

1 *Tragt die Informationen zusammen, welche die Quellen über den Herrschaftsstil und das Wirtschaftssystem im Bayern des 17. Jahrhunderts gibt.*

Leben am Hof des „blauen Kurfürsten"

2 Nächtliches Hoffest auf dem Starnberger See, um 1738. Die festliche Flotte wird angeführt von dem Prachtschiff „Bucentaur"*. Anonymes Gemälde.

Für Unterhaltung ist gesorgt

Max Emanuel strebte nach der Königswürde und wollte Bayern zu einer Großmacht in Europa machen. Dementsprechend prunkvoll gestaltete sich das Leben bei Hofe.

Q3 Über das Leben am Hof des Kurfürsten wird Folgendes berichtet:
… Der Hof in Nymphenburg nahm die Mahlzeiten fast täglich an einem anderen Ort ein, bald in dem Saal der Perspektiven, bald im Antikensaal, bald in einem der Gärten. Überall war der Tisch großartig bestellt. Gewöhnlich speiste man auf Goldemaille, manchmal auch auf purem Golde und immer so üppig, so prächtig, mit solch auserlesenem Geschmack … Die schönsten Früchte Italiens, Pfirsiche, Muskatellertrauben waren schon Mitte Juli in größter Auswahl auf der kurfürstlichen Tafel vorhanden … Was man für Speisen auch immer auftrug, ob Braten, ob Früchte usw., alles war einer bestimmten, für diesen Tag ausgegebenen Bestimmung untergeordnet. Sollte die Mahlzeit eine Flotte darstellen, so hatte jede Schüssel die Form eines Schiffes, ein andermal glich der ganze Tisch einem Feldlager voll bunter Zelte, je nach der Fantasie dessen, dem die Sorge für das Arrangement der kurfürstlichen Tafel unterlag. Was aber den Glanz dieser vom ganzen Hof umgebenen kurfürstlichen Tafel am meisten erhöhte – der Adel erschien jeden Tag in einer anderen Kleidung –, war die außergewöhnliche Erscheinung der Kurfürstin. Die ersten fünf Tage war sie jedes Mal mit anderem Schmuck angetan, mit den kostbarsten Juwelen …

2 Fasst zusammen, was wir aus der Quelle über das Geschirr, über die Anordnung der Speisen bei Tisch und über die Kleidung der Hofgesellschaft erfahren.

3 Stellt euch vor, was die Dienerschaft bei der Vorbereitung und bei der Tafel selbst alles zu tun hatte.

Der Garten des Schlosses bot mit seinem Irrgarten, dem Heckentheater und den verschiedenen Wasserspielen Möglichkeiten für Spiel und Zeitvertreib. Wer sich zurückziehen wollte, tat dies in den so genannten Kabinettsgärtchen. Die kurfürstlichen Jagdgesellschaften in den Neuhauser Fluren waren für die Teilnehmer sehr unterhaltsam.

Prachtschiff „Bucentaur"*: Kurfürst Ferdinand Maria, der Vater Max Emanuels, gab den Auftrag eine Flotte zur Unterhaltung des Hofes zu bauen. Erfahrene Schiffsbauer aus Venedig wurden an den Starnberger See geholt und so entstand innerhalb von sechs Monaten 1662/63 das Prachtschiff „Bucentaur". Es kostete 20 000 Gulden und bot 500 Gästen Platz. Das Schiff wurde von 120 Ruderern bewegt. Bei See- und Jagdfesten begleiteten es Kammerherren-, Küchen-, Musik- und Kellerschiffe. Die hohen Reparaturkosten führten 1758 zum Abbruch des Schiffes.

Die teure Hofhaltung

1 Schloss Nymphenburg bei München heute.

... Wer bezahlt das alles?
Die Festlichkeiten bei Hof verschlangen natürlich viel Geld.

Q1 Ausgaben von Max II. Emanuel:

	Gulden
Besoldung des Münchener Hofstaates im Jahr 1705 mit rund 1028 Personen	321 160
Kosten für zwei Opernaufführungen im Oktober 1722	200 000
Geschenk an die Gräfin Arno (1701)	10 000
Beim Glücksspiel in Venedig an einem Abend verloren	100 000
Ausgaben für die Hochzeit des Sohnes (das entspricht dem Steueraufkommen Bayerns in einem halben Jahr)	4 000 000

1 Überlegt, welche Ausgaben Max Emanuels ihr zu hoch findet.
2 Zwischen Ludwig XIV. und Max Emanuel gibt es zahlreiche Parallelen. Tragt möglichst viele zusammen.

Max II. Emanuel hatte von seinem Vater einen schuldenfreien Staat übernommen. Er hinterließ 1726 seinem Sohn 20 Millionen Gulden Schulden.
Das Kurfürstentum Bayern (ca. 40 600 qkm) war ein verhältnismäßig armes Land. Etwa 75 Prozent seiner Bewohner waren Bauern und mussten hart ums Überleben kämpfen. Die Einkünfte des Staates aus Steuern und Abgaben betrugen etwa 6 Millionen Gulden im Jahr.
3 Einnahmen und Ausgaben (siehe Q 1) decken sich nicht.
Teilt die Klasse in vier Gruppen:
– Gruppe 1 erarbeitet Vorschläge des Finanzministers zur Senkung der Ausgaben und Steigerung der Einnahmen.
– Gruppe 2 sucht nach Argumenten der Bauern im Kurfürstentum gegen eine Erhöhung der Abgaben.
– Gruppe 3 sucht nach Argumenten der Münchener Handwerker, die den Hof als Arbeitgeber brauchen.
– Gruppe 4 vertritt die Position des Kurfürsten. Wie könnte er die Höhe seiner Ausgaben rechtfertigen?
Tragt nacheinander eure Argumente vor und diskutiert sie.

Die Residenzstadt* München

2 Schloss Nymphenburg (München). Gemälde von Canaletto, 1761.

Q2 Giacomo Fantuzzi schrieb in seinem Reisebericht über die bayerische Landeshauptstadt:
… Sie hat schöne breite, lange und ziemlich sauber gehaltene Straßen mit wundernetten bemalten Häusern. Mitten drin liegt ein schöner Marktplatz, wo sich eine sehr gefällige Säule aus italienischem Marmor erhebt … Das einzigartigste Schaustück Münchens bildet der herzogliche Palast. Infolge seiner Größe, seiner Majestät, seines Reichtums von außen und innen zählt er zu den berühmtesten und prächtigsten Europas. Er ist ganz im modernen Stil erbaut … Dieser Palast besitzt überaus schöne Treppenhäuser, Sälchen und Säle, ist überreich an Zimmern und königlichen Unterkünften ausgestattet mit großer Pracht und ohne irgendeine Scheu vor Kosten gebaut …

Nach dem Dreißigjährigen Krieg erholte sich das Land langsam von den Zerstörungen und die regierenden Kurfürsten aus dem Geschlecht der Wittelsbacher* gingen an den Ausbau Münchens im Stil des italienischen Barock. Zahlreiche Kirchen (z. B. die Theatinerkirche* und die Kirche St. Michael) und Paläste wurden von berühmten Baumeistern errichtet.

„Goldener Sattel auf magerem Pferd"
Mit diesen Worten soll der Schwedenkönig Gustav Adolf München beschrieben haben, als seine Truppen 1632 in die Stadt einmarschierten. Im Vergleich zum kargen Umland erschien ihm München als reiche Stadt mit schönen Gebäuden und kostbaren Gemäldesammlungen. Gegen die Zahlung von 300 000 Reichstalern wurde München von Plünderungen verschont.

4 Sucht die im Text genannten Gebäude auf den Stadtplänen Münchens auf Seite 70/71.
5 Vergleicht die Anlage des Schlosses Nymphenburg mit Versailles. Was stellt ihr fest?

Residenzstadt*:
Regierungssitz der bayerischen Herzöge und später Kurfürsten. Die Residenz befindet sich in München am Max-Josephs-Platz. Das Residenzmuseum kann besichtigt werden.

Wittelsbacher*:
Bayerisches Herrschergeschlecht, regierte Bayern von 1180 bis 1918.

Theatinerkirche*:
Sie wurde aus Anlass der Geburt des lang ersehnten Thronfolgers Max Emanuel im Stil des italienischen Hochbarock gebaut. Sie gilt als eine der schönsten Kirchen Münchens und befindet sich am Odeonsplatz.

Prunkvolle Residenzen in Bayern

1   Das Treppenhaus in der Würzburger Residenz.

▶ *Balthasar Neumann (1687–1753), begann seine Karriere als Gießereigeselle und brachte es zum fürstbischöflichen Baudirektor in Würzburg.*

Fürstbischof*: Angehöriger des Reichsfürstenstands und der hohen Geistlichkeit.

Barockbauten in Franken

In Franken hatte das Grafengeschlecht Schönborn großen Anteil am Bau barocker Schlösser und Kirchen. Durch die Ernennung zahlreicher Männer dieser Familie zu Fürstbischöfen* hatte sie eine wichtige Position im Heiligen Römischen Reich Deutscher Nation inne. In ihrem Auftrag wurden unter anderem die neue Residenz in Bamberg, das Schloss Weißenstein in Pommersfelden, die Wallfahrtskirche Käppele, die Sommerresidenz Schloss Werneck und die Residenz in Würzburg errichtet.

Ein Besuch in der Würzburger Residenz

Johann Philipp Franz von Schönborn (1673 bis 1724) war Fürstbischof von Würzburg. Er beauftragte Balthasar Neumann mit dem Bau einer Residenz in Würzburg. Gegen zahlreiche Widerstände setzte sich Neumann durch und gestaltete eine großzügige Schlossanlage, die aus drei Flügeln, vier Binnenhöfen und über 300 Räumen bestand. Die große Herausforderung war das Treppenhaus. Anregungen holte sich Neumann im Schloss Pommersfelden, das von Johann Dientzenhofer und Johann Lukas von Hildebrandt 1711 bis 1718 erbaut wurde.

Eine große Doppeltreppe führte über drei Stockwerke nach oben. Entsprechend dem absolutistischen Empfangszeremoniell stand der Hausherr oben auf der Treppe und näherte sich dem Gast nur wenige Stufen. Wie viele Stufen er hinabstieg, hing vom gesell-

Prunkvolle Residenzen in Bayern

2 Die Würzburger Residenz.

3 Schloss Weißenstein in Pommersfelden.

schaftlichen Rang und Ansehen des Gastes ab. Die Besucher arbeiteten sich die Stufen empor.
Dabei gab jeder Schritt ein größeres Stück des 600 Quadratmeter großen Deckengewölbes frei. Der Italiener Giovanni Battista Tiepolo hatte diese Fläche mit einem Deckenfresko ausgemalt, das Planetengötter und die vier Erdteile darstellt. Es ist das größte Deckengemälde der Welt. Die tonnenschwere Decke wurde nicht durch Säulen abgestützt – eine technische Meisterleistung Neumanns. Weitere Schmuckstücke der Residenz sind der achteckige Kaisersaal mit Deckenfresken von Tiepolo über die Geschichte Würzburgs, der Weiße Saal und die Schlosskapelle. Das Schloss wird an drei Seiten von einem kleinen Park im französischen Stil umgeben. Im Sommer wird diese Kulisse heute für Konzerte während der Mozartfestspiele genutzt.
1 *Erklärt, was mit dem Empfangszeremoniell ausgedrückt werden konnte.*
2 *Nennt weitere Gestaltungselemente des Barock (siehe S. 54–56), die im Deckengemälde der Würzburger Residenz (Abbildung 1) benutzt wurden.*

Markgräfliche Residenzen in Franken

In Bayreuth* und Erlangen* entstanden am Anfang des 18. Jahrhunderts barocke Schlösser und Theaterbauten im Auftrag der regierenden Markgrafen. Die einem Stadtbrand 1706 zum Opfer gefallene Altstadt von Erlangen und die als Manufakturstadt geplante Neustadt namens „Christian-Erlang" wurden im Barockstil mit Schachbrettgrundriss erbaut. Durch den Zuzug von Hugenotten aus Frankreich erlebte die Stadt einen wirtschaftlichen Aufschwung.
3 *Wiederholt, was der Begriff „Hugenotten" bedeutet (siehe S. 10). Überlegt, warum sie sich in Erlangen ansiedeln durften.*

Ansbach*, die heutige Regierungshauptstadt Mittelfrankens, erlebte unter den Markgrafen von Ansbach-Bayreuth eine barocke Umgestaltung des Stadtbildes. Mehrere Baumeister gestalteten das Residenzschloss mit seiner Rokokoausstattung. Unweit des Schlosses befindet sich der Hofgarten mit Orangerie.
Schloss Weißenstein in Pommersfelden konnte gebaut werden, nachdem der Fürstbischof Lothar Franz von Schönborn 100 000 Gulden vom Kaiser als Dank für seine Stimme bei der Kaiserwahl erhalten hatte.
4 *Sucht die genannten Orte auf einer Landkarte.*
5 *Sammelt im Internet weitere Informationen über die im Text genannten Barockbauwerke und erkundigt euch über deren heutige Nutzung (Kulturveranstaltungen, Museum usw.).*

Bayreuth*: Ab 1603 Sitz der Markgrafen von Brandenburg-Bayreuth, Blüte der Residenzstadt Bayreuth unter der Lieblingsschwester des Preußenkönigs Friedrich II., Markgräfin Wilhelmine und ihres Gatten Markgraf Friedrich (1735 bis 1763), Bau des markgräflichen Opernhauses. Heute Sitz der Regierung von Oberfranken.

Erlangen*: Universitätsstadt in Mittelfranken, 1708 zur Nebenresidenz der Markgrafen von Kulmbach-Bayreuth erhoben, Ausbau der Stadt zu einer barocken Anlage mit geometrischem Straßenverlauf, Schloss, Orangerie und Theater (ältestes noch bespieltes Barocktheater Süddeutschlands).

Ansbach*: Ab 1456 Residenz der Markgrafen von Ansbach-Bayreuth, um 1700 Bau des barocken Markgrafenschlosses, der Orangerie und des Hofgartens. Heute Sitz der Bezirksregierung von Mittelfranken.

Barocke Stadtanlagen

1 Unser Frawen Hauptkirch
2 S. Peters Pfarrkirch
3 Jesuiter Collegium und kirch
4 H. Geist Spital
5 Augustiner Closter
6 Barfüßer Closter
7 Uns. Frawen Gotts acker
8 Capuciner Closter
9 S. Peters Gotts acker
10 S. Iacobs Frawen Closter
11 S. Sebastian Capel
12 S. Niclaus kirch
13 New Stifft kirch
14 S. Sebastian kirch
15 S. Anna kirch
16 Chur Fürstlich Palatium
17 Chur Fürstl. Lustgarten
18 Zeüghaüser
19 Hertzog Alberti Palatium
20 Alten Hoff
21 Herr von Preising behausung
22 Statt Rahthaus
23 Landschafft hauß
24 Der Schöne thurn
25 Der Marckt
26 Iser thor
27 Sendlinger thor
28 Schiffer thor
29 Anger thor
30 Würtzer thor
31 Schwäbinger thor

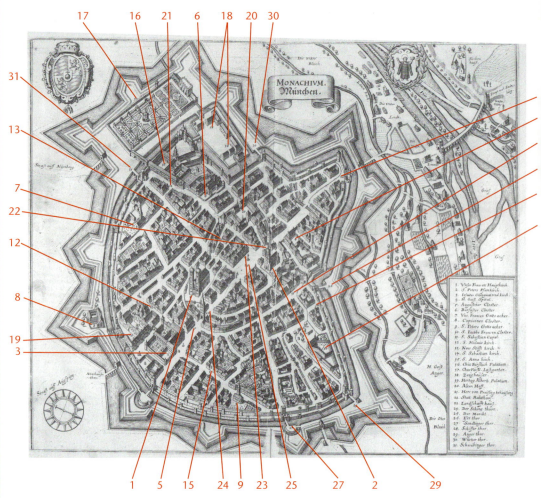

Die verwinkelten mittelalterlichen Gassen mit ihren kleinen Fachwerkhäusern entsprachen nicht dem Zeitgeschmack des Barock.
Im 17. Jahrhundert bewirkten die zahlreichen Kriege im Heiligen Römischen Reich Deutscher Nation, dass viele Städte und Dörfer in Schutt und Asche lagen. Manche Herrscher nutzten die Chance und ließen eine ganz neue Stadt planen und bauen, oftmals in Verbindung mit einer neuen Residenz. Beispiele hierfür sind Karlsruhe, Mannheim oder Ludwigsburg. Andere Fürsten begnügten sich wiederum mit der barocken Gestaltung einzelner Straßen und Stadtviertel. So plante der Sohn des „blauen Kurfüsten", Karl Albrecht (1697–1745), zwischen der Stadt München und dem Nymphenburger Schloss eine Idealstadt zu errichten, die seinen Namen tragen sollte: Karlstadt. Ab 1728 wurden einige Kavaliershäuser errichtet. Es war schwer, Handwerker zu finden, die sich hier am Nymphenburger Kanal, weit vom Stadtzentrum entfernt, ansiedelten.

Barocke Städte wurden sehr übersichtlich angelegt und verfügten über klare Sichtachsen. Straßen wurden als Nord-Süd- und Ost-West-Achsen geplant, sie führten zur Residenz, zu großen Plätzen und liefen auf repräsentative Gebäudekomplexe (z. B. Rathaus, Gericht) zu. Beliebt waren Stadtanlagen mit Schachbrettmuster oder strahlen- und fächerförmigem Straßenverlauf. Klare Strukturen und große Plätze waren modern. Verteidigungsanlagen und Festungen bildeten oft die Begrenzung des Stadtgebiets.

1 *Wiederholt, welche Kriege im 17. Jahrhundert Deutschland verwüsteten.*
2 *Beschreibt die Anlage einer barocken Stadt.*
3 *Fertigt eine Übersicht an, in die ihr die Merkmale barocker Stadtanlagen eintragt.*

München – gestern und heute

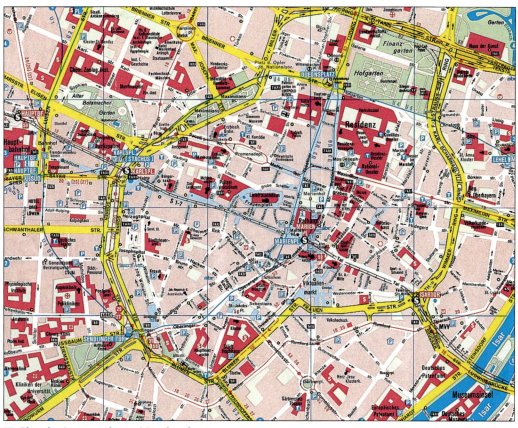

2 **Plan der Innenstadt von München heute.**

← 1 **Stadtplan von München aus dem Jahr 1667.** Stich von Merian.

Zwei bekannte Sehenswürdigkeiten im Zentrum von München sind der Marienplatz und der Viktualienmarkt. Der Marienplatz war jahrhundertelang der Marktplatz der Stadt. Er wird geschmückt durch die Mariensäule, die 1638 errichtet wurde aus Dankbarkeit des Kurfürsten für die Erhaltung von München und Landshut trotz schwedischer Besatzung. Seit 1807 ist der Viktualienmarkt der „Bauch" der Stadt München.

Stadtpläne im Vergleich

Ihr solltet euch beim Vergleich von Stadtplänen nicht von der Größe täuschen lassen. Der Plan aus dem Jahr 1667 (Abbildung 1) besitzt einen anderen Maßstab als der Plan von heute und lässt das damalige München größer erscheinen, als es tatsächlich war. München zählte um 1650 gerade mal rund 12 000 Einwohner. Das entspricht der Größe einer heutigen Kleinstadt.

4 Überlegt mit Hilfe des Stadtplans von 1667, wo sich wohl die Wohnbezirke von Ober-, Mittel- und Unterschicht befanden.
5 Wo befand sich 1667 der Hof des Kurfürsten?
6 Zeigt auf, welche Bauten und Anlagen euch auf dem Plan aus dem Jahr 1667 besonders auffallen.
7 Zählt Gemeinsamkeiten und Unterschiede zwischen den Abbildungen 1 und 2 auf.
8 Vergleicht die Einwohnerzahl von München damals und heute.
9 Überlegt, welche Einrichtungen/Bauten/Anlagen von heute damals fehlten.
10 Ein auffallendes Bauwerk der damaligen Zeit ist heute fast komplett verschwunden. Welches und warum?
11 Sammelt alte und neue Stadtpläne von Städten in eurer Umgebung und vergleicht
– Stadtanlage: Ist sie barocken Ursprungs?
– Veränderungen im Stadtbild: Welche Anlagen fehlen oder wurden stark verändert?
– Einwohnerzahl
– Grünflächen
– Straßenverlauf usw.

Auf den Spuren der Barockbaumeister

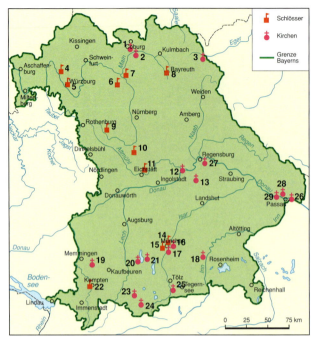

1 Wichtige Kirchen und Schlösser im Barock- und Rokokostil im heutigen Bayern.

Bedeutende Barock- und Rokokobauten in Bayern und ihre Baumeister		
Schlösser – Ansbacher Schloss – Fürstbischöfliche Residenz Bamberg – Neues Schloss Bayreuth – Fürstbischöfliche Residenz Eichstätt – Deutschherrenschloss Ellingen – Fürstbischöfliche Residenz Kempten – Schloss Nymphenburg – Schloss Schleißheim – Schloss Weißenstein (Pommersfelden) – Fürstbischöfliche Residenz Würzburg – Schloss Veitshöchheim	**Kirchen** – Klosterkirche Aldersbach – Klosterkirche Andechs – Klosterkirche Banz – Klosterkirche Benediktbeuern – Klosterkirche Dießen am Ammersee – Klosterkirche Ettal – Asamkirche München – Theatinerkirche München – Klosterkirche Osterhofen – Klosterkirche Ottobeuren – Dom zu Passau – Abteikirche Rohr i. Ndbay. – Klosterkirche Rott am Inn – Klosterkirche St. Emmeram (Regensburg) – Wallfahrtskirche Vierzehnheiligen	– Klosterkirche Waldsassen – Klosterkirche Weltenburg – Wallfahrtskirche Wies bei Steingaden **Bedeutende Baumeister des Barock und Rokoko** – Cosmas Damian und Egid Quirin Asam – Francois de Cuvilliés d. Ä. – Johann und Leonhard Dientzenhofer – Josef Effner – Johann Michael Fischer – Balthasar Neumann – Giovanni Antonio Viscardi – Dominikus Zimmermann – Enrico Zuccalli

Von Asam bis Zimmermann

Barocke Schlösser, Wohn- und Rathäuser, Kirchen und Klöster mit den dazugehörigen Bibliotheken begeistern uns Besucher noch heute. Die prunkvolle Ausstattung und beeindruckende Architektur zeugen von der künstlerischen Meisterschaft ihrer Erbauer. Herausragende Beispiele findet ihr auf der Karte oben und in der Tabelle, die ihr um euch bekannte Beispiele ergänzen könnt.

1 Ordnet den genannten Bauten die Nummern auf der Karte zu. Benutzt dazu einen Atlas.

2 Findet mit Hilfe von Nachschlagewerken (Lexika, Kunst- und Reiseführer) und des Internets heraus, wer die jeweiligen Bauten schuf.

Fundgrube: www.schloesser.bayern.de

Kunsthandwerk des Barock in Bayern

2 Bauernschrank aus dem Jahr 1778.

Eng verbunden mit dem Bau von barocken Kirchen, Klöstern, Schlössern und Häusern war natürlich der wachsende Bedarf an Ausstattungs-, Schmuck- und Gebrauchsgegenständen. Gerade die Zeit des Rokoko zeichnete sich durch eine verfeinerte Wohnkultur mit edlen Möbeln und kunstvoll verarbeitetem Porzellan aus.

In München entstand 1718 eine Manufaktur zur Herstellung von Gobelins* nach französischem Vorbild. Um dem wachsenden Bedarf an Bezugstoffen für Sitzbänke und Stühle begegnen zu können wurde in Würzburg eine Wirkerei* gegründet.

Mit Unterstützung des bayerischen Kurfürsten und seiner Gemahlin liefen ab 1747 in München Versuche Porzellan herzustellen. Wenig später entstand die Nymphenburger Porzellanmanufaktur. Ihr Markenzeichen wurde das bayerische Rautenwappen. Gründungen weiterer Porzellanmanufakturen folgten in Ansbach, Bayreuth, Nürnberg und Sulzbach.

Für ihre feinen Gold- und Silberschmiedearbeiten waren die Reichsstädte Nürnberg und Augsburg weithin bekannt.

Eine Kunstakademie in Augsburg bildete Maler und Bildhauer aus. Die Stadt war auch berühmt für ihre Druckgrafiken.

Die Kunst der Hinterglasmalerei wurde vor allem im Voralpenland, in der Oberpfalz und im Bayerischen Wald gepflegt.

Die aus der ländlichen Tradition stammende Liebe zur Holzschnitzerei, die sich z. B. in der Anfertigung von Krippen äußerte, wurde im Barock aufgegriffen und verfeinert. So entstanden kunstvolle Wandvertäfelungen und Möbelstücke für die Reisdenzen in München, Ansbach und Würzburg.

3 Beschreibt den Bauernschrank (Abbildung 2) und den Fayenceteller (Abbildung 3).
4 Beispiele wie der Bauernschrank werden auch als „Volkskunst" bezeichnet. Woran wird das deutlich?
5 Informiert euch mit Hilfe von Lexika, wie Porzellan und Fayencen hergestellt werden. Berichtet vor der Klasse.

3 Ansbacher Fayenceteller* der „Grünen Familie". 2. Viertel des 18. Jahrhunderts.

Gobelins*: Großformatige gewebte Wandteppiche zur Dekoration von Sälen; benannt nach der Pariser Färberfamilie Gobelin.

Wirkerei*: Ort zur Herstellung von dehnbaren und strapazierfähigen Bezugstoffen, die nicht gewebt, sondern durch Schlaufenbildung hergestellt werden.

Fayence*: Tonwaren mit einer bemalten Zinnglasur; benannt nach der italienischen Stadt Faenza.

Der Denkmalschutz

1 Ein denkmalgeschütztes Ensemble*: Marktplatz und Rathaus (erbaut 1699) der Stadt Landsberg am Lech.

Ensemble*: Anzahl baulicher Anlagen.

Aus dem Denkmalschutzgesetz:
Artikel 1: Denkmäler sind von Menschen geschaffene Sachen oder Teile davon aus vergangener Zeit, deren Erhaltung wegen ihrer geschichtlichen, künstlerischen, städtebaulichen, wissenschaftlichen oder volkskundlichen Bedeutung im Interesse der Allgemeinheit liegt.

Hinweisschild „Denkmalschutz"

Tag des offenen Denkmals:
Einmal im Jahr können in Bayern denkmalgeschützte Gebäude und Anlagen, die sonst der Öffentlichkeit nicht zugänglich sind, besichtigt werden.

Fundgrube:
www.landsberg.de

Ein reiches kulturelles Erbe – wie schützt man es?

Die Barockzeit hat Bayern eine Fülle wunderschöner Bauwerke hinterlassen. Was ist zu tun, wenn diese steinernen Zeugen der Vergangenheit „altersschwach" werden?

M1 Aus dem Artikel 141 (2) der bayerischen Verfassung:
… Staat, Gemeinden und Körperschaften des öffentlichen Rechts haben die Aufgabe, die Denkmäler der Kunst, der Geschichte und der Natur sowie die Landschaft zu schützen und zu pflegen …

1 Fasst mit eigenen Worten zusammen, welche Aufgabe die bayerische Verfassung stellt.

Vor der Bewältigung dieser Aufgabe stand die oberbayerische Stadt Landsberg am Lech. Sie besitzt neben vielen historischen Bauten einen einzigartigen dreieckigen Marktplatz mit barockem Rathaus. Die Fassade des Rathauses wurde reichhaltig mit Stuckornamenten durch Johann Dominikus Zimmermann verziert, der Bewohner und Bürgermeister von Landsberg war. Nach dem Zweiten Weltkrieg wurden viele Schäden am Rathaus sichtbar. Die Erschütterungen, die vom zunehmenden Auto- und Flugzeugverkehr ausgingen, gefährdeten mehr und mehr die Standsicherheit des Gebäudes. Eine umfangreiche Renovierung war dringend notwendig geworden.

M2 Aus dem Kosten- und Maßnahmenkatalog der Stadt Landsberg, März 1991:

Planung und Vorbereitung der Sanierungs- und Restaurierungsarbeiten	250 000 DM
Ausführung	1 650 000 DM
Gesamtsumme brutto	1 900 000 DM

M3 Aus der Festschrift „Das Landsberger Rathaus":
… Im Zuge der erforderlichen Sanierungs- und Restaurierungsarbeiten war es notwendig, gleichzeitig auch die Heizungs- und Elektroinstallationen auf den neuesten technischen Stand zu bringen, eine Forderung, die beinahe zwangsläufig Konflikte mit den Belangen der Denkmalpflege provozierte …
1991 konnte das historische Rathaus wieder eröffnet werden.

2 Wieso kann es zu Konflikten zwischen dem Denkmalschutz und den für Restaurierungsarbeiten zuständigen Bauherren kommen?

3 Informiert euch über die Restaurierung denkmalgeschützter Gebäude oder Anlagen in eurer Umgebung. Berichtet vor der Klasse und berücksichtigt vor allem die Probleme, die bei der Renovierung zu lösen waren.

Spaziergang im Netz: Ein Museum stellt sich vor

2 Das Gartenkunst-Museum Schloss Fantaisie bei Bayreuth: Die Parkanlage.

Zu Besuch im Gartenkunst-Museum Schloss Fantaisie

Die Stadt Bayreuth ist um eine Attraktion reicher. Seit Juli 2000 gibt es dort das erste Gartenkunst-Museum Deutschlands. Mit Hilfe des Internets könnt ihr einen ersten, virtuellen Spaziergang durch das Museum unternehmen. Dabei erhaltet ihr Informationen über den Park und das Museum.
Unter der Adresse *http://www.gartenkunst-museum.de* findet ihr folgende Beschreibung des Museums: „In 18 verschiedenen Themenräumen werden zentrale Aspekte der Gartenkunst vorgestellt. Im Blickpunkt stehen vor allem die süddeutschen Gärten des 17. bis 19. Jahrhunderts, an denen sich die vielfältigen Entwicklungen der deutschen und europäischen Gartenkunst veranschaulichen lassen. Neben der Darstellung historischer Zusammenhänge spielt die Präsentation der Gestaltungselemente eine wichtige Rolle. Gemeint sind vor allem die Pflanzen, die das Erscheinungsbild eines Gartens prägen, Architekturen, Skulpturen und nicht zuletzt das Wasser, das durch künstliche Kanäle und Bäche in Brunnen und Seen oder über Kaskaden fließt und im Museum mit Hilfe neuer Medien thematisiert wird."

3 Rekonstruiertes Teppichbeet im Gartenkunst-Museum Schloss Fantaisie.

4 Weist anhand der Abbildungen 2 und 3 nach, dass der Park von Schloss Fantaisie zwei verschiedene Gartenformen vereint. Nehmt dazu die Seite 59 zu Hilfe.
5 Erarbeitet in Gruppen eine Werbeanzeige für Schloss und Park Fantaisie. Ihr könnt dazu auch die angegebene Internetseite benutzen.
6 Sammelt Informationen über Parks und Gärten mit barockem Ursprung in eurer Nähe.
7 Sucht auch im Internet nach Beschreibungen von Barockgärten. (Zu den Arbeitsschritten für die Internetrecherche siehe die Randspalte.)

Fundgrube:
Ihr könnt euch an folgende Adresse wenden und euch Informationsmaterial zuschicken lassen:
Bayerische Verwaltung der staatlichen Schlösser, Gärten und Seen
Gärtenabteilung
Schloss Nymphenburg
Eingang 42
80638 München

Tipps für die selbstständige Recherche im Internet:
– 1. Schritt:
Benutzt die gängigen Suchmaschinen (google, yahoo, metager u. a.).
– 2. Schritt:
Sucht nach „Barockgärten Bayern", „Barockstraße" oder „Barockschlösser Bayern".
– 3. Schritt:
Schränkt die Suche durch Angabe von „Bayern" bei den Suchbegriffen ein und ladet brauchbare Informationen herunter um sie in Ruhe auszuwerten.
– 4. Schritt:
Die Anfertigung eines regionalen Barockgartenführers oder das Erstellen einer Linkliste zum Thema wäre möglich. Vergesst nicht, wie wichtig Bilder für solche Materialien sind.
– 5. Schritt:
Vergleicht eure Ergebnisse und wertet die Arbeit mit dem Internet kritisch aus. Notiert, was gut gelaufen ist und was verbessert werden kann.

Das Zeitalter der Aufklärung

1 **Der Versuch Otto von Guerickes.** Kupferstich von Caspar Schott, 1664.

Rene Descartes (1596–1650): Philosoph und Mathematiker.

Francis Bacon (1561–1626): Philosoph und Staatsmann.

Rationalismus* *(lat. ratio = Vernunft): Geisteshaltung, die allein die Vernunft als Erkenntnisquelle anerkennt.*

Zweifel an den Lehren der Antike und der Kirche

Den Drang sich mit Naturwissenschaften zu befassen verspürten schon die Philosophen im antiken Griechenland. Ihr Wissen überdauerte die Jahrhunderte und wurde in der Zeit des Humanismus und der Renaissance wiederentdeckt. Jahrhundertelang hatte man Dinge für wahr gehalten, weil z. B. Aristoteles sie für richtig erachtete, weil sie in der Bibel standen oder weil sie die Kirche als Wahrheit ausgab.

Allmählich lösten sich die Menschen in einem langsamen Prozess von den geistigen Fesseln der Tradition und der Kirche. Forscher wie Kepler und ▶ Galilei waren noch in Konflikt mit der Kirche geraten, aber im Lauf des 17. und 18. Jahrhunderts setzte sich ein neues Denken durch, das den Aufstieg der Naturwissenschaften begründete. Begonnen hatte er mit der Beobachtung und Berechnung des Sternenhimmels, jetzt bemühten sich die Forscher hinter die Geheimnisse der ganzen Natur zu kommen, sie zu entschlüsseln und allgemein gültige Gesetze aufzustellen – eine Aufgabe, die bis heute andauert und nicht abgeschlossen ist.

Grundlagen des Forschens

Besonders der französische Mathematiker Rene Descartes suchte nach neuen Methoden in der Forschung. Sein höchstes Ziel war es, Ordnung in das Denken zu bringen.

Descartes beschäftigte sich mit der Frage, ob es überhaupt etwas gibt, dessen sich der Mensch sicher sein könne. Er kam zu dem Schluss, dass den Menschen seine Sinne täuschen können und dass auch der Verstand nicht unfehlbar sei. Nur eines ist nicht zu bezweifeln, nämlich die eigene Existenz. Aus diesen Gedanken heraus entwickelte er seinen Leitspruch: „Ich denke, also bin ich." Er vertrat den Standpunkt nichts als wahr anzusehen, nur das, was sich seinem Verstand klar und deutlich darstellte. Somit kann Descartes als Begründer des Rationalismus* angesehen werden, einer Geistesbewegung, bei der jegliches Handeln aus vernunftbegleitenden Erwägungen hervorgeht.

Der Engländer Francis Bacon gab die Anregung, dass Gelehrte die naturwissenschaftliche Forschung gemeinsam betreiben sollten. So entwickelten sich im 17. Jahrhundert Akademien. Die wichtigste von ihnen wurde als „Royal Society of London for the Improve-

Der Siegeszug der Naturwissenschaften

ment of Natural Knowledge" im Jahre 1662 in England gegründet. Das bedeutendste Mitglied dieser Akademie wurde Isaac Newton.

Q1 In einem Brief an den Sekretär der Royal Society schrieb Newton im Jahr 1672:
… Die beste und sicherste Methode des Philosophierens ist anscheinend, zuerst sorgfältig die Eigenschaften der Dinge zu erforschen und diese Eigenschaften durch Experimente zu beweisen um dann später … für die Erklärung der Dinge selbst fortzufahren …

1 Erklärt mit eigenen Worten die wissenschaftliche Methode, die Newton anwendete.
2 Worin unterscheidet sich Newtons Methode grundsätzlich von der bis dahin üblichen wissenschaftlichen Praxis?

Mit Hilfe dieser Vorgehensweise entdeckte Newton im Jahr 1666 das Gesetz der Schwerkraft, als er, wie die Anekdote berichtet, einen fallenden Apfel im Garten beobachtete.

Weitere wichtige Entdeckungen des 17. und 18. Jahrhunderts

Ab dem 17. Jahrhundert wurden viele Entdeckungen gemacht. Physik und Chemie entwickelten sich als selbstständige Naturwissenschaften.

– Entdeckungen in der Physik
1609 Galilei: Fall- und Pendelgesetze
1621 Snellius: Brechungsgesetze des Lichts
1654 Guericke: Luftdruck
1662 Boyle: Gasgesetze
1666 Newton: Gravitationsgesetze
1675 Römer: Lichtgeschwindigkeit
1698 Savery: Dampf-Vakuum-Pumpe
1712 Newcomen: Kolbendampfmaschine
1790 Galvani: Berührungselektrizität
– Entdeckungen in der Chemie
1708 Böttger: Porzellan von Tschirnhaus (in Europa)
1747 Marggraf: Rübenzuckergewinnung
1766 Cavendish: Wasserstoff als brennbares Gas
1772 Scheele: Gewinnung von Sauerstoff
1772/89 Lavoisier: Gesetz von der Erhaltung der Masse

– Entwickelte Forschungsinstrumente
1590 Janssen: Mikroskop
1608 Lippershey: Fernrohr
1643 Torricelli: Barometer
1657 Hooke: Luftpumpe
1714 Fahrenheit: Thermometer
1742 Celsius: Thermometereinteilung
1800 Volta: Batterie

3 Schaut euch die Abbildung 1 genau an. Informiert euch mit Hilfe von Lexika und des Internets über den Versuch, den Guericke 1657 unternommen hat, und erklärt ihn der Klasse.
4 Sucht euch aus der Liste der Erfindungen und der Forschungsinstrumente Beispiele aus, die ihr genauer beschreiben wollt. Stellt sie der Klasse in einer Wandzeitung vor.

Die Gesetze der Natur erschlossen sich nach und nach den Forschern, die Technik erlebte einen ungeheuren Aufschwung. Diese Entwicklung hatte Francis Bacon vorausgesagt.

Q2 In seinem Werk „Nova Atlantis" schrieb Bacon 1620:
… Wir haben auch die Mittel verschiedene Pflanzen aus Erdenmischungen ohne Samen wachsen zu lassen; auch können wir verschiedene neue Pflanzen erzeugen, die von den gewöhnlichen abweichen, und wir können die Umwandlung von Bäumen und Pflanzen in andere bewirken … Wir führen auch Vervielfachungen des Lichts vor, welches wir über große Entfernungen führen, dabei so scharf, dass man kleine Punkte und Linien unterscheiden kann … Wir stellen Mittel bereit, mit denen man weit entfernte Gegenstände sehen kann, wie am Himmel oder in entlegenen Gegenden … Wir haben Maschinenhäuser, wo Maschinen und Instrumente für alle Arten von Bewegung hergestellt werden. Dort erreichen wir es, schnellere Bewegungen zu schaffen, als ihr sie habt. Wir machen sie stärker und gewaltiger, als eure es sind. Wir ahmen den Vogelflug nach. Wir haben Möglichkeiten in der Luft zu fliegen und Boote, die unter Wasser fahren …

5 Berichtet, an welche Errungenschaften unserer heutigen Zeit euch dieser Text erinnert.

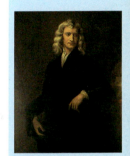

▶ *Isaac Newton (1643–1727): Mathematiker, Physiker und Astronom.*

Kritik am Absolutismus

1 Vortrag eines Gelehrten im Salon der Madame Geoffrin in Paris. Gemälde von G. Lemmonier, um 1745.

▶ **Aufklärung*:**
Reformbewegung, die im 18. Jahrhundert in fast allen Lebensbereichen zu neuen Ideen und Denkweisen führte. In der Politik richteten sich die Aufklärer gegen die uneingeschränkte Macht des Königs. Die Aufklärer traten ein für Meinungsfreiheit, für Offenheit gegenüber anderen Meinungen und ein von Vernunft geprägtes Handeln.

John Locke
(1632–1704):
Englischer Philosoph.

Der Mensch: Bürger oder Untertan?

Q1 Der Hofprediger Ludwigs XIV. hatte 1682 geschrieben:
… Die Menschen werden allesamt als Untertanen geboren. Der Fürst blickt von einem höheren Standpunkt aus. Man darf darauf vertrauen, dass er weiter sieht als wir. Deshalb muss man ihm ohne Murren gehorchen. Derjenige, der dem Fürsten den Gehorsam verweigert, wird als Feind der menschlichen Gesellschaft zum Tode verurteilt …

War diese Auffassung wirklich richtig? Wurden alle Menschen als Untertanen geboren? Waren sie nur dazu da, um einem König zu dienen und zu gehorchen? Je mehr sich der Absolutismus in Frankreich und Europa durchsetzte, desto lauter wurde die Kritik an dieser Herrschaftsform. Es waren vor allem französische Dichter, Philosophen und Schriftsteller, die sich zu Beginn des 18. Jahrhunderts hiergegen zur Wehr setzten. Das Zeitalter der Aufklärung* begann.

Q2 So schrieb der französische Philosoph Diderot:
… Kein Mensch hat von der Natur das Recht erhalten über andere zu herrschen. Die Freiheit ist ein Geschenk des Himmels und jedes Mitglied des Menschengeschlechtes hat das Recht sie zu genießen, sobald es Vernunft besitzt …

„Alle Menschen", so betonten auch andere aufgeklärte Gelehrte, „sind von Natur aus frei und gleich. Es ist höchste Zeit, dass jeder Bürger, jeder Bauer seine alten Rechte zurückgewinnt."

1 Vergleicht die Äußerungen des Hofpredigers (Q 1) mit der Äußerung Diderots (Q 2).

Der Naturzustand des Menschen

Die Philosophen der Aufklärung waren sich darüber einig, dass man sich auch mit der Politik beschäftigen müsse, mit dem Aufbau der idealen Gesellschaft. Da die „Glorreiche Revolution" in England die Macht des Königs beschnitten und die des Parlaments gefestigt hatte (siehe S. 45), fand der Denker John Locke (1632–1704) einen günstigen Nährboden für seine politischen Anschauungen vor.

Q3 Im Jahr 1690 schrieb John Locke:
… Um politische Gewalt richtig zu verstehen und sie von ihrem Ursprung abzuleiten müssen wir betrachten, in welchem Zustand sich die Menschen von Natur befinden. Dies ist ein Zustand völliger Freiheit, … ebenso ein Zustand der Gleichheit … Wenn der Mensch im Naturzustand so frei ist …, wenn er absoluter Herr seiner eigenen Person und Besitz-

Was ist „Aufklärung"?

tümer ist, dem Größten gleich und niemand untertan – weshalb soll er seine Freiheit fahren lassen? ...

2 In welchem Zustand befinden sich nach Locke von Natur aus die Menschen?
3 Überlegt, welche Folgen diese Denkweise für das absolutistische Regierungssystem hatte.

▶ Gewaltenteilung statt Alleinherrschaft

Die Freiheit des Menschen ist immer dann bedroht, wenn zu viel Macht in der Hand eines Einzelnen vereint ist. Der Philosoph Montesquieu schlug deshalb vor die Macht im Staat aufzuteilen (siehe Q 1, S. 80).

Das Volk als Souverän

Der aus Genf stammende Philosoph Jean-Jacques Rousseau (1712–1778) ging noch einen Schritt weiter. In seinem Buch „Contract social" („Der Gesellschaftsvertrag") vertrat er die Ansicht, dass der Mensch nur den Befehlen gehorchen könne, die er sich selber gibt. Die ideale Gesellschaft sei diejenige, in der der Mensch zugleich Herrscher und Untertan sei. Der einzige Souverän im Staat ist somit das Volk. Diese Theorie der ▶ Volkssouveränität ist heute in fast allen modernen Verfassungen verwirklicht.

4 Erklärt den Begriff „Volkssouveränität" mit eigenen Worten.
5 Überlegt, welche negativen Auswirkungen die Theorien Rousseaus gehabt haben könnten.

Beweise statt Glaube

Die Aufklärer stellten die Macht des Königtums ebenso in Frage wie den Anspruch der Kirche Entwicklungen im Bereich der Wissenschaft oder im Erziehungswesen bestimmen zu können. Nicht der Glaube und ungeprüfte Überzeugungen, sondern die Vernunft und der Beweis sollten die Grundlage aller Erkenntnisse sein.

Q4 Der deutsche Philosoph ▶ Immanuel Kant (1724–1804) fasste Aufklärung folgendermaßen zusammen:
... Aufklärung ist der Ausgang des Menschen aus seiner selbst verschuldeten Unmündigkeit. Selbst verschuldet ist diese Unmündig-

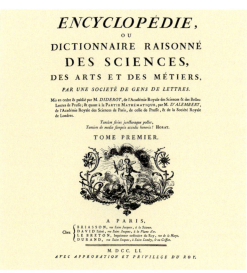

2 Titelbild der von Diderot herausgegebenen Enzyklopädie*. Um 1751.

keit, wenn die Ursache derselben nicht am Mangel des Verstandes, sondern am Mangel des Mutes liegt ... Habe den Mut dich deines Verstandes zu bedienen ...

Die neuen Ideen der Aufklärung fanden schnell Anklang. In Frankreich, vor allem in Paris, trafen sich wohlhabende Bürger und Bürgerinnen in Salons und hörten dort Vorträge von Gelehrten. Zugleich entstanden zahlreiche Akademien, an denen Wissenschaftler gemeinsam forschten und experimentierten. Die Ergebnisse der Forschung wurden in Enzyklopädien* zusammengefasst um sie allen Menschen zugänglich zu machen. Die Aufklärer wollten die Menschen durch Bildung und Erziehung dazu anleiten, die Vernunft richtig zu gebrauchen.

Die Ideen der Aufklärung fanden auch Zustimmung bei „aufgeklärten Monarchen", z. B. bei Friedrich II. von Preußen und Joseph II. (siehe S. 34/35 und 39).

6 Überlegt euch Beispiele für vernünftiges und unvernünftiges Handeln. Begründet eure Meinung.
7 Wie kann man sich den „Mangel an Mut" der Menschen erklären? Gab es ihn nur damals oder kann er auch heute noch vorkommen?

Enzyklopädie:*
Ein Nachschlagewerk, das französische Gelehrte im 18. Jahrhundert herausgaben. Das gesammelte Wissen der Menschheit sollte hier umfassend präsentiert werden. Viele führende Wissenschaftler arbeiteten an der Enzyklopädie mit, die zu einem Standardwerk der Aufklärung wurde.

▶ *Jean-Jacques Rousseau (1712–1778):* Französischer Philosoph und Schriftsteller, geboren in Genf.

Methode: Mit Textquellen arbeiten

Texte, die sich mit der Theorie der Staatslehre beschäftigen, sind abstrakt und oft relativ schwer verständlich. Deshalb ist es notwendig, solche Texte mit Hilfe von Standardfragen zu entschlüsseln.

Q1 Der französische Philosoph Charles de Montesquieu schrieb im Jahr 1748 in seinem Buch „Vom Geist der Gesetze":
… In jedem Staat gibt es drei Arten von Gewalt: die gesetzgebende Gewalt, die vollziehende Gewalt in Ansehung der Angelegenheiten, die vom Völkerrecht abhängen, und die vollziehende Gewalt hinsichtlich der Angelegenheiten, die vom bürgerlichen Recht abhängen. Vermöge der ersten gibt der Fürst oder Magistrat Gesetze auf Zeit oder für immer, verbessert er die bestehenden oder hebt sie auf. Vermöge der zweiten schließt er Frieden oder führt er Krieg, schickt oder empfängt Gesandtschaften, befestigt die Sicherheit, kommt Invasionen zuvor. Vermöge der dritten straft er Verbrechen oder spricht das Urteil in Streitigkeiten der Privatpersonen. Ich werde diese letzte die richterliche Gewalt und die andre schlechthin die vollziehende Gewalt des Staates nennen … Wenn in derselben Person oder derselben obrigkeitlichen Körperschaft die gesetzgebende Gewalt mit der vollziehenden vereinigt ist, so gibt es keine Freiheit; denn es steht zu befürchten, dass derselbe Monarch oder derselbe Senat tyrannische Gesetze macht um sie tyrannisch zu vollziehen. Es gibt auch keine Freiheit, wenn die richterliche Gewalt nicht von der gesetzgebenden und vollziehenden getrennt ist. Ist sie mit der gesetzgebenden Gewalt verbunden, so wäre die Macht über Leben und Freiheit der Bürger willkürlich, weil der Richter Gesetzgeber wäre. Wäre sie mit der vollziehenden Gewalt verknüpft, so würde der Richter die Macht eines Unterdrückers haben. Alles wäre verloren, wenn derselbe Mensch oder die gleiche Körperschaft der Großen, des Adels oder des Volkes diese drei Gewalten ausüben würde: die Macht, Gesetze zu geben, die öffentlichen Beschlüsse zu vollstrecken und die Verbrechen oder die Streitsachen der Einzelnen zu richten …

1 ▶ Charles de Montesquieu, französischer Staatsphilosoph. Kupferstich, um 1800.

Fragen zum Text
– Wovon handelt der Text? Hier geht es um die Beantwortung der so genannten W-Fragen: Wer? Wo? Wann? Was? Wie? Warum?
– Gibt es unbekannte Wörter, die ihr im Lexikon nachschlagen müsst?
– Wie ist der Text gegliedert? Könnte man für einzelne Abschnitte Überschriften finden? Welcher Gesichtspunkt steht im Mittelpunkt des Textes? Wie kann man den Inhalt kurz zusammenfassen?
– Welche Widersprüche oder Übertreibungen enthält der Text?

Fragen zum Verfasser
– Welche Informationen besitzen wir über den Verfasser (Autor)?
– Kennt der Verfasser die Ereignisse, über die er schreibt, aus eigener Anschauung?
– Welche Absichten verfolgte der Verfasser mit seinem Text?
– Versucht der Verfasser neutral zu sein oder ergreift er Partei für bestimmte Personen?

Nachdem ihr den Text mit Hilfe dieser allgemeinen Fragen erschlossen habt, könnt ihr ihn anhand der folgenden Aufgaben bearbeiten:
1 *Wie teilt Montesquieu die staatliche Gewalt ein? Schreibt die Begriffe nebeneinander und setzt sie jeweils in ein Kästchen.*
2 *Wie muss seiner Ansicht nach die Ausübung der Staatsgewalt organisiert sein? Überlegt euch zusätzlich Symbole, die ihr zwischen die Kästchen setzen könnt.*
3 *Welche Begründung führt Montesquieu für diesen Staatsaufbau an?*
4 *Was ist das grundsätzlich Neue an dieser Auffassung im Vergleich mit der absolutistischen Staatsform?*
5 *Wie steht Montesquieu der Monarchie gegenüber?*
6 *Vergleicht den Staatsaufbau Montesquieus mit dem der Bundesrepublik Deutschland.*

Die Aufklärung in Deutschland

Das Bürgertum wird selbstbewusster

Vor allem das gebildete Bürgertum nahm an den neuen Ideen regen Anteil. Durch die Ausweitung der absolutistischen Staatsverwaltung begünstigt hatte sich die Zahl der Juristen, Beamten, Pfarrer und Professoren erhöht. Aus dieser bürgerlichen Schicht kamen auch die Schriftsteller des späten 18. Jahrhunderts und sie bildete auch ihr Publikum. Je mehr sich das bürgerliche Selbstbewusstsein entwickelte, um so härter wurde es mit der Realität konfrontiert, dass nämlich das Bürgertum gesellschaftlich weit unter dem Adel stand, obwohl es geistig tonangebend war. Die Gebildeten aus dem Bürgertum waren finanziell abhängig und auf öffentliche Ämter, die die Fürsten vergaben, angewiesen. Diese Adligen führten zwar aufgrund der Ideen der Aufklärung Reformen in der Staatsverwaltung, im Rechts- und im Schulwesen durch, aber an die Beteiligung eines politisch mündigen Bürgers, was das Erziehungsziel der Aufklärung war, an der Gestaltung des Staates war nicht gedacht. Der Bürger musste der Obrigkeit gegenüber Ruhe bewahren oder mit Folgen rechnen. Immerhin wurde in Preußen unter König Friedrich II. die Folter bei Verhören abgeschafft und das „Allgemeine Preußische Landrecht" erlassen. Im Schulwesen wurde die praktische Bildung gefördert und der Einfluss der Kirche zurückgedrängt.

Die Dichtung als Bühne der Aufklärung

Die Gedanken der Aufklärung hatten sich in England und Frankreich entwickelt. Die deutsche Kultur blieb bis zur Mitte des 18. Jahrhunderts ziemlich unberührt. Ein Grund mag in der Zersplitterung des Heiligen Römischen Reichs Deutscher Nation in sehr viele Einzelstaaten gelegen haben. Ab diesem Zeitpunkt aber prägte das französische Vorbild die Aufklärung in den deutschen Territorien. Dies zeigte sich nicht nur im politischen Bereich, sondern auch in der Dichtung. Johann Christoph Gottsched erklärte seinen Lesern: „Was die Griechen für die Römer waren, sind uns die Franzosen." Gotthold Ephraim Lessing jedoch lehnte das klassische französische Drama ab und lobte die Natürlichkeit Shakespeares. In seinen Stücken, wie z. B im bürgerlichen Trauerspiel* „Emilia Galotti", stellte er bürgerliche Tugenden dem höfischen Lasterleben gegenüber. Im dramatischen Gedicht „Nathan der Weise" kritisierte er die Intoleranz zwischen Christentum, Islam und Judentum.

2 Titelbild zu Joachim Heinrich Campes „Robinson der Jüngere"*, 1779/80.

Die Entstehung von bürgerlichen Lesegesellschaften

Die Aufklärung hatte ein echtes Bedürfnis nach Literatur geweckt. Da Bücher jedoch ziemlich teuer waren, entstanden die so genannten Lesegesellschaften. In diesen schlossen sich literarisch interessierte Bürger zusammen. Ihnen standen Bibliotheken zur Verfügung, aus denen man Bücher ausleihen konnte. Da zur Gründung einer Lesegesellschaft eine behördliche Genehmigung erforderlich war, gerieten fast alle Lesegesellschaften im Lauf der Zeit unter staatliche Aufsicht. Sie stellten einen Versuch des Bürgertums zur geistigen Teilnahme an der Zeit dar, da die politische Beteiligung nicht möglich war.

---

*1719 hatte der Engländer Daniel Defoe den „**Robinson Crusoe**"* veröffentlicht. Das Buch wurde in alle europäischen Sprachen übersetzt. In Deutschland erschienen in den nächsten 30 Jahren über 60 verschiedene Robinsonaden. Zu dieser beliebten Romanform gehört auch J. H. Campes „Robinson". Diese Robinsonbearbeitung sollte nicht nur unterhalten, sie sollte Kindern und Jugendlichen auch naturwissenschaftliche Kenntnisse vermitteln, sie über die menschliche Gesellschaft belehren. In „Robinson der Jüngere" erzählt ein Vater an 30 Abenden seinen Kindern die Geschichte von Robinson Crusoe und diskutiert mit ihnen darüber.*

Bürgerliches Trauerspiel*: Drama, dessen Tragik sich nicht in der adligen Gesellschaft entfaltet, sondern in einer bürgerlichen Welt.

Johann Christoph Gottsched (1700–1766): Professor für Literatur in Leipzig.

Gotthold Ephraim Lessing (1729–1781): Bedeutendster Dichter der deutschen Aufklärung.

Der Alltag des Menschen

1 Ständeordnung in Deutschland im 17. Jahrhundert. Links unten hat der Bauer seinen Platz, rechts unten der Soldat. Unter ihnen sind nur noch Kinder und Narren angesiedelt. Kupferstich von Gerhard Altzenbach, um 1650.

Im 19. Jahrhundert erzählte man sich folgenden Witz: Ein Gutsbesitzer quälte durch Abgaben seine Bauern. Einst fragte er den Schulzen (Gemeindevorsteher), was die Untertanen davon reden. „Ei", sagte dieser, „sie meinen, wir spielen die verkehrte Passion: Denn statt dass einer leidet für alle, leiden alle für einen."

Fundgrube:
Einen Einblick in das Leben der Menschen auf dem Land in vergangenen Jahrhunderten bieten die Bauernmuseen der einzelnen Bezirke in Bayern, z. B. das schwäbische Volkskundemuseum Oberschönenfeld bei Augsburg oder das Rieser Bauernmuseum Maihingen.

Seit dem Mittelalter wird die Gesellschaft in Stände unterteilt. An der ständischen Untergliederung der Gesellschaft ändert sich mit Beginn der Neuzeit wenig.
1 Wiederholt, was ihr in der 7. Klasse über die Stände gelernt habt.

Der Bauernstand
Die Bauern gehörten zum dritten Stand. Sie wurden aufgrund ihrer politischen Ohnmacht und der schlechten Lage großer Teile der Bauernschaft auch als „vierter Stand" bezeichnet. Ein bayerischer Beamter nannte sie gar eine „Kreuzung zwischen Tier und Mensch".

Q1 Der Humanist Johannes Boemus beschrieb 1520 die Stellung der Bauern in der Gesellschaft:
... Der letzte Stand ist derer, die auf dem Lande in Dörfern und Gehöften wohnen und dasselbe bebauen und deshalb Landleute genannt werden ...
2 Vergleicht Q 1 mit der Abbildung 1.

Der Bauernstand machte 75 bis 85 Prozent der Bevölkerung aus. Nach dem Bevölkerungsrückgang im Dreißigjährigen Krieg wuchs die Landbevölkerung im 18. Jahrhundert so stark, dass der Zuzug aufs Land begrenzt werden musste. Wer nicht über eigenen Grund und Boden verfügte, war Grundhöriger oder Leibeigener eines Grundherrn und somit dienst- und abgabenpflichtig. Dazu gehörten Gilt (Naturalabgaben), Stift (Geldabgaben), Hand- und Gespanndienste oder in Kriegszeiten die Stellung von Heerwagen und Mannschaft. An die Kirche, den Gerichtsherrn und den Landesherrn waren ebenfalls Abgaben zu entrichten.

Das Leben in der Dorfgemeinschaft

 **Bäuerliche Arbeiten im August.** Gemälde nach einem Entwurf von Peter Candid, um 1750.

Neben den herrschaftlichen Bindungen spielte die Dorfgemeinschaft eine wichtige Rolle. Sie regelte das Zusammenleben, z. B. die Nutzung der Allmende, schlichtete Konflikte und kümmerte sich um die Armenversorgung, den Wegebau und den Unterhalt der Hirten und Gemeindebediensteten. Der Dorfschulze oder Schultheiß übte das Amt des Gemeindevorstehers aus.

Nicht jeder, der auf dem Land lebte, war ein Bauer. Nur wer über einen Hof mit mehr als fünf bis zehn Hektar Land, Zugvieh und landwirtschaftliche Geräte verfügte und mit diesen Voraussetzungen seine Familie ernähren konnte, galt als Bauer.

M1 Über die Beziehung zwischen Bauer und Bäuerin heißt es in einem Buch aus dem 19. Jahrhundert:

… Es mag hart klingen, aber es ist doch wahr … Bei den Bauern, besonders bei den Großbauern, ist die Ehe vielfach nur ein Vertragsverhältnis … Die Arbeit für Erhaltung und Vermehrung des Besitztums ist die Wesenheit des Lebens … Offene Zerwürfnisse oder gar Trennungen aus Mangel an Liebe kommen darum im Leben der Großbauern fast nie vor …

Der Reichtum einer Bauernfamilie wurde in der Menge der verkauften Überschüsse auf dem Markt deutlich. Viele Landbewohner mussten ihren Lebensunterhalt durch andere Tätigkeiten in der Landwirtschaft sichern. Sie waren Tagelöhner oder Dienstboten bei den Vollbauern. Diese konnten nur mit fremder Hilfe ihren Besitz von 40 bis 50 Hektar bestellen. Tagelöhner waren verheiratet und wohnten mit ihren Familien zusammen. Arme Familien gaben oft ihre Kinder, die sie auf dem eigenen Hof nicht benötigten, als Mägde und Knechte fort. Dienstboten hatten ihre Unterkunft im Haus des Bauern oder Gutsherrn und waren diesem Hausvater völlig unterstellt.

Außerdem lebten auf dem Land Handwerker und Händler, die für die Bauern wichtige Waren und Dienstleistungen anboten. Neben Schmieden, Zimmerleuten und Metzgern gab es im Dorf auch Bader, Brauer, Schäffler, Stellmacher und Wagner.

3 Erklärt, was diese Berufsbezeichnungen bedeuten, und nennt weitere auf dem Land übliche Handwerke.

4 Beschreibt die in der Abbildung 2 dargestellten bäuerlichen Tätigkeiten.

5 Ordnet folgende Begriffe den in der Randspalte abgebildeten Geräten zu und beschreibt deren Gebrauch: Pflug, Egge, Kummet, Hacke, Dreschflegel, Sense.

6 Nach welchen Gesichtspunkten wurden Ehen auf dem Land geschlossen? Worin bestand der Unterschied zu Ehen Adliger?

83

Das Leben in der Stadt

1 Puppenhaus mit Einrichtung, Regensburg 17./18. Jahrhundert. Puppenhäuser waren Prestige- und Schauobjekte und dienten weniger dem Spiel als vielmehr der Vermittlung von „weiblichen Tugenden". Das Spielen mit einem Puppenhaus zwingt zum Stillsitzen und zum behutsamen Umgang mit den zerbrechlichen Einrichtungsgegenständen.

Lesetipp:
Cornelia Julius: Die Leute im Hause des Balthasar. Beltz Verlag, Weinheim und Basel 1984.

Fundgrube:
Rad der Fortuna. Leben und Überleben in einer alten Stadt. CD-ROM. Haus der Bayerischen Geschichte, Augsburg 2000.

15 bis 20 Prozent der Bevölkerung lebten und arbeiteten in den Städten. In der Barockzeit gab es nur wenige Städte, die über 10 000 Einwohner hatten. Sie boten mehr Verdienstmöglichkeiten, garantierten in Spitälern und Siechenhäusern eine bessere Versorgung bei Krankheit und im Alter, verfügten über verschiedene Bildungseinrichtungen (siehe S. 99) und gewährten in Kriegszeiten besseren Schutz.

Die mächtigste und reichste Gruppe der Stadtbewohner waren die Patrizier. Sie hatten wichtige Positionen inne, z. B. das Amt des Ratsherrn. Kaufleute, Handwerker und Händler waren für die wirtschaftliche Blüte der Städte von großer Bedeutung und konnten auch politisches Gewicht erlangen, wie die Fugger und Welser in Augsburg. Ihre oftmals sehr prächtigen Häuser standen rund um den Marktplatz, die „gute Stube" einer Stadt.

1 Erklärt, warum der Marktplatz als „gute Stube" einer Stadt bezeichnet wurde.

M1 In einem modernen Jugendbuch erhalten wir folgende Informationen über einen selbstständigen Nürnberger Kaufherrn namens Balthasar, der um 1700 mit Gold- und Silberwaren handelte:

… Balthasars wichtigste Aufgaben bestanden darin, das edle Material sowie die kostbaren Fertigwaren unbeschadet über viele Landesgrenzen, unter Umständen durch die von Räubern gefährdeten Gebiete … nach Nürnberg zu schaffen und die Fertigwaren dort wieder abzusetzen, wo sie gebraucht wurden und bezahlt werden konnten …
Um seinen eigenen Briefstil zu verbessern las Balthasar täglich gute Bücher, vor allem Reisebeschreibungen. Auch fremdsprachige Briefe verfasste er selbst. Und er schrieb Lateinisch, wenn es um Rechtsangelegenheiten ging …
Weil ein Haus- oder Eigen-Herr sich ohne Gesinde nicht ernähren kann, hatte er sieben Dienstboten angestellt … Balthasar sorgte dafür, dass das Gesinde genug zu essen hatte und gut gekleidet war, damit es fleißig arbeitete …

2 Fasst zusammen, welche Fähigkeiten und Fertigkeiten ein erfolgreicher Kaufmann und Händler besitzen musste.

3 Die sieben Dienstboten waren ein Handelsdiener, ein Lehrling, ein Reisediener, ein Pferde-, ein Packknecht, ein Kutscher und dessen Sohn als Hilfsknecht. Stellt die Aufgaben dieser Dienstboten zusammen.

Kleine Handwerker, Krämer, Betreiber von Gasthäusern und Schiffer zählten zu den einfachen Leuten und wohnten in den engen Gassenvierteln oder Vorstädten.
Einen großen Teil der Stadtbewohner machten die Angehörigen der so genannten Unterschichten aus. Dazu gehörten das Dienstpersonal, Fuhrleute, Tagelöhner, Musikanten. Sozial gering angesehen waren Bettler, Prostituierte, Totengräber und Henker.

4 Ordnet die Bewohner einer Stadt nach ihrer sozialen Stellung in eine Rangordnung ein und entwerft eine Ständepyramide (vgl. S. 82).

5 Beschreibt die Ausstattung der Puppenstube (Abbildung 1). Welche Räume gab es und wozu dienten sie?

Ehe und Familie

2 Familienstube um 1700. Unbekannter Maler.

Die Familie auf dem Land und in der Stadt kann als Produktionsgemeinschaft bezeichnet werden. Vater, Mutter, Kinder, Großeltern und Gesinde arbeiteten zusammen um den Lebensunterhalt der Haushaltsfamilie zu sichern. Der Hausvater war das Familienoberhaupt.

Q1 Christian Sintenis beschrieb die Aufgaben des Hausvaters um 1800 so:
… Er teilt die sämtlichen häuslichen Geschäfte ein, gibt Acht, ob jeder sein Pensum verrichte, und hält mit Ernst darauf, dass es geschehe. Er ist deshalb … gern zu Hause um das häusliche Ganze immer vollkommen zu übersehen … oder, … wo es fehlt, nachhelfen zu können. Alle Hausgenossen übertrifft er an Pflichteifer und unermüdlicher Geschäftigkeit …

6 Fasst die Pflichten des Hausvaters zusammen und vergleicht sie mit heute.

Die Hausmutter soll ein Vorbild an weiblicher Tugend sein: sparsam, sauber, fleißig, gottesfürchtig, ruhig, gehorsam gegenüber dem Ehemann, friedlich, liebevoll, aber streng zu den Kindern. Sie muss den gesamten Haushalt mit Dienstboten organisieren und kontrollieren. Die Mädchen wurden schon früh von ihren Müttern in die Pflichten einer Hausfrau eingewiesen. Im heiratsfähigen Alter kümmerten sich die Eltern um einen geeigneten Partner für ihre Kinder. Der Mann wurde nach Vermögen, gesellschaftlicher Position und Moral ausgewählt. Bei Mädchen spielten die Höhe der Mitgift, das Ansehen der Eltern, die Gesundheit und das Aussehen eine wichtige Rolle. Als Frau sollte sie in der Lage sein gesunde Kinder und keine „Sterblinge" oder „Apotheker-Kinder" zu gebären. Das Alter zwischen 18 und 20 sah man als günstiges Heiratsalter für Mädchen an. Der Mann konnte 10 bis 15 Jahre älter sein. Oft heirateten Männer mehrmals, da die Frauen aufgrund der vielen Kindsgeburten früh sterben konnten. Wenn die Ehefrau eines Handwerksmeisters früh zur Witwe wurde, war das eine große Chance für einen Gesellen. Durch die Heirat mit der Witwe konnte er gesellschaftlich aufsteigen und die Werkstatt übernehmen. Somit gab es auch Ehefrauen, die in zweiter Ehe jüngere Männer heirateten. Kirchgänge waren eine gute Gelegenheit nach einer Braut oder einem Bräutigam Ausschau zu halten.

7 Nennt die Anforderungen an Frauen. Welche Tätigkeiten stellt die Abbildung 2 dar?

8 Vergleicht die Erziehung der Mädchen und die Anforderungen an Frauen von damals mit der Situation von heute.

Die Rolle der Frau ...

1 „Häusliche Eintracht durch das Regiment des Mannes." Holzschnitt, um 1625.

Hausväter und Hausmütter

Q1 Aus dem Kommentar zur württembergischen Eheordnung des Johann Adam Lederer, um 1750:

... Es gibt noch andere Ursachen, warum ein Weib die Herrschaft ihres Mannes über sie mit gutem Willen erkennen solle. Wir reden von einem Manne, der ist, wie er nach Gottes Ordnung sein soll. Die Ehre, die sie von ihrem Mann allein hat; die Wohltaten, die sie durch seine Besorgung von ihm genießt; die Beschwerlichkeiten, die er eben darum erduldet; der Schutz, den sie von ihrem Mann empfängt; die zärtliche Liebe, womit er sie behandelt; ... sind meines Erachtens hinlängliche Ursache, warum ein Weib gegen ihren Mann erkenntlich und dankbar sein solle ...
Aber welcher Dank wäre das, wenn das Weib deswegen sich die Beherrschung des Mannes anmaßen und begehren wollte, dass er ihr untertänig werden solle? Man müsste ... sagen, ... der Mann müsste ein Tölpel und ein einfältiger Tropf sein, der seinem Haus nicht vorstehen könnte und sich derwegen von dem Willen seines Weibes dirigieren* lassen müsste ... Sie will ihre Ehre von ihrem Mann haben und sie hängt ihm den größten Schandflecken an; der Mann soll nach der Gottesordnung das Haupt der Familie werden ... Eine Haupttugend eines wackeren Weibes und der beste Grundstein zu einer guten Ehe ist, wenn ein Weib gelernt hat, ihrem Manne gehorsam zu sein; sie entgeht damit unzähliger Not und macht sich unvergleichliche Vorteile ...

dirigieren*: lenken, leiten.

1 Wie wird das Zusammenleben von Mann und Frau (Abbildung 1) dargestellt?
2 Erzählt, welche Gefühle die Abbildung 1 bei euch auslöst.
3 Fasst zusammen, welche Verhaltensregeln für den Mann Q 1 anführt.
4 Wie soll sich die Frau verhalten?
5 Was geschieht, wenn die Frau „aus der Rolle fällt"?

... in der vorindustriellen Gesellschaft

2 Feierabend in den Spinnstuben.

Seit der frühen Neuzeit wird der Begriff des „ganzen Hauses" verwendet. Es war die kleinste gesellschaftliche Einheit im Staat und umfasste neben der Familie alle Mägde und Knechte, Lehrjungen und Gesellen sowie Verwandte und Bekannte, die im Haus lebten und arbeiteten. Die Verantwortung für das „ganze Haus" hatte der Hausvater. Er musste die Mitglieder seines Haushalts nach außen vertreten und den Hausfrieden wahren. Aus dieser Verpflichtung leitete sich sein Züchtigungsrecht gegenüber dem Gesinde, der Frau und den Kindern ab. Die Hausfrau ergänzte und vertrat den Hausvater. Der Obergewalt ihres Ehemannes war sie allerdings untergeordnet.

Die Bedeutung der Ehe

Das „ganze Haus" entstand durch eine Eheschließung. Nur Mann und Frau zusammen konnten das Gelingen des gemeinsamen Wirtschaftens garantieren. Zugleich wurden Mann und Frau erst durch die Heirat vollwertige Mitglieder der Gesellschaft. Zuvor lebten sie selbst als Abhängige in ihrem Elternhaus oder bei ihrem Arbeitgeber. Da die Frauen nur als Ehefrauen sozial anerkannt am gesellschaftlichen Leben teilnehmen konnten, war für sie die Verheiratung von großer Bedeutung.

Ehen wurden – vor allem in den wohlhabendes Schichten – von Eltern, Vormündern oder Verwandten angebahnt. Für Ärmere boten Familien- und Gemeindefeste Möglichkeiten sich kennen zu lernen. Eine besondere Gelegenheit zum „Anbändeln" waren die abendlichen Spinnstuben*. Dort trafen sich die unverheirateten Leute und arbeiteten, erzählten und tanzten zusammen.

Eine wichtige Voraussetzung für eine Heirat waren die Vermögensverhältnisse von Mann und Frau. Sie mussten Grundlage für eine gesicherte Existenz gewährleisten. Der Beruf des Mannes hatte einen hohen Stellenwert, aber auch die Mitarbeit der künftigen Hausfrau wurde als gleichwertig anerkannt.

6 *Erklärt, warum die Kirche den Spinnstuben mit wachsendem Misstrauen begegneten?*

Spinnstuben: Sie wurden von der Obrigkeit streng kontrolliert, da allen bekannt war, welchem Zweck sie dienten. So war vorgeschrieben, dass geistliche Lieder gesungen und geistliche Texte gelesen werden mussten. Wenn jemand eine Spinnstube abhalten wollte, hatte er bei den Behörden eine Namensliste mit allen eingeladenen Personen vorzulegen.

Die Aufgaben von Mann und Frau

1 **Viehwirtschaft.** Kupferstich aus F. Ph. Florinus, Oeconomus prudens, 1702.

Q1 Aus Schillers „Lied von der Glocke" (1799):
Der Mann muss hinaus
Ins feindliche Leben,
Muss wirken und streben
Und pflanzen und schaffen,
Erlisten, erraffen,
Muss wetten und wagen,
Das Glück zu erjagen …
Und drinnen waltet
Die züchtige Hausfrau,
Die Mutter der Kinder,
Und herrschet weise
Im häuslichen Kreise
Und lehret die Mädchen
Und wehret den Knaben
Und reget ohn Ende
Die fleißigen Hände …

1 Fasst zusammen, welches Rollenverhalten Mann und Frau in diesem Gedicht zugewiesen wird.
2 Überlegt, wie die Rollen zwischen Mann und Frau heute verteilt sind.

Der Haushalt war nicht nur eine Lebens-, sondern auch eine Arbeitsgemeinschaft. Die Existenz der Eheleute, ihres Gesindes und ihrer Kinder hing von einer funktionierenden Arbeitsteilung ab.
Während der Mann für den Außenbereich zuständig war, erfüllte die Frau ihre Aufgaben im Haus. Besonders in den bäuerlichen Haushalten leisteten die Hausfrauen Schwerstarbeit: Neben der Besorgung des Haushaltes waren sie für die Nahrungsversorgung, für Garten und Vieh verantwortlich und arbeiteten bei der Ernte mit. Darüber hinaus kümmerten sie sich um die Kinder, um die Alten und Kranken des Hauses.

In Handwerkerhäusern halfen die Frauen in kleinen Betrieben bei der Herstellung der Waren mit und übernahmen z. T. den Verkauf der Produkte. Kaufmannsfrauen vertraten ihren Mann bei seiner Abwesenheit sogar als Stellvertreterinnen und leiteten dann das Geschäft selbst.

Adlige Frauen dagegen hatten vor allem Repräsentationsaufgaben* zu erfüllen. Sie führten zwar auch einen großen Haushalt, wurden aber durch zahlreiche Dienstboten entlastet. Dafür hatten sie perfekte Gastgeberinnen zu sein, anspruchsvolle Gespräche zu führen und ihre Gäste zu unterhalten.

Den Frauen aller gesellschaftlichen Schichten war allerdings gemeinsam, dass sie sich trotz eigenverantwortlicher Arbeit in wirtschaftlicher Abhängigkeit von ihrem Ehemann befanden. Lediglich als Witwe konnten manche Frauen ein gewisses Maß an Selbstständigkeit erlangen.

Repräsentation*: (Selbst-)Darstellung in der Gesellschaft.

Das Frauenbild der Aufklärung

Q2 Der Hamburger Senator Johann Michael Hudtwalcker (1747–1818) schrieb in seinen Lebenserinnerungen über seine Mutter, die Tochter eines Zuckerbäckers:

… Mit der weiblichen Erziehung war es um diese Zeit in Hamburg schlecht bestellt und meine Mutter war als Mädchen nicht mehr, als was fast alle ihre Zeitgenossinnen waren … Obgleich mein Großvater ein sehr gebildeter Mann war, so konnten doch seine Frau und seine erwachsenen Töchter nur etwa so viel schreiben und rechnen, als sie im Hausstande gebrauchten. Meine Mutter hatte ihren Katechismus gelernt und war danach konfirmiert, hatte ihren Tanzunterricht genommen und etwas Klavierspielen gelernt, das beides bald nicht mehr gebraucht wurde. Sie konnte aber fertig weißnähen und die Küche selbst besorgen, ohne sich um etwas, was außer Hamburg in der Welt vorging oder vorgegangen war, zu bekümmern …

3 *Worauf lagen im 18. Jahrhundert die Schwerpunkte in der Mädchenerziehung?*

4 *Betrachtet die Abbildung 2 und erklärt, wie die Mädchen im 18. Jahrhundert unterrichtet wurden.*

2 Die gute Erziehung. Kupferstich von Jacques Philipp le Bas, 1749.

Der Wandel vom ganzen Haus zur Familie

Im letzten Drittel des 18. Jahrhunderts begann sich das Zusammenleben in den Haushalten zu verändern. Ursache dafür war die allmähliche Auflösung der Lebens- und Arbeitsgemeinschaft. Der Hausvater hatte zwar noch die Aufsicht über das Gesinde und die Gesellen, die Beziehung zueinander bestimmte jedoch das Arbeitsverhältnis.

Damit änderte sich nach und nach auch die Stellung der Frau. Deutlich wird diese neue Rolle vor allem in den bürgerlichen Beamtenhaushalten. Wohnung und Arbeitsstätte, Erwerbs- und Familienleben waren hier getrennt. Die Autorität* des Vaters blieb zwar unangetastet, kam aber jetzt von seiner Stellung als alleiniger Ernährer der Familie her, nicht mehr aus seiner Verantwortung als Hausvater. Die Tätigkeit der Frau beschränkte sich nun auf den Familienhaushalt. Sie war nicht länger die durch ihre Arbeitsleistung gleichberechtigte Hausfrau. Dafür wurde die Bedeutung ihrer Mutterrolle aufgewertet: Die Frau hatte die Kinder der Familie zu erziehen und für die Bildung der Mädchen zu sorgen. Während die Jungen außer Haus unterrichtet und ausgebildet wurden, bereitete sie ihre Töchter zu Hause auf die Rolle als Gattin, Hausfrau und Mutter vor.

Haushalt und Gefühl – das bürgerliche Ideal

Ein weiterer Grund für das neue Frauenbild des ausgehenden 18. Jahrhunderts waren die Ideen der Aufklärung. Mann und Frau wurden mit dem Naturrecht begründete geschlechtstypische Rollen zugeschrieben. Dem männlichen Charakter entsprachen das aktive Wirken in der Öffentlichkeit und ein von der Vernunft bestimmtes Auftreten. Als typisch weiblich galt die Arbeit im Haushalt und ein eher passives, gefühlsbetontes Wesen. Man glaubte, dass in Mann und Frau von Natur aus verschiedene Charaktereigenschaften angelegt worden seien, damit beide in der Ehe eine harmonische Einheit bildeten.

Eine gewisse Selbstständigkeit gab es Ende des 18. Jahrhunderts für volljährige ledige Frauen, die von ihrem Vater eine ausdrückliche Entlassungserklärung aus seinem Hausstand erhalten hatten. Sobald eine Frau jedoch heiratete, unterstand sie wieder der Gewalt des Ehemannes.

Autorität:*
Einfluss, Macht.

Frauen im öffentlichen Leben

1 Sidonia Hedwig Zäunemann (1714–1740). 1738 erhielt sie den Titel einer „kaiserlich gekrönten Poetin".

M1 Das Beispiel einer unabhängigen jungen Frau aus einem Geschichtsbuch:
… Die Dichterin Sidonia Hedwig Zäunemann … lebte in der ersten Hälfte des 18. Jahrhunderts … Als Tochter eines Notars in Erfurt wohnte sie bis zu ihrem Tode im Hause ihrer Eltern, was nicht erstaunt, da sie bereits mit 26 Jahren starb. Aber sie drängte mit ungestümer Kraft aus der Beengtheit der töchterlichen Existenz hinaus in die Welt. Sie erfuhr öffentliche Anerkennung: Im Jahre 1738 wurde sie von der Göttinger Universität zur kaiserlichen Poetin gekrönt. Aber die Möglichkeit, sich unbegleitet und frei in der Welt zu bewegen, stand ihr als Frau nicht zu. So wählte sie einen ungewöhnlichen Weg, um ihre Reiselust zu realisieren*: Sie pflegte zu Pferd in Männerkleidung weite Ritte zu unternehmen. Ein solcher Ausflug endete tödlich: Bei der Überquerung einer Brücke stürzte sie ins Wasser und ertrank.
Ihre Gedichte zeigen deutlich das Dilemma* einer weiblichen Existenz, die sich mit den herkömmlichen Beschränkungen nicht abfinden will. „Niemand schwatze mir vom Lieben und von Hochzeitsmachen vor", so beginnt ihr Gedicht „Jungfern-Glück". Von einer Heirat erwartet sie Abhängigkeit und Einschränkung.
So muss auch der Jungfern Glück und die edle Freyheit weichen,
Und dargegen sucht die Angst sich gar elend einzuschleichen,
Dieser Vers hat recht gesagt, Jungfern können kühnlich lachen;
Dahingegen manches Weib sich muss Angst und Sorge machen."
Dagegen will sie ein selbst bestimmtes Leben setzen …

1 Vergleicht das Leben der Sidonia Hedwig Zäunemann mit dem traditionellen Frauenleben des 18. Jahrhunderts.
2 Informiert euch in einem Lexikon oder mit Hilfe des Internets über die Lebensgeschichte der Frauen, die auf Seite 91 abgebildet sind, und tragt sie in der Klasse vor.
3 Überlegt, ob ihr selbst eine bedeutende Frauenfigur aus dieser Zeit kennt. Stellt sie vor.

realisieren*: verwirklichen.

Dilemma*: Zwangslage.

Frauen des 17. und 18. Jahrhunderts

1 Mary Ward (1585–1645).

2 Friederike Caroline Neuber (1697–1766).

3 Katharina die Große (1729–1796).

4 Catharina Regina von Greiffenberg (1633–1694).

5 Jeanne Antoinette Poisson (1721–1764).

6 Sophie von La Roche (1730–1807).

7 Maria Sibylla Merian (1647–1717).

8 Dorothea Erxleben, geb. Leporin (1715–1762).

9 Angelika Kauffmann (1741–1807).

Kindheit und Jugend

1 **Frau beruhigt einen Säugling mit einem Schnuller.** Vermutlich neapolitanische Schule, 18. Jahrhundert.

Die Pflege der Kleinkinder

Nach der Geburt blieb das Kind entweder bei der Mutter oder, was in reichen und adligen Familien oft üblich war, es kümmerte sich eine Amme und Kindermagd um den Nachwuchs. Typische Gegenstände der Kinderbetreuung waren bei Kleinkindern Wiege, Gängelband, Fallhut und Steckenpferd. Auch Vorformen des Nuckels waren gebräuchlich. Die Erziehung der Kleinkinder lag hauptsächlich in den Händen der Mutter. Da oft mehrere Generationen unter einem Dach lebten, besonders auf dem Land, kümmerten sich auch Großmutter oder ältere Geschwister um die Kleinen. Rechtzeitig mussten sie verschiedene Pflichten übernehmen. Die Kindheit endete gerade in armen Familien sehr früh, sie dauerte etwa bis zum siebten Lebensjahr. Das Spielzeug wurde durch Arbeitsgeräte ersetzt und die Kinder mussten zum Unterhalt der Familie beitragen.

Kinder als Arbeitskräfte

Q1 Über das Leben eines Jungen vom Lande im 18. Jahrhundert wissen wir aus Aufzeichnungen:

… Unsere Haushaltung vermehrte sich. Es kam alle zwei Jahre geflissentlich ein Kind: Tischgänger genug, aber darum noch keine Arbeiter … Im Winter sollten ich und die ältesten, welche auf mich folgten, in die Schule; aber die dauerte zu Krinau nur zehn Wochen, und davon gingen uns wegen tiefem Schnee noch etliche ab. Dabei konnte man mich schon zu allerlei Nützlichem brauchen. Wir sollten anfangen, Winterszeit etwas zu verdienen. Mein Vater probierte aller Gattungen Gespunst: Flachs, Hanf, Seiden, Wollen, Baumwollen; auch lehrte er uns letzte kämbeln, Strümpfstricken und dergleichen. Aber keins warf damals viel Lohn ab. Man schmälerte uns den Tisch, meist Milch und Milch, ließ uns lumpen … um zu sparen. Bis in mein 16. Jahr ging ich selten, und im Sommer barfuß in meinem Zwilchröcklin, zur Kirche …

1 Beschreibt die Situation in der Familie dieses Jungen.
2 Schätzt ein, welche Möglichkeiten der Junge für die Gestaltung seines späteren Lebens gehabt haben wird.

2 **Hirtenknabe aus Fürstenfeld-Bruck.**

Kindheit und Jugend

3 Schusterlehrling in der Werkstatt. Kinder, die einem Lehrherrn zur Ausbildung übergeben wurden, nannte man Lehrjungen. Die Eltern mussten für Ausbildung, Unterkunft und Verpflegung dem Handwerksmeister bezahlen. Oft wurden die Lehrjungen zu Arbeiten in der Familie des Meisters herangezogen.

„Lehrjahre sind keine Herrenjahre"

Q2 Johann Probst (1759–1830) berichtete über seine Lehrjahre:

… Ich trat also den 20ten Juny 1774 meine Lehrzeit an … Da er (der Lehrherr) so wenig Lust zur Arbeit selbst hatte, so forderte er destomehr von mir. Seine Lehrmethode dabey war folgendergestalt. Erst trat er hin und machte mir die Sache zweimal vor, dann gebot er mir unter den fürchterlichsten Drohungen, es auch so zu machen … Statt daß er mir bey der Arbeit hätte zu Hülfe kommen sollen, überließ er mich mir selbst … Wenn er dann sahe, wie schlecht und nicht selten zum Schaden ich gearbeitet hatte, so erhub sich ein solches Donnerwetter, daß mir noch jetzt die Haare zu Berge stehen, wenn ich daran gedenke. Fluchen, Drohungen, Reden, die wie zweischneidige Schwerdter mich durchbohrten, und dann eine ungemeße Tracht Schläge, daß ich oft ohnmächtig darnieder sank, waren dann mein Theil …

3 Beurteilt, wie der Meister sein Wissen vermittelte.

4 Vergleicht eure Kindheit mit den beschriebenen Lebensläufen, Texten und Bildern. Welche Veränderungen stellt ihr fest? Wie kam es zu diesen?

5 Wie ist heute die Ausbildung Jugendlicher geregelt?

Gesicherte Zukunft

Q3 Über die Zukunftsaussichten des Adels heißt es in einer Darstellung aus dem 19. Jahrhundert:

… Die Mitglieder des Residenzadels waren wohl nicht so ungehobelt wie ihre Brüder auf dem Lande; Bildung war aber ihre Fertigkeit im Gebrauch zierlicher Umgangsformen und ihre Gewandtheit im zeitvertreibenden Gespräch keineswegs. Wozu auch Kenntnisse? Wie der Landjunker bei aller geistigen Roheit doch immer Aufnahme ins Offizierskorps … fand, so die Jugend des Residenzadels in den großen Schwarm der Hofbeamten …

4 Prinz Wilhelm IV. (1765–1837), Prinz von Hannover und späterer König von Großbritannien und Irland.

Leben und Sterben im 17. und 18. Jahrhundert

1 Besuch der Hebamme. Gemälde von Richard Brakenburgh. Als einzige Hilfe steht der Gebärenden und Wöchnerin die Hebamme zur Seite. Der Arztberuf wurde nur von Männern ausgeübt, deren Anwesenheit bei der Geburt nicht erwünscht war.

Krankheiten und Seuchen

Im 17. und 18. Jahrhundert waren Krankheit und Tod allgegenwärtig. Die Menschen bedrohten besonders Seuchen wie Pest, Pocken* oder Typhus*. Viele Ärzte vertrauten auf zwei Allheilmittel: das Schröpfen* und das Verabreichen von Abführmitteln. Der Heilerfolg war gering. Größere Wirkung zeigten dagegen Kräuter in der so genannten Volksmedizin. Heilkundige Frauen (oft Hebammen) und Männer (Schäfer und sogar Scharfrichter) konnten in vielen Situationen den Kranken helfen.

Schwangerschaft und Geburt

Die Lebenserwartung betrug in der Barockzeit im Durchschnitt lediglich 30 bis 40 Jahre. Das ist hauptsächlich auf die schlechten hygienischen Bedingungen zurückzuführen. Besonders gefährdet waren Gebärende, Säuglinge und Kleinkinder. Mindestens zwei Geburten waren notwendig um ein Kind bis ins Erwachsenenalter aufzuziehen. Das Ansehen einer Frau wuchs mit der Anzahl der Geburten. Auf den Frauen ruhte eine besondere Last: Einerseits waren Kinder sehr erwünscht, solange man sie ernähren konnte, andererseits fürchteten Frauen die Geburt.

M1 Aus einer modernen Darstellung:
… Nur wenige Frauen tragen das Schicksal zahlloser Schwangerschaften mit der Gottergebenheit jener Radmeisterin zu Vordernberg in der Steiermark, die Ehefrau des vermögenden Gewerke Stampfer, die innerhalb einer 28 Jahre dauernden Ehe 16 Kinder gebiert. Erst das 16., das sie mit 47 Jahren zur Welt bringt, ringt ihr ein Seufzen ab, weil es sie beinahe das Leben gekostet hatte …

Während der Geburt stand den Frauen meistens eine Hebamme zur Seite. Hebammen waren oft schlecht ausgebildet. In Bayern gab es seit 1589 eine Schule für Geburtshelferinnen, die sie einige Wochen besuchten. Ärzte wurden nur bei lebensbedrohlichen Situationen, z. B. beim Kaiserschnitt, zu Rate gezogen. Er wurde selten angewendet und oft starben die Frauen bei diesem Eingriff.

M2 Aus einer modernen Darstellung:
… Tief traurig über den Tod der ersten Gemahlin, die mit einem Sohn im fünften Monat schwanger war, heiratet Kaiser Leopold aus dynastischen Erwägungen schon sieben Monate später Claudia Felicitas (1653–1676) … Sie bringt dem Kaiser zwei Töchter zur Welt, die noch im Kindesalter sterben, und stirbt selbst ungefähr zehn Monate nach der Geburt der zweiten Tochter im Alter von 23 Jahren. Der Kaiser, der abermals ohne männlichen Nachkommen verbleibt, ehelicht noch im selben Jahr Eleonore Magdalena von Pfalz-Neuburg …

1 *Warum waren Geburten für Frauen oft lebensgefährliche Ereignisse?*
2 *Beschreibt die Abbildung 1.*
3 *Erklärt, was in Quelle 2 mit der erneuten Heirat des Kaisers „aus dynastischen Erwägungen" gemeint ist.*
4 *Findet heraus, wie hoch die Lebenserwartung in Deutschland heute ist und wie viele Kinder eine Familie durchschnittlich hat.*

Pocken*: Gefährliche Infektionskrankheit, die ganze Familien in wenigen Tagen dahinraffen konnte oder Erkrankte lebenslänglich durch Narben entstellte.

Typhus*: Infektionskrankheit, verursacht durch verunreinigte Nahrungsmittel und Trinkwasser, Anzeichen: hohes Fieber, Magen- und Darmprobleme, Ausschlag.

Schröpfen*: Methode zur Blutverdünnung, bei der Blutegel in ein Glas gegeben werden und dieses auf die Haut gestülpt wird. Der Blutegel saugt sich binnen 10 bis 40 Minuten voll Blut und fällt dann von der Haut ab.

Am Rand der Gesellschaft

2 Waffen und Ausrüstungsgegenstände bei einem Raubüberfall 1787: Masken, schusssichere Rüstung, Pflugeisen zum Aufbrechen von Kisten, Fesseln. Bei dem Überfall auf eine Postkutsche zwischen Esselbach und Rohrbrunn im Spessart erbeuteten die Täter 5000 Gulden, eine Goldstange, die persönlichen Wertgegenstände der Passagiere sowie ein Fässchen Essiggurken. Die sechs Räuber, darunter ihr Anführer Johann Klemm, wurden später gefasst und in Aschaffenburg hingerichtet.

Unter den Verwüstungen im Dreißigjährigen Krieg hatten besonders die Menschen auf dem Land zu leiden. Es dauerte lange, bis verwüstete Felder wieder bestellt und Dörfer langsam wieder besiedelt wurden. Die Bauern mussten Abgaben leisten, und wenn durch Kriege, Missernten oder Seuchen ihre Erwerbsquelle vernichtet wurde, waren sie mittellos und an den Rand der Gesellschaft gedrängt.

Zu den gesellschaftlichen Randgruppen zählten Juden, Sinti und Roma, Bettler, Vagabunden, das so genannte fahrende Volk wie Musikanten und Schauspieltruppen, von Ort zu Ort ziehende Händler und Handwerker (z. B. Scherenschleifer) sowie ledige Mütter.

Kriege, Verlust von Hab und Gut oder der Ausschluss aus der Gemeinschaft nach einer Straftat konnten dazu führen, dass solche entwurzelten Menschen sich zu Räuberbanden zusammenschlossen, in Wäldern hausten und vom Überfall auf Kaufleute und Reisende oder als Wilddiebe lebten.

Ein bekanntes Beispiel hierfür war Matthias Klostermeyer, bekannt als „bayerischer Hiesel". Er war der Kopf einer 30 bis 40 Mann starken Räuberbande. Beim Überfall auf den Obervogt von Täfertingen bei Augsburg nahm Klostermeyer dem Beamten das Geld ab mit den Worten: „Es ist ohnehin nur Blutgeld, das ihr den armen Leuten abgeschunden habt." Solche Taten machten ihn beim Volk sehr beliebt und führten dazu, dass ein Zeitgenosse über ihn dichtete: „Kein Haus war auf dem Lande, kein Haus fast in der Stadt, wo nicht die Hiesel stande, auf einem Kupferblatt."

1771 wurden Klostermeyer und ein Teil seiner Bande im Wirtshaus von Osterzell gefangen genommen und ins Gefängnis von Buchloe gebracht. Später transportierte man Hiesel und zwei seiner Bandenmitglieder in die fürstbischöfliche Residenzstadt Dillingen, wo sie öffentlich hingerichtet wurden.

5 Überlegt, warum die Hinrichtung öffentlich war.

6 Klostermeyer wurde nach seinem Tod als Schutzpatron der Armen und Unterdrückten verehrt. Warum?

7 Schaut euch die Abbildung 2 genau an. Wie versuchten die Räuber ihre Tat und ihre Identität zu tarnen?

Zinken, geheime Zeichen an Zäunen und Türen für umherziehende Vagabunden und Diebe, die ihnen mitteilten, ob es sich lohnt, an eine Haustür zu klopfen um zu betteln oder gar zu stehlen.

Bissiger Hund

Gefängnis droht

Wohnung eines Polizisten

⊘
Hier ist Diebstahl lohnend

Alarmglocken im Haus

Das Geständnis des Räubers Herrenberger gegenüber dem schwäbischen Oberamtmann Schäffer am Ende des 18. Jahrhunderts machte es möglich, das Rotwelsch, eine Geheimsprache von Räubern und Ganoven, zu entschlüsseln. Einige Begriffe aus dem Rotwelsch haben sich in der Umgangssprache bis heute erhalten:
Bock – Lust, Laune, Hunger, Appetit
Kaff – Dorf
Moos – Geld
petzen - bei der Polizei anzeigen

Infrastruktur: Verkehr und Transport

1 **Überfall auf Reisende.** Gemälde von Philips Wouwerman, um 1650/60.

Kiepe

Sänfte

Vinaigrette

Wenn einer eine Reise tut …

Die Lust am Reisen und Entdecken nahm in den Kreisen des Adels im 17. und 18. Jahrhundert zwar zu, aber der Reisende musste viele Strapazen in Kauf nehmen um an sein Ziel zu gelangen. Berühmte Reiseziele für Adlige, die gern Europa kennen lernen wollten, waren Paris und London im Westen, Wien und Sankt Petersburg im Osten, Rom, Venedig, Florenz und sogar Neapel im Süden.

1 *Sucht die angegebenen Städte auf einer Karte. Ermittelt jeweils die Entfernung zwischen München und dem Reiseziel, z. B. München – Wien ca. 450 km.*

Zahlreiche Reiseberichte wurden über die Erlebnisse und Gefahren von Reisenden geschrieben.

Q1 Ein Mann namens Steube berichtete von einer Reise in einem offenen Wagen in die Walachei im 18. Jahrhundert:

… Wir waren nämlich kaum aus dem Gebirge in die … Ebene gekommen, als neuerdings ein … starker Regenguss herabfiel und uns nötigte unter den Wagen zu kriechen. Aber auch hier konnte ich mich nicht lange halten, denn das Wasser kam so stark den Weg herabgeschossen, dass es den Wagen fortzuschwemmen drohte. Da ich auch sah, dass die vor mir liegende Brücke mit fortgerissen wurde, so war guter Rat teuer … (Als wir zurück zum Gebirge fahren wollten,) fanden wir den Weg schon hin und wieder mit fortgerollten Steinen, Sand und Kies angefüllt … und kaum waren wir hinüber, so löste sich eine ganze Masse oben vom Gebirge los und bedeckte mit großem Geprassel eine ziemliche Strecke Weg, so dass uns einige Minuten Verzug das Leben gekostet haben würden … Den Tag darauf mussten wir im Wirtshaus liegen bleiben, weil die Brücken erst gemacht und die Wege aufgeräumt werden mussten …

2 *Zählt mögliche Gefahren einer Reise in der Barockzeit auf. Beachtet dabei die Abbildung 1 und Q 1.*

Verkehrsmittel

Als Verkehrsmittel standen Kutschen und Schiffe zur Verfügung. Zum Transport von Handelswaren und landwirtschaftlichen Produkten wurden Pferdefuhrwerke, Boote, Fähren, Lastkähne und Flöße eingesetzt. Privatunternehmen besorgten den Gütertransport. So genannte Frächter (von Fracht) arbeiteten mit hohem Risiko, verdienten aber sehr gut. Über kurze Strecken wurden kleinere Lasten auch auf dem Kopf oder in Kiepen auf dem Rücken getragen.

3 *Fertigt eine Liste der genannten Transport- und Reisemöglichkeiten an. Stellt ihnen die modernen Entsprechungen gegenüber.*

Infrastruktur: Verkehr und Transport

2 Westdeutsche Flusslandschaft mit Lastschiffen. Zeichnung von Christian Georg Schütz.

Reisegeschwindigkeiten

Regen, Schnee und Stürme verlangsamten das Reisen zu Land und zu Wasser erheblich. Unter diesen Bedingungen kam ein Schiff pro Tag etwa 19 km weit. Eine Kutsche schaffte auf einer sumpfigen Landstraße zwischen 8 und 18 km am Tag. Unter günstigen Witterungsbedingungen waren zu Wasser Distanzen von 40 bis 50 km und zu Land von etwa 30 km möglich. Rastzeiten für die Pferde trugen neben dem schlechten Zustand der Wege und Naturstraßen zu dieser niedrigen Reisegeschwindigkeit bei. Um 1750 entwickelte der französische Ingenieur Tresaquet ein dreischichtiges Straßenmodell: unten ein Fundament, darüber Schotter, oben kleine harte Pflastersteine. Diese Erfindung setzte sich im Straßenbau langsam durch und brachte große Erleichterung und Beschleunigung im Reiseverkehr und beim Gütertransport.

4 *Findet heraus, wie hoch die heutige durchschnittliche Reisegeschwindigkeit bei Bussen, Bahnen und Schiffen ist.*

Unterkunft und Verpflegung

Auch beim Rasten mussten die Reisenden viele Entbehrungen auf sich nehmen. Nachdem sie in den offenen oder geschlossenen Kutschen kräftig durchgeschüttelt worden waren und unter der Hitze oder Kälte gelitten hatten, waren die Gasthäuser an den Verkehrswegen wenig komfortabel.

Q2 Lady Montagu reiste im 18. Jahrhundert quer durch Europa und berichtete von ihren Erfahrungen in Briefen und Reiseberichten. In Böhmen erlebte sie Folgendes:

… Die Dörfer sehen ganz arm aus, die Nachtquartiere sind elend: Sauberes Stroh und klares Wasser sind rare Güter und nicht überall zu finden. Bequeme Einrichtungen braucht man sich nirgendwo zu erhoffen …

Die unbequemen Schlafstellen im Stroh oder in schmutzigen Gasthausstuben versuchten wohlhabende Reisende dadurch zu umgehen, dass sie ein eigenes Reisebett, manchmal sogar einen Klapptisch und Stuhl mitnahmen. Oft waren die Speisen in den Gasthäusern sehr schlecht und mangelnde Waschgelegenheiten gehörten ebenso zu den unangenehmen Erlebnissen auf Reisen.

Q3 Lady Montagu über das Reisen mit dem Schiff:

… Man findet in ihnen alle Annehmlichkeiten eines Palastes: Öfen in den Schlafkabinen, Küchen und so fort. Die Schiffe werden von je zwölf Mann gerudert und gleiten unglaublich sanft dahin, so dass man innerhalb eines Tages in den Genuss vieler verschiedenartiger Landschaftszüge kommt …

5 *Fasst zusammen, mit welchen Unannehmlichkeiten ein Reisender rechnen musste.*

6 *Welche Vorteile hatte laut Lady Montagu eine Schiffsreise?*

Zum Vergleich: 1995 wurden in Deutschland 53 Mrd. Personen und 4,7 Mrd. Tonnen Güter befördert auf 640 000 km Straßen, 43 600 km Schienen, über 7000 km Bundeswasserstraßen.

Information und Bildung

1 **Posthausschild von Ponholz bei Regensburg.** Als Symbol für den kaiserlichen Schutz ließ der Generalpostmeister von Thurn und Taxis die Poststationen mit entsprechenden Schildern kennzeichnen. Die Erinnerung an die Posttradition ist noch heute in vielen Gasthofnamen erhalten.

Postillion

Thurn und Taxis*:
Aus der Lombardei stammende Adelsfamilie; stellte seit 1615 den erblichen Reichspostgeneralrat, erhielt 1695 den Titel Reichsfürsten und lebt seit 1743 in Regensburg. 1867 musste sie die gesamte Postorganisation an den preußischen Staat abtreten.

Die Informationsgesellschaft der Barockzeit

Die Menge und die Art der Verbreitung von Informationen haben sich in den letzten 400 Jahren stark verändert. Einige Wurzeln unserer modernen Informationsgesellschaft liegen im 16. bis 18. Jahrhundert.
1609 erschienen in Wolfenbüttel und in Straßburg die ersten Zeitungen. 1650 folgte Leipzig mit den „Einkommenden Nachrichten", der ersten Tageszeitung. Als Ergänzung zu diesen informierenden Blättern gab es ab 1720 so genannte Intelligenzblätter. Sie enthielten Bekanntmachungen verschiedener Verwaltungsbehörden, Inserate über An- und Verkäufe und auch Stellenanzeigen. Außerdem beinhalteten sie unterhaltsame und belehrende kleine Beiträge.
Als Vorläufer der Illustrierten waren die Bilderbögen sehr beliebt. Der Leser konnte sich mit ihnen über verschiedene Weltereignisse, die neueste Mode oder Feiern in der Heimatregion informieren. Wie in einem Comic wurden Ereignisse, Personen und alltägliche Situationen mit kleinen bunten Bildern illustriert. Ergänzt wurden die Bilderbögen oft durch kurze Texte.
Im 18. Jahrhundert wuchs auch der Wunsch das vorhandene Wissen in Büchern, so genannte Enzyklopädien, zu sammeln und anschaulich darzustellen. Eine mehrbändige Enzyklopädie wurde in Frankreich herausgegeben (siehe S. 79).
Astronomische Jahrbücher erschienen seit dem 16. Jahrhundert. Nach und nach wurden sie durch praktische Notizen und literarische Beiträge bereichert und sorgten so für Information auf kulturellem Gebiet.

Das Postwesen

Die Entwicklung des Postwesens in Deutschland ist eng mit dem Fürstenhaus Thurn und Taxis* verbunden. Die Familie stammt aus der Lombardei, übersiedelte später nach Frankfurt am Main und kam schließlich an den Sitz des Immerwährenden Reichstages nach Regensburg.
Franz von Taxis (1459–1517) richtete die erste durch Deutschland führende Postlinie von Innsbruck nach Mechelen (Belgien) ein. Weitere Linien folgten und 1579 erklärte Kaiser Rudolf II. die Post zu einem kaiserlichen Hoheitsrecht (Regal). Das Prinzip des Postwesens war, berittene Boten entlang der festgelegten Routen von einer Poststation zur nächsten zu schicken, die Briefe zu sammeln und an den Bestimmungsort zu transportieren. Um den Transport zu beschleunigen tauschten die Boten an den Poststationen die Pferde aus oder übergaben die Post einem ausgeruhten Boten, der sie bis zur nächsten Station transportierte. Der Abstand zwischen den Stationen betrug anfänglich 23, später 15 km. Tag und Nacht waren die Stationen geöffnet. 1516 benötigte man für den Brieftransport von Brüssel nach Innsbruck (880 km) 5 bis 6 Tage.

1 Fertigt eine Übersicht mit den im 17. und 18. Jahrhundert üblichen Informationsquellen an und beschreibt kurz ihre Inhalte.
2 Vergleicht die früheren mit den heutigen Möglichkeiten sich zu informieren (Art, Menge, Inhalt, Verbreitung).
3 Beschreibt die Abbildung 1.

Information und Bildung

Wissen ist Macht ...

Für viele waren die neuen Informationsmöglichkeiten nutzlos. Im 16. Jahrhundert konnten nämlich schätzungsweise nur 5 bis 20 Prozent der Bevölkerung lesen, in den Städten waren es etwa 25 bis 35 Prozent. Hier gab es verschiedene Schulen: Klosterschulen, Stiftschulen, Jesuitenkollegien, Lateinschulen, muttersprachliche Schreib- und Rechenschulen, Elementarschulen*, Realschulen* und Gymnasien.

Mit der neuen Wirtschaftsform des Merkantilismus und dem Entstehen des Beamtentums wuchs seit dem 17. Jahrhundert der Bedarf an geschulten Arbeitskräften. Bis zur Einführung der allgemeinen Schulpflicht und einer soliden Grundausbildung für alle (Lesen, Schreiben, Rechnen) vergingen allerdings noch mehr als 100 Jahre.

4 Erklärt, warum gerade auf dem Land Eltern ihre Kinder im Sommer nicht zur Schule schickten.

5 Beschreibt, wie das Schulsystem in Bayern heute aufgebaut ist.

2 Unterricht in einer einklassigen Dorfschule.

Die Lehrerausbildung

Adlige und reiche Bürger stellten oft private Hofmeister an, die ihre Kinder unterrichteten und auf den Besuch einer Universität vorbereiteten. Erst um 1800 begann sich eine allgemeine Lehrerausbildung durchzusetzen. Zuvor konnte Lehrer werden, wer sich einer Prüfung über sein Allgemeinwissen unterzog.

Q1 Aus einem Protokoll über die Auswahl eines Dorfschullehrers in Pommern, 1729. Von fünf Kandidaten (Schuster, Weber, Schneider, Kesselflicker, Unteroffizier) legte der 50 Jahre alte Weber die Prüfung am besten ab:

... Hat gesungen: a) O Mensch, beweine dein ...; b) Zeuch ein zu deinen Thoren ...; c) Wer nur den lieben Gott lässt ...; Doch Melodie ging ab in viele andere Lieder; Stimme sollte stärker sein, quekte mehrmalen ... Gelesen Josua 19, 1–7 mit 10 Lesefehlern, buchstabirte Josua 18, 23–26 ohne Fehler. Dreierlei Handschrift gelesen – schwach und mit Stocken; drei Fragen aus dem Verstand, hierin gab er Satisfaction. Aus dem Catech. den Dekalog und die 41. Frage recitirt ohne Fehler; dictando drei Reihen geschrieben – fünf Fehler; des Rechnens auch nicht kundig ...

6 „Übersetzt" die Quelle in modernes Deutsch. Fasst zusammen, welche Anforderungen ein Lehrer erfüllen musste. Stellt Vermutungen über die Qualität seines Unterrichts an.

Der Unterricht

Kirchliche und städtische Schulen hatten festangestellte Lehrer. In vielen Dörfern erteilten der Mesner oder der Organist den Unterricht. Die Eltern zahlten Schulgeld und meist auch mit Lebensmitteln, da das Einkommen des Schulmeisters oft keine ausreichende Lebensgrundlage bildete.

Der Unterricht bestand aus dem Nachsprechen vorgetragener Textstellen, Vokabeln oder Grammatikformen. Einfache Rechenaufgaben wurden im Kopf oder schriftlich gelöst. Schulbücher gab es in Dorfschulen kaum. Die Prügelstrafe war an den Schulen üblich.*

7 Beschreibt die Unterrichtsszene in Abbildung 2.

---

*Elementarunterricht** wurde in Schreiben, Rechnen, Religion und Gesang erteilt.

Realschule*: Pfarrer Christoph Semler gründete 1706 in Halle an der Saale (heute Sachsen-Anhalt) die erste deutsche Realschule.

Als **Strafen*** üblich: Scheitel- oder Erbsenknien, auf dem Esel oder in der Schandbank sitzen, Stock- oder Peitschenhiebe.

Fundgrube:
Besuch in einem bayerischen Schulmuseum (Ichenhausen, Nürnberg, Bayreuth, Sulzbach-Rosenberg u. a.)
http://www.museen-in-bayern.de

Rechtfindung und -vollstreckung

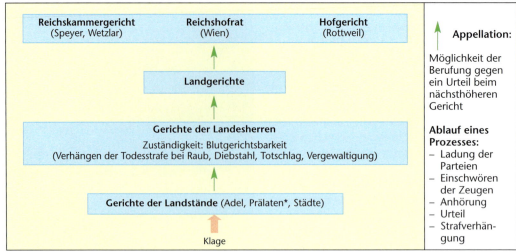

1 Der Weg durch die Instanzen.

Prälat*: *Geistlicher Würdenträger.*

Der Weg zum Gesetz

Das Jahr 1495 bildete im Heiligen Römischen Reich Deutscher Nation einen Meilenstein in der Rechtsgeschichte (siehe Bd. 7, S. 168). Der „Ewige Landfriede" wurde beschlossen und damit das Fehderecht abgeschafft. Das Ziel des Kaisers war es, Recht durch Frieden zu schaffen. Im selben Jahr setzten sich die Reichsfürsten gegen den Kaiser durch und erstritten die Gründung des Reichskammergerichts. Es war das oberste Gericht des Reichs.

Um ein Reichsgesetz zu verabschieden war folgender Ablauf erforderlich:
1. Ein Gesetzesvorschlag wurde im Reichssaal vor den versammelten Reichsständen (ca. 200) durch den Erzkanzler (Erzbischof von Mainz) verlesen.
2. Anschließend wurde der Vorschlag in den drei Kollegien des Reichstags (Gesandte der Kurfürsten, Vertreter der Fürsten und Prälaten, Delegierte der Reichsstädte) getrennt beraten (siehe S. 27). In religiösen Fragen stimmten Katholiken und Protestanten getrennt ab.
3. Die Kollegien beschlossen einstimmig oder mehrheitlich die Annahme oder Ablehnung des Vorschlags.
4. Der Beschluss der Kollegien wurde dem Kaiser vorgelegt und durchgeführt.

Die Verhandlungen in den Kollegien waren oft langwierig. Bei mehrheitlicher Entscheidung konnten zwei Kollegien das dritte Kollegium überstimmen.

1 Überlegt, welche Kollegien häufig einen einheitlichen Standpunkt vertreten haben werden.

2 Denkt darüber nach, welche Probleme es bei der Umsetzung der beschlossenen Gesetze gegeben haben wird.

Die Prozessordnung

Wer sprach Recht? Natürlich ein Richter. Allerdings war die Ausbildung der Richter oft mangelhaft. Nur beim Reichskammergericht gab es Richter, die eine Prüfung abgelegt hatten. Im 16. Jahrhundert begann man mit der Veröffentlichung von Gesetzessammlungen und Gerichtsordnungen. Bei Prozessen wurde genau Protokoll geführt. Somit konnte man bei Klagen gegen ein gefälltes Urteil beim nächsthöheren Gericht den Urteilsspruch nachvollziehen und mögliche Fehler aufzeigen. Der Ablauf eines Gerichtsverfahrens war genau festgeschrieben. Die Frage, welches Gericht für welchen Streitfall zuständig war, wurde ebenfalls geregelt.

3 Erklärt, warum diese Regelungen so wichtig waren.

4 Was war damals mit dem Ausspruch „sich durch alle Instanzen klagen" gemeint? Beachtet das Schema 1.

Rechtfindung und -vollstreckung

Justitia* im Reich und in Bayern

Allgemeine Rechtsgrundlagen waren das Römische oder Gemeine Recht, das seit dem 6. Jahrhundert Bestand hatte, das Reichsrecht und das Landesrecht. Neu waren der Beruf des Notars, der Einsatz der Folter als Mittel ein Geständnis zu erhalten und die Einrichtung von Gefängnissen. Vorher gab es nur die Fronfesten*, wo ein Angeklagter bis zum Urteilsspruch aufbewahrt wurde.

Bayern ging in Fragen der Rechtsprechung einen Sonderweg. Weil 1582 ein Richter aus Eisenhofen vor dem Reichskammergericht Recht in einem langen Prozess gegen Herzog Albrecht von Bayern erhalten hatte, wurde ab 1620 der Einfluss des Reichskammergerichts in Bayern ausgeschaltet. Bayern schuf stattdessen ein eigenes Revisionsgericht.

Bayern verfügte seit Beginn des 16. Jahrhunderts über eine sehr umfangreiche und gedruckte Landesgesetzgebung, die ständig ausgebaut und zum Vorbild für andere Länder wurde.

Strafen

Für „Malefiz"* (Raub, Diebstahl, Totschlag, Vergewaltigung) wurde die Todesstrafe verhängt. Sie wurde durch Erhängen, Köpfen oder Rädern vollzogen. Die übliche Strafe für so genannte Hexen war meist Verbrennen auf dem Scheiterhaufen.

Wenn in Krisenzeiten (Kriege, Hungersnöte) Sitte und Moral abnahmen, wurden zur Abschreckung Strafen bei Gotteslästerung und übermäßigem Alkoholgenuss („Zutrinken") verhängt. Ein des Ehebruchs überführter verheirateter Mann wurde eingesperrt, erhielt nur Wasser und Brot und musste an drei Sonntagen im Halseisen vor der Kirche stehen. Vermögende Männer zahlten dagegen nur eine Geldstrafe. Im Wiederholungsfall erfolgte der Verweis aus dem Land oder sogar die Todesstrafe. Zänkischen Frauen wurde eine so genannte Halsgeige umgelegt. Eine häufig verhängte Strafe war es, überführte Täter öffentlich zur Schau zu stellen: Sie wurden an den Pranger* gestellt und so dem Gespött der Allgemeinheit preisgegeben.

2 Sitzung des Zentgerichts* Memmelsdorf im Hochstift Bamberg, 1594. Die Zentgerichte waren sowohl für Zivil- als auch für Strafsachen zuständig.

Nach ihrer Entlassung herumziehenden Soldaten, Vagabunden und Bettlern drohte seit dem 16. Jahrhundert die Freiheitsstrafe. Sie wurden ins Gefängnis gesteckt und zu Arbeiten herangezogen, z. B. zum Bau von Festungsanlagen. Auch der Verkauf als Galeerensklaven an die Seerepubliken Venedig und Genua war möglich.

5 Beschreibt die Abbildung 2 und versucht herauszufinden, wer an dem Prozess beteiligt ist.

6 Absicht der Bestrafung heute ist es, dass die Strafe zur Umerziehung und Besserung des Straffälligen beitragen soll. Welche Absicht verfolgte dagegen die Bestrafung im 17. und 18. Jahrhundert?

Zentgericht:* Seit dem Mittelalter Gericht für die niedere, teilweise aber auch Blutgerichtsbarkeit unter dem Vorsitz des Zentgrafen.

Justitia:* Altrömische Göttin, Symbolfigur der Gerechtigkeit mit den Attributen Ölzweig, Zepter, Waage, Schwert, verbundene Augen oder Füllhorn.

Fronfesten:* Orte zur Verwahrung von Leuten, die der „Malefiz" angeklagt wurden. Dort wurden auch Folterungen vorgenommen. Zucht- und Arbeitshäuser entstanden zuerst in Amsterdam. „Faule und liederliche Weibspersonen" wurden im „Spinnhaus" untergebracht.

Malefiz:* Missetat, Verbrechen.

Pranger:* Schandpfahl aus Stein oder Holz, an dem Verbrecher zur Schau gestellt wurden.

1775 wurde die letzte Hexe in Bayern verbrannt. Sie hieß Anna Schwegelin und starb in Kempten auf dem Scheiterhaufen.

Leben in Kriegs- und Notzeiten

Nach dem Dreißigjährigen Krieg (1618 bis 1648) dauerte die Phase des Friedens und des Wiederaufbaus in Bayern nur ein paar Jahrzehnte. Zuerst waren die hochtrabenden Pläne des ehrgeizigen Kurfürsten Max Emanuel (1679 bis 1726) der Grund dafür, dass wieder Not und Elend herrschten. Der Widerstand der bayerischen Bauern gegen die österreichischen Besatzer endete in einer Katastrophe.

Sein Sohn, Kurfürst Karl Albrecht (1726 bis 1745), trieb Bayern etwa 30 Jahre später wieder in einen Krieg, der Plünderungen, Zerstörungen und Verwüstungen sowie Gewalt gegen Zivilpersonen mit sich brachte.

Nicht nur Kriege, auch Missernten, bedingt durch schlechtes Wetter, sorgten für große Hungersnöte und Verzweiflung unter der Bevölkerung.

Auf den folgenden Seiten bekommt ihr einen Einblick in das Leben während Kriegs- und Notzeiten anhand der ostbayerischen Stadt Cham. Gerade Ostbayern hatte im 18. Jahrhundert unter Kriegszügen sehr stark zu leiden.

Der Spanische Erbfolgekrieg

Der bayerische Kurfürst Max Emanuel hatte sich in den Türkenkriegen um die Habsburger verdient gemacht, deshalb gab ihm Kaiser Leopold I. seine Tochter Maria Antonia zur Frau. Da der spanische König Karl II. kinderlos war, erhoben schon zu seinen Lebzeiten König Ludwig XIV. von Frankreich, der mit einer Schwester Karls II. verheiratet war, sowie auch Kaiser Leopold selbst, der dieselbe verwandtschaftliche Beziehung hatte, Anspruch auf das spanische Erbe. Um eine Teilung Spaniens zu verhindern entschied sich Karl II. dafür, seinen Großneffen Josef Ferdinand, den Sohn Max Emanuels, zu seinem Erben einzusetzen. Doch Josef Ferdinand starb schon 1699 im Alter von sechs Jahren und ein Jahr später folgte ihm der spanische König nach. In seinem Testament fand sich die für die Habsburger unerwartete Bestimmung, dass der Enkel Ludwigs XIV., Philipp von Anjou, König von Spanien werden sollte. Gegen diese Lösung erhob sich Widerstand. Österreich, England und die Spanischen Niederlande schlossen sich 1701 gegen Frankreich zusammen. Von den deutschen Ständen traten nur die bayerischen Wittelsbacher an die Seite Frankreichs. 1704 schlug das englisch-österreichische Heer die bayerisch-französische Armee und Max Emanuel floh nach Frankreich. Bayern wurde vollständig von den Österreichern besetzt und es begann eine Gräuelherrschaft. Man hat ausgerechnet, dass die Österreicher jeden zehnten Einwohner Bayerns damals zum Galgen schleppten. Der österreichische Statthalter Max von Löwenstein-Wertheim berichtete nach Wien: „Man hat die Jungen mit Weib und Kind genauso gehängt wie die Alten." Die österreichische Armee schändete die Frauen und raubte Nahrung und Kleidung. Der Historiker Rudolf Reiser schreibt: „Zeitweise ist ein trockenes Stück Brot ein Luxusartikel, eine Bettelsuppe von den Klöstern ein Herrenmahl." Daneben erlegten die kaiserlich-österreichischen Truppen der bayerischen Bevölkerung ungeheuer hohe Steuern auf und verlangten kostenloses Quartier und Verpflegung sowie alle möglichen Hilfsdienste von den Bauern. Kaiser Joseph I., der 1705 an die Regierung gekommen war, befahl zudem, dass 12 000 Männer aus Bayern für den Dienst im österreichischen Heer ausgehoben werden sollten. Aus all diesen Gründen kam es zum offenen Widerstand der Bevölkerung, vor allem der Bauern, gegen die österreichischen Besatzer. „Lieber bayerisch sterben, als in des Kaisers Unfug verderben!" lautete der Leitspruch.

Die Ereignisse in Cham

Nach der Besetzung Chams durch die Österreicher 1703 musste die Stadt sofort 20 000 Gulden Brandschatzung und 15 000 Gulden Kriegssteuer zahlen, wodurch der Ort verarmte. Zudem diente die Stadt den kaiserlichen Truppen als Winter- und Erholungsquartier. Im Winter 1704/05 wurden 374 Soldaten einquartiert und mussten versorgt werden. Diese Soldaten blieben bis zum Mai 1705. Sie hatten über die vorgeschriebenen Verpflegungssätze hinaus von der Bevölkerung noch Geld erpresst. Vom Januar bis zum April marschierten dreimal Truppen durch Cham, die ebenfalls in der Stadt zusätzlich Quartier nah-

Der Spanische Erbfolgekrieg

1 **Belagerung der Stadt Cham durch die kaiserlichen Truppen 1706.** Kupferstich von Johann Lorenz Höning.

men. Im Juni und Juli folgten noch zwei weitere Einquartierungen. Alle Pferde mussten den kaiserlichen Truppen zur Musterung vorgeführt werden und die tauglichen zog die kaiserliche Reiterei ein. Im September 1705 kam die Forderung, dass das Gericht Cham 53 Rekruten für die Armee des Kaisers zu stellen habe. Doch nur sechs Mann konnten gegen ein hohes Handgeld dazu veranlasst werden. Daraufhin drohte die kaiserliche Verwaltung in Straubing mit militärischen Maßnahmen. Als Reaktion auf die Rekrutenaushebungen gab es in manchen Orten der Oberpfalz Unruhen und ab November 1705 hatte sich der Aufstand gegen die österreichische Besatzung nach Nieder- und Oberbayern ausgebreitet.

Für Cham spielte der Pfarrer von Oberviechtach, Florian Sigmund Maximilian Miller von Altammerthal und Fronhofen, die Hauptrolle. Diese schillernde Persönlichkeit kam Anfang Dezember 1705 in Kontakt mit Aufständischen in Niederbayern und er warb dort Männer für seine Erhebung an. Manche von ihnen besaßen eine Flinte, andere waren nur mit langen Messern, Mistgabeln, Schweinsspießen, Hacken oder großen Stecken bewaffnet. In Regen stieß der Chamer Wirt „Zum blauen Fürtuch", Adam Schmidt, zu Miller. Er wurde bald Stellvertreter Millers. In Cham war die kaiserliche Besatzung nur 68 Mann stark und die Aufständischen waren zahlenmäßig weit überlegen. Nach der Einnahme der Stadt sollte von dort aus der Aufstand auf die Oberpfalz ausgedehnt werden. In der Nacht vom 30. zum 31. Dezember stiegen etwa 100 Aufständische durch ein aufgebrochenes Fenster ins Weißbierbrauhaus, das einen Teil der Stadtmauer einnahm. Die kaiserlichen Soldaten hatten sich versteckt. Schmidt nahm den noch schlafenden österreichischen Kommandanten gefangen, öffnete das Stadttor und ließ die restlichen Aufständischen herein. Die österreichischen Soldaten wurden aufgespürt und eingesperrt. Von der kaiserlichen Verwaltung wurde Oberst d'Arnan beauftragt Cham zurückzuerobern. Etwa am 12. Januar 1706 stand dieser mit seinen Truppen vor Cham. Von den überlegenen Waffen der kaiserlichen Armee beeindruckt wurde am 16. Januar der Übergabevertrag geschlossen, in dem d'Arnan der Besatzung am nächsten Tag freien Abzug in Waffen zugesichert hatte.

Der versprochene freie Abzug wurde aber nicht eingehalten. Der Vizekommandant Schmidt und der Kriegskommissär Gulder wurden geköpft und anschließend zur Abschreckung anderer geviertelt. Pfarrer Miller wurde dem Hochstift Regensburg zur Aburteilung übergeben.

Als Strafe für den Bauernaufstand blieb eine größere österreichische Besatzung mit 150 Pferden bis 1715 in Cham. Die Chamer hatten unter der Härte der Österreicher und deren Verwaltung sehr zu leiden.

Oberst Trenck und die Panduren

Der Österreichische Erbfolgekrieg
Als Kaiser Karl VI. (1711–1740) ohne männlichen Nachkommen starb, sah Karl Albrecht von Bayern, Sohn Max Emanuels und verheiratet mit einer Tochter des vorherigen Kaisers Joseph I. (1705–1711), seine Chance gekommen selbst Kaiser zu werden. Karl hatte zwar seine Tochter Maria Theresia zur Kaiserin ernannt, doch Karl Albrecht erhob Anspruch auf das habsburgische Erbe. Mit der finanziellen Unterstützung des spanischen und des französischen Königs stellte er eine Armee auf, besetzte Oberösterreich und marschierte auf Drängen Frankreichs nicht nach Wien, sondern nach Prag, wo er im Dezember 1741 zum König von Böhmen ausgerufen wurde. Einen Monat später wurde er zum Entsetzen der Habsburger von den deutschen Kurfürsten zum Kaiser gewählt. Während am 12. Februar 1742 in Frankfurt die Krönung vollzogen wurde, rückte die österreichische Armee in Bayern ein. Maria Theresia hatte die Unterstützung Ungarns gewonnen und gab den Befehl Bayern zu verwüsten. Wieder einmal wurden in Bayern Männer misshandelt und ermordet, Frauen vergewaltigt, Kinder entführt und Orte in Brand gesteckt. Da Karl Albrecht von den Franzosen im Stich gelassen wurde, musste er in Frankfurt bleiben, wo er von den milden Gaben dortiger Bürger lebte. Erst im Oktober 1744 zogen die Österreicher ihre Soldaten aus Bayern ab, da sie alle Kraft im Krieg gegen Preußen brauchten. Karl Albrecht konnte nach München zurückkehren und herrschte vom Leben enttäuscht noch 91 Tage bis zu seinem Tod. Der wittelsbachische Größenwahn, der über Bayern viel Leid gebracht hatte, war zu Ende.

Die Ereignisse in Cham
Am 4. September 1742 erschien der berüchtigte Pandurenoberst Trenck vor den Toren Chams. Bis zum 9. September verhandelte er mit dem bayerischen Kommandanten, bis an diesem Tag ein Chamer Bürger einen übermütigen Panduren niederschoss. Daraufhin begann die Beschießung Chams.

Q1 Von diesem Ereignis und seinen Folgen berichtet ein Augenzeuge:
… Da die meisten Häuser mit Schindeln gedeckt waren, so stand bald alles in Flammen. Das Geschrei der Menschen mischte sich mit dem Brüllen des losgelassenen Viehs, das auf den Straßen wütend umherrannte. In dieser Notsituation ergriff meine Mutter ihre auf mehrere Tausend Gulden belaufenden Kapitalscheine nebst ihrem Geldbeutel, welcher an Gold und Silber über 2000 Gulden enthielt, und versteckte alles unter dem Mieder. Dann raffte sie, während das Hausdach schon hellauf brannte, all ihr Silbergeschmeide, die Gabeln und überhaupt das ganze Service auf 12 Personen geschwind zusammen und wollte mit uns drei unmündigen Söhnen zum Haus hinaus. „Was tust du", rief mein noch nicht ganz verwirrter Stiefvater, „willst du den Panduren diesen Silberpack selbst entgegentragen?" Er riss den nur überbretterten tiefen Brunnen auf und warf den großen Silberpack in die Brunnenquelle. Dann nahm unsere Mutter meinen noch nicht sechs Jahre alten Bruder auf den Rücken, mich dagegen der Stiefvater und die ältere, etwa 19 Jahre alte Stiefschwester führte meinen neun Jahre alten Bruder bei der Hand. Als wir zum Fleischtor kamen, war dieses verschlossen. Der Stadtkommandant rief höchst ängstlich meinem Stiefvater zu: „Um Gottes Willen, was fangen wir denn an, wenn wir nicht zum Tor hinaus können? Wir müssen allesamt durch die herabfallenden Feuerbrände zu Grunde gehen!" Der Stiefvater erwiderte: „Na, so haut und sprengt die Torpforte mit Gewalt ein!" Als auf solche Art das Tor geöffnet wurde, erwarteten uns bereits die Panduren auf beiden Seiten des Brückengeländers und harrten wie hungrige Löwen auf Beute; es mussten daher alle Leute, jung und alt, nahe bei ihnen vorbeigehen und sich visitieren lassen. Dies versetzte die Mutter in größten Schrecken, doch kam sie glücklich durch … Wenige Schritte vor uns saß Oberst Trenck zu Pferd, umgeben von seiner ganzen Truppenabteilung, die eher Türken als regulären Soldaten gleichsah. Sie hatten nackte Füße mit Sandalen und Rie-

Der Österreichische Erbfolgekrieg

men umwunden; der Leib war mit einer Schärpe, worin zwei Pistolen und zwei große Mordmesser steckten, umgurtet. Auf der linken Seite hing eine mehr einem breiten Henkersschwert als einem militärischen Säbel ähnliche Waffe und eine Patronentasche und mit der rechten Hand hielten sie ein langes Schießgewehr. Kurz, sie hatten ein äußerst wildes und fürchterliches Aussehen. Unser Stadtkommandant marschierte mit seiner Garnison herüber. Er eilte zum Oberst Trenck und redete mit ihm einige Worte in der Stille. Und nun siehe! Unser Kommandant rief der Garnison zu: „Grenadiere, steckt das Gewehr ab und entwaffnet euch!" „Was ist das?", schrie der Grenadieroberleutnant Duri, „Verräterei!" und im nämlichen Augenblicke sprang er mit bloßem Degen auf unseren Kommandanten los. Allein ebenso bald fielen eine Menge Panduren mit ihren Schwertern über unseren unglücklichen Duri her, zerspalteten ihm den Kopf, dass uns sein Blut und Gehirn ins Gesicht spritzte, und hieben ihn vor unseren Augen in Stücke zusammen, worauf unser Kommandant noch mal sein „Gewehr ab!" den Grenadieren hitzig zuschrie, welche endlich im heftigsten Unwillen und Ärger ihre Flinten und Säbel größtenteils in den Regenfluss warfen und sich endlich als Gefangene ergaben. Wir wurden auf eine grüne Wiese getrieben, allwo wir die brennende, prasselnde Stadt Cham zu unserem Schrecken vor Augen haben mussten. Dort lagen wir müde und erschrocken herum, wohl an die 400 Menschen, umgeben von zähnefletschenden Panduren ... Allgemeines Heulen, Schreien und Weinen, dass die Luft erbebte, erhob sich nun von allen Seiten, so dass selbst mein fester Stiefvater anfing kleinmütig zu werden. Er sagte: „Es ist das Beste, dass die Frauen mit ihren Kindern zu Baron Trenck eilen und ihn fußfällig bitten, dass er uns wenigstens unser armseliges Leben schenken möge." Da wir also wie vor einem Gott auf Knien lagen und mit lautem Weinen und Jammern um Gnade baten, rief Trenck: „Ihr Narren! Ich bin ja da, euch zu beschützen! Wäre ich nicht hier, so würde es euch von meinen Leuten sehr schlimm ergehen!" „Aber warum", erwiderten einige hinter uns stehende Männer, „umringt man uns denn mit so vielem fürchterlichen Militär?" „Dies geschieht darum", sagte er, „indem ich weiß, dass mehrere von euch Gründe und Höfe besitzen, von welch allen ich morgen die Brandsteuer einkassieren lassen werde." Überaus froh kehrten wir zu der Menge zurück ...

1 Ein Pandur. Kupferstich von Martin Engelbrecht.

Trenck machte insgesamt 700 Gefangene, die, mit dem Nötigsten versehen, auf der Donau zum Teil nach Ungarn und zum Teil sogar nach Slawonien gebracht wurden, wo sie bis 1745 gefangen waren. Als der Pandurenführer seine Truppen verließ um General Khevenhüller Bericht zu erstatten, drangen die Panduren in die Stadt ein und plünderten, was sie erwischen konnten. Wer sich den Panduren widersetzte oder im Besitz von Schießbedarf angetroffen wurde, musste mit dem Tod rechnen. Die Plünderung dauerte drei Tage und Nächte.

Hungerjahre

Die Hungerjahre 1770 und 1771

Nachfolger Karl Albrechts wurde sein Sohn Maximilian III. Joseph (1745–1777). Er verzichtete auf jegliche Großmachtpolitik und Bayern lebte in Frieden. Um eine Verbesserung der Ernährung zu erreichen förderte er den Kartoffelanbau, doch viele Bauern lehnten diese neue Feldfrucht noch ab. Es mussten erst Hungerjahre kommen, damit sich der Kartoffelanbau durchsetzte. Solche Jahre waren in Bayern 1770 und 1771, als infolge des anhaltenden Regenwetters und der kalten Witterung große Missernten eingetreten waren. Erst im Jahr 1773 brachte eine gute Ernte wieder reichlich Nahrung.

Nachrichten aus Cham

Viele Leute erschienen hilfesuchend auf dem Rathaus und baten weinend um ein Stück Brot, „damit sie nicht des Hungers sterben". Die Leute aßen Wurzeln und Gras. Etliche starben an Hunger, andere wanderten aus. Im Juni 1771 war auch für viel Geld kein Brotgetreide mehr aufzutreiben. In Schärding am Inn konnten einige Fuhren Getreide erworben und so die Not für kurze Zeit gelindert werden. Auch viele vornehme Leute ließen aus Kartoffeln Mehl mahlen und daraus Brot backen. Dazu wurden Kräuter und Brennnesseln gegessen.

1 Auch andere Regionen Bayerns blieben im 18. Jahrhundert vor Kriegen, Zerstörungen und Plünderungen nicht verschont. Weithin bekannt ist die „Sendlinger Mordweihnacht" 1705. Informiert euch mit Hilfe von Lexika, was es damit auf sich hat, und berichtet vor der Klasse.

2 Forscht nach, ob auch in eurer Region im 18. Jahrhundert kriegerische Auseinandersetzungen stattgefunden haben. Geht in die Stadtbücherei und sucht in der Abteilung „Heimatgeschichte" nach der Stadtchronik.

3 Nach der Zerstörung Chams wandte sich Trenck der Stadt Waldmünchen zu, die sich durch eine hohe Geldsumme von der Plünderung und Brandschatzung freikaufen konnte und so einem grausamen Schicksal entging. Heute erinnert an dieses Ereignis alljährlich das Freilicht-Festspiel „Trenck der Pandur vor Waldmünchen". Informiert euch mit Hilfe des Internets über dieses und weitere historische Festspiele in Bayern. Stellt sie in einer Wandzeitung der Klasse vor.

1 Szenen aus dem historischen Freilichtspiel „**Trenck der Pandur vor Waldmünchen**". Jeweils in den Sommermonaten Juli und August wird die wechselvolle Geschichte der Stadt Waldmünchen während der Zeit des Österreichischen Erbfolgekriegs in einem Freilichtspiel lebendig.

Zusammenfassung

Das Barock

Überall in Europa entstanden nach dem Vorbild von Versailles prächtige Schlösser, die die Macht und den Reichtum ihrer Erbauer zeigen sollten. Den Baustil dieser Zeit bezeichnet man als Barock – wegen der unregelmäßigen Formen. Herausragendes Beispiel für diesen neuen Baustil sind u. a. das Schloss Schleißheim bei München oder die Residenz in Würzburg. Als Barock bezeichnet man nicht nur den Baustil, sondern auch den gesamten Lebensstil der gehobenen Bevölkerungsschicht während des Absolutismus: die Kleidung, das Benehmen und die Musik dieser Zeit.

Die Barockzeit war sehr widersprüchlich. Einerseits wollten die Menschen das Leben genießen, andererseits herrschte eine tiefe Frömmigkeit und große Angst vor dem Tod. Pest, Kriege und Krankheiten blieben beängstigende Begleiter der Menschen im 17. und 18. Jahrhundert.

Während die barocken Herrscher in ihren Schlössern rauschende Feste feierten, lebte der Großteil der Bevölkerung in bitterer Armut, konnte weder lesen noch schreiben und war von Grundherren abhängig. Nur langsam konnten die Schäden des Dreißigjährigen Krieges überwunden werden.

Das Interesse an Bildung und Information wuchs, das Postwesen entwickelte sich und Schulen wurden gegründet. Die Möglichkeit, eine Schule oder Universität zu besuchen, blieb aber weitestgehend auf den Adel und das reiche Bürgertum beschränkt.

Bayerische Kurfürsten griffen im 18. Jahrhundert in die europäische Geschichte ein und stürzten sich in kriegerische Auseinandersetzungen. Die Bevölkerung hatte unter Plünderungen, Brandschatzungen, Vergewaltigungen, Truppenaushebungen u. a. zu leiden.

Die Aufklärung

Dichter, Philosophen und Schriftsteller wiesen zu Beginn des 18. Jahrhunderts darauf hin, dass „von Natur aus alle Menschen gleich sind". Sie wollten die Menschen durch Erziehung und Bildung dazu anleiten, die Vernunft richtig zu gebrauchen. Um die Freiheit des Einzelnen zu schützen setzten sie sich für die Gewaltenteilung im Staat ein. Das Zeitalter der Aufklärung hatte begonnen.

Viele Fürsten folgten den Ideen der Aufklärer, wie z. B. der preußische König Friedrich II. (1740–1786). Aber auch die Reformen in Preußen und Bayern am Beginn des 19. Jahrhunderts gehen auf das Gedankengut der Aufklärer zurück.

1600–1750

Schlösser, Parks und Kirchen werden im barocken Stil gebaut.

18. Jahrhundert

Das Interesse an Bildung und Information nimmt zu.

1700–1750

Bayerische Kurfürsten greifen in die europäische Politik ein.

um 1700

Das Zeitalter der Aufklärung beginnt.

Grundlagen der Moderne

Der Engländer James Hargreaves konstruierte 1764 eine Maschine und nannte sie „Spinning Jenny". – Seit dem 18. Jahrhundert haben Millionen Europäer ihre Heimat verlassen um sich in Nordamerika eine neue Existenz aufzubauen. An der Hafeneinfahrt von New York werden sie von der Freiheitsstatue begrüßt. – Am 14. Juli 1789 zogen rund 20 000 bewaffnete Männer und Frauen durch Paris, forderten „Freiheit, Gleichheit, Brüderlichkeit!" und stürmten schließlich das verhasste Staatsgefängnis, die Bastille. – Das anschließende Chaos zu beseitigen, dafür schien ein starker Mann aus Korsika geeignet.
Die Folgen und Auswirkungen dieser Ereignisse sind heute noch spürbar. Sie prägen unser heutiges modernes Leben. Warum das so ist und wie es dazu kam, das erfahrt ihr auf den folgenden Seiten …

Industrielle Anfänge in England

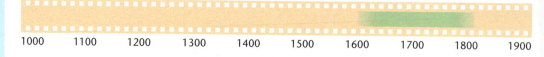

1000 1100 1200 1300 1400 1500 1600 1700 1800 1900

1 Heimarbeiterinnen in England um 1770. Wolle wird zu Garn verarbeitet. Die Fäden werden zunächst auf dem Spinnrad gesponnen und dann auf eine Garnwinde gewickelt. Buchillustration.

Der Engländer Jethro Tull (1674–1741).

Die Sämaschine, die der Engländer Jethro Tull im Jahr 1701 erfand.

Der Wandel beginnt in England

Q1 Friedrich Engels, ein deutscher Fabrikant, schrieb 1845 in seinem Buch über „Die Lage der arbeitenden Klasse in England":

… Vor 60/80 Jahren ein Land wie alle anderen, mit kleinen Städten, wenig und einfacher Industrie und einer verhältnismäßig großen Ackerbaubevölkerung. Und jetzt: Ein Land wie kein anderes, mit einer Hauptstadt von dreieinhalb Millionen Einwohnern, mit großen Fabrikstädten, mit einer Industrie, die die ganze Welt versorgt und die fast alles mit den kompliziertesten Maschinen macht, mit einer fleißigen, intelligenten Bevölkerung, von der zwei Drittel von der Industrie in Anspruch genommen werden und die aus ganz anderen Klassen besteht, ja, die eine ganz andere Nation mit anderen Sitten und Bedürfnissen bildet als damals …

1 Informiert euch in einem Lexikon über das Leben von Friedrich Engels.

Voraussetzungen für den Wandel

Wie hatte es zu diesen raschen Veränderungen kommen können und warum gerade in England? Auf diese Fragen gibt es mehrere Antworten, nämlich:

– Eine wichtige Voraussetzung war die Steigerung der Ernteerträge durch bessere Anbaumethoden und neue Maschinen. So erfand z. B. der Engländer Jethro Tull im Jahr 1701 die Sämaschine, mit der die Körner gleichmäßig in die Erde gesät werden konnten.

– Neue Früchte aus Nordamerika wie die Kartoffel, aber auch Tomaten und Erbsen ergänzten die Versorgungsmöglichkeiten. Bessere Ernährung sowie ein höheres Maß an Sauberkeit und Hygiene in den Haushalten führten zu einem Bevölkerungsanstieg. Zwischen 1700 und 1850 nahm in England die Bevölkerung um das Dreifache zu.

– Je mehr Menschen es gab, desto größer wurde der Bedarf an Kleidung aller Art, vor

Wandel in Wirtschaft und Technik

2 Spinnerin an einer „Spinning Jenny". Kupferstich, um 1775. – Drehte man das Rad, zogen und drehten die Spindeln die Wolle automatisch zu Fäden. Ein Mensch konnte daran so viel Garn spinnen wie acht Leute mit herkömmlichen Spinnrädern.

allem an preisgünstigen Stoffen. Die Garnproduktion der etwa 700 000 Heimarbeiterinnen reichte nicht mehr aus.
- Wegen der großen Nachfrage nach preisgünstigen Stoffen suchten Großhändler und Unternehmer jetzt nach technischen Möglichkeiten, die Produktion zu erhöhen und gleichzeitig preiswerte Waren zu produzieren.
- Technische Erfindungen und die notwendigen Industriebauten kosteten viel Geld. Doch daran herrschte kein Mangel, denn Kaufleute und Adlige hatten im Übersee- und Sklavenhandel große Reichtümer erworben und konnten die Arbeiten von Technikern und Ingenieuren finanzieren.

Innerhalb von nur einer Generation veränderte sich so in England die Arbeitswelt: Von der Heimarbeit, die auch nur in der „Freizeit" ausgeübt werden konnte, kam es jetzt zur Vollarbeitszeit in großen Fabriken* mit oft mehreren hundert Arbeitern und Arbeiterinnen.

2 *Fasst mit eigenen Worten zusammen, warum es zu einer rasanten Entwicklung von Wirtschaft und Technik kam. Schlagt dazu noch einmal auf Seite 46 nach und berücksichtigt die Abbildungen 1 und 2 oben.*

Die „Spinning Jenny"

1733 verbesserte der englische Weber John Kay den Webstuhl durch die Erfindung des „Schnellschützen", einer Vorrichtung, womit der Weber das Weberschiffchen an einer so genannten Peitsche hin- und herschleudern konnte. Dadurch wurde die Webgeschwindigkeit erhöht und die Nachfrage nach Garn noch größer.

Im Jahr 1761 schrieb die „Gesellschaft zur Förderung des Handwerks und der Manufakturen" einen Wettbewerb aus. Fünfzig Pfund Sterling sollte derjenige erhalten, dem die Erfindung einer Maschine gelänge, „die sechs Fäden Wolle, Flachs, Hanf oder Baumwolle gleichzeitig spinnt, sodass nur eine Person zur Bedienung nötig ist". Den Preis gewann schließlich James Hargreaves (1740–1778). Im Jahr 1764 stellte er seine Maschine, die er nach seiner Tochter „Spinning Jenny" nannte, der Öffentlichkeit vor. Mit dem Preisgeld richtete er sich eine kleine Werkstatt ein, die von aufgebrachten Webern und Spinnern der Umgebung jedoch schon bald gewaltsam zerstört wurde.

Einen ganz anderen Weg beschritt Richard Arkwright, der 1769 eine Spinnmaschine mit Walzen entwickelte, zwischen denen Baumwolle so schnell hindurchgezogen wurde, dass Baumwollgarn erzeugt werden konnte.

3 *Die Weber und Spinner rotten sich zusammen um das Haus von Hargreaves zu überfallen. – Was könnten sie gesagt haben?*

Fabrik*
(lat. fabrica = Werkstätte): Großbetrieb mit oft mehreren hundert Arbeitern und Arbeiterinnen und maschineller Fertigung von Erzeugnissen. Der Aufstieg der Fabriken und der Niedergang des Heimgewerbes begann in England 1770 mit der Erfindung der „Spinning Jenny". Die Heimarbeiter mussten sich nun als Lohnarbeiter bei den Fabrikbesitzern verdingen.

Die ersten Kolonisten in Amerika

1 Englische Kolonien in Nordamerika.

1607:
Engländer gründen Jamestown, die erste dauerhafte Siedlung an der Ostküste Nordamerikas.

In dem Buch „Poor Richard's Almanack" beschrieb Benjamin Franklin die Vorstellungen der Puritaner von einem gottgefälligen Leben. In dem Bestseller aus dem Jahr 1733 heißt es unter anderem:

Early to bed and early to rise, makes a man healthy, wealthy and wise.

Well done is better than well said.

A ploughman on his legs is higher than a gentleman on his knee.

At the working man's house hunger looks in, but dares not to enter.

Die Besiedlung durch Europäer

Nachdem Christoph Kolumbus 1492 Amerika entdeckt hatte, unternahmen im folgenden Jahrhundert zahlreiche Seefahrer aus Europa Entdeckungsreisen an die Küste des neuen Kontinents. Die Eroberung und Besiedlung der „Neuen Welt" durch Spanier, Portugiesen, Niederländer, Franzosen und Engländer begann. 1607 gründeten englische Siedler Jamestown, die erste englische Niederlassung in Nordamerika. Die Ureinwohner des Landes, die Indianer, halfen ihnen in der ersten Zeit. Sie überließen ihnen Land und schenkten ihnen Lebensmittel.
Ähnlich war es, als die Engländer an anderen Orten Kolonien anlegten. Das Land, in das die Siedler kamen, war von Indianervölkern besiedelt, die hier Landwirtschaft trieben, jagten und fischten. Von ihnen lernten die Siedler, wie man in dem fremden Erdteil überleben konnte.

Weitere Siedler folgten bald:
– 1620 kamen Puritaner, die ihrer religiösen Überzeugung wegen verfolgt wurden, aus England mit der „Mayflower" nach Amerika und landeten in Plymouth.
– Am Hudson siedelten die Niederländer unter Peter Stuyvesant. Sie kauften 1626 die Insel Ma-na-hat-an (Manhattan = Himmlische Erde) von den Indianern für Glasperlen und rotes Tuch im Wert von 24 Dollar. Die Siedlung erhielt den Namen „Nieuw Amsterdam", von England wurde sie unter dem Namen New York übernommen.
– Vertriebene englische und irische Katholiken gründeten Maryland.
– Angehörige der Sekte der Quäker besiedelten 1682 unter Führung von William Penn das nach ihm benannte „Pennsylvania". William Penn hat seine Glaubenslehre auf zwei Reisen in den Jahren 1671 und 1677 auch in Deutschland verkündet. Eine kleine Quäkergemeinde hatte sich daraufhin u. a. in Krefeld zusammengefunden.
– Der Bericht William Penns über das freie und christliche Leben in Amerika bewog im Jahr 1683 dreizehn Familien in Krefeld die Überfahrt zu wagen. Sie landeten in Philadelphia und gründeten die Siedlung „Germantown".

Es dauerte nicht lange, bis diesen deutschen Auswanderern weitere folgten: Im Lauf der letzten 300 Jahre waren es über 7 Millionen Deutsche, die in Amerika eine neue Heimat suchten.

1 *Vergleicht die Karte 1 mit einer Karte der USA in eurem Atlas.*
2 *Stellt eine Liste der 13 Kolonien in der Reihenfolge ihrer Gründung zusammen.*
3 *Untersucht das Verhältnis zwischen den frühen Siedlern und den Indianern. Nehmt dazu auch die Abbildung auf Seite 47 zu Hilfe. Vergleicht mit dem, was ihr über ihre spätere Geschichte wisst (siehe auch Aufgabe 4, S. 115).*
4 *Versucht die Aussprüche in der Randspalte zu übersetzen. Besprecht, was sie über das Leben der Siedler aussagen.*

Das Leben in den Kolonien

2 Siedler in Amerika. Das Haus einer Siedlerfamilie in Custer County/Nebraska. Foto von 1886.

Bevölkerungswachstum in den USA 1800–1860:

1800: 5,3 Mio.
1820: 9,6 Mio.
1840: 17,0 Mio.
1860: 31,5 Mio.

Irland und Frankreich
90 000
Holland
79 000
Afrika
757 000
Deutschland
176 000
Schottland
222 000
England und Wales
2 606 000

Herkunft der Menschen in den Kolonien, 1790.

„Jeder kann sich hier niederlassen"

Wie die 13 Familien aus Krefeld, so zogen in den nächsten Jahrhunderten Millionen Menschen aus ganz Europa nach Amerika. Besonders in Zeiten bitterer Armut und Unterdrückung sahen sie in der Auswanderung ihre letzte Chance. Der Entschluss, die Heimat zu verlassen, bedeutete für die Auswanderer zunächst einmal eine lange, strapaziöse und häufig auch lebensgefährliche Seereise anzutreten. Und nach der Ankunft in der Neuen Welt machten Krankheiten, das ungewohnte Klima und Hunger den Einwanderern vor allem in den ersten Monaten das Leben sehr schwer. Das zeigte sich auch bei den 13 Familien aus Krefeld. Statt „Germantown" nannten einige diese Niederlassung zunächst „Armentown".

5 *Versetzt euch in die Lage der neu angekommenen Siedler und beschreibt in einem Brief an die Daheimgebliebenen eure Probleme.*

Doch schon ein Jahr später hatte sich die Situation gebessert. Feste Fachwerkhäuser waren inzwischen errichtet worden, umgeben von kleinen Blumen- und Gemüsebeeten. Die Bewohner von Germantown hielten Kontakt mit ihrer alten Heimat. Ihre Berichte machten auf die Daheimgebliebenen großen Eindruck. Weitere Siedler folgten.

Q1 Einer von ihnen schrieb 1760:

… Es gibt so viel gutes Land, das noch unbestellt ist, dass ein jung verheirateter Mann ohne Schwierigkeiten ein Stück Grund und Boden erwerben kann, auf dem er mit Frau und Kindern ein zufriedenstellendes Auskommen hat. Die Steuern sind so niedrig, dass er sich darum keine Sorgen machen muss. Die Freiheiten, die er genießt, sind so groß, dass er sich wie ein Fürst auf seinen Besitzungen fühlen kann. Jeder kann sich hier niederlassen, kann bleiben, seinem Gewerbe nachgehen, auch wenn seine religiösen Grundsätze noch so merkwürdig sind. Und er wird durch die Gesetze so in seiner Person und in seinem Eigentum geschützt und genießt solche Freiheiten, dass man von einem Bürger hier geradezu sagen kann, er lebe in seinem Haus wie ein König …

Es gab aber auch Einwanderer, deren Hoffnungen sich nicht sogleich erfüllten.

6 *Was wird in dem Bericht (Q 1) besonders lobend erwähnt?*
7 *Wertet die Statistik in der Randspalte aus. Erstellt eine Liste der Herkunftsländer und ordnet sie nach der Größe der Einwandererzahlen.*
8 *Überlegt, wie aus Angehörigen ganz verschiedener Nationen in kurzer Zeit Amerikaner wurden.*

Wem gehört das Land?

1 Lebensraum der Indianer um 1850.

Reservation*:
Siedlungsräume, die den Indianern durch die Regierung zugewiesen wurden. Im Verhältnis zu ihren früheren Territorien waren dies enge und ungünstig gelegene Gebiete. Zudem wurden sie nun von amerikanischen Beamten beaufsichtigt, den „Indian Agents".

dezimieren*: jemandem große Verluste beibringen.

2 Indianerreservationen* um 1875.

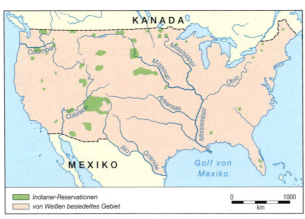

3 Indianerreservationen heute.

Auf dem Zug nach Westen
Für die zahllosen Siedler reichte das Land in den ersten Kolonien schon bald nicht mehr aus. Immer weiter drangen sie deshalb nach Westen vor und trafen dabei auf zahlreiche Indianerstämme. Fast 500 Indianervölker lebten um 1800 in Nordamerika. Die drei wichtigsten Gruppen waren
– die Ackervölker im nordöstlichen Waldland,
– die Jägervölker in den Prärien,
– die Bauern- und Hirtenvölker im Südwesten.

Q1 Über sie schrieb Hugh Henry Brackenridge, ein bekannter amerikanischer Dichter und Schriftsteller, im Jahr 1872:
… Ich bin weit davon entfernt, auch nur im Traum anzunehmen, dass die Indianer ein Recht auf Land haben könnten, von dem sie seit Jahrtausenden keinen anderen Gebrauch machen als die Tiere. Es ist deshalb undenkbar, dass sie einen Anspruch auf Land haben. Sie müssen deshalb – und das ist Gottes Wille – von diesem Land vertrieben werden … Indianer haben das Aussehen von Menschen …, aber wie sie uns im Augenblick entgegentreten, erscheinen sie eher als Tiere, teuflische Tiere … Wer käme schon auf den Gedanken, mit Wölfen, Klapperschlangen, Jaguaren und Koyoten über Garantien für Eigentum an Land zu verhandeln? Es gilt, sie zu dezimieren* …

1 Aus Quelle 1 wird die Einstellung vieler Siedler zu den Indianern deutlich. – Stellt die wichtigsten Aussagen zusammen und besprecht die Einstellung der Weißen zu den Indianern.
2 Formuliert, was ein Indianer zu den Aussagen in der Quelle gesagt haben könnte.
3 Vergleicht die Karten 1 bis 3 und benennt die Veränderungen.

Goldgräber, Siedler und Indianer

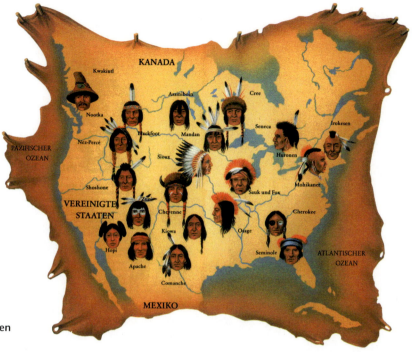

4 Lebensraum, Haartrachten und Namen der wichtigsten Indianerstämme.

Macht geht vor Recht: Das Beispiel der Nez Percé

Die Nez Percé waren ein kleines Indianervolk, das auf dem Columbia-Plateau (in den heutigen USA-Staaten Idaho und Oregon) von der Pferdezucht lebte. Um 1850 ließen sich Siedler am Rande des Nez-Percé-Gebietes nieder. Sie forderten von den Indianern: „Verkauft uns weite Teile eures Landes. Einen Rest des Landes lassen wir euch als Reservation. Wir bieten euch außerdem 200 000 Dollar." Die Indianer gaben nach. Doch 1861 wurde in dem Gebiet, das den Nez-Percé geblieben war, Gold gefunden. Schon im Sommer kamen 10 000 Weiße in das Gebiet der Indianer. Die USA setzten wieder eine Verhandlung an und die Indianer sollten einen Vertrag unterschreiben. Wieder sollten sie dieses Land an die Regierung verkaufen.

Gewaltsam wurden die Nez-Percé vom amerikanischen Militär in eine Reservation gebracht. Die Häuptlinge wurden gezwungen einen Vertrag zu unterschreiben, der ihnen nur noch ein Zehntel ihres Landes ließ. Dafür sollten sie Nahrung, Kleidung und Schulen von den Weißen erhalten. Eine Gruppe junger Indianer überfiel nun aus Enttäuschung und Wut Ansiedlungen der Weißen, die das Militär zur Unterstützung herbeiholten. Nun hetzte das Militär die Nez Percé unerbittlich. In fünf großen Schlachten konnten die Indianer siegen, doch immer neue Truppen folgten ihnen. Am Ende mussten sie vor der Übermacht kapitulieren und General Miles versprach, die Überlebenden in ihre Heimat zurückzubringen. Aber statt in ihre Berge wurden sie in die Wüste geschafft, wo viele starben. 1878 wurden die Reste des Volkes nach Oklahoma in eine Reservation gebracht. In ihre Heimat durften sie nicht zurückkehren. Ähnlich wie den Nez Percé erging es auch den anderen Indianervölkern. Lebten vor der Kolonialisierung noch mehr als eine Million Indianer in den USA, so waren es zu Beginn des 20. Jahrhunderts nur noch 200 000, denen bestimmte Reservate zugewiesen worden waren. Sie kämpfen noch heute um ihre Rechte und Entschädigung für die geraubten Länder.

4 Besprecht das Verhalten der Weißen und der Nez Percé.

5 Berichtet in der Klasse, was ihr über Indianer wisst. – Seht euch dazu auch die Stammesnamen auf der Abbildung 4 an.

Indianer jagten Bisons. Sie waren das Hauptnahrungsmittel der Prärieindianer. Darüber hinaus lieferte der Bison das Material für die verschiedensten Gebrauchsgegenstände, von der Zeltplane bis zur Schlittenkufe. Doch während Anfang des 19. Jahrhunderts auf den Großen Ebenen der USA noch 50 Millionen dieser Tiere lebten, waren es im Jahr 1889 nur noch 635 Bisons. Weiße Berufsjäger und Siedler hatten das wichtigste Tier in dieser Landschaft ausgerottet.

Der Kampf um die Unabhängigkeit

1 **Die Boston-Tea-Party.** Als Indianer verkleidete Kolonisten werfen englische Teelieferungen über Bord. Lithografie, 1846.

1773: Boston-Tea-Party. Aus Protest gegen britischen Zoll auf Teeeinfuhren stürmen amerikanische Kolonisten drei Schiffe und werfen die Teeladung in das Wasser des Bostoner Hafens.

Selbstbewusste Kolonisten

Die Selbstverwaltung der Kolonien, die Anstrengungen um die Erschließung des Landes sowie der gemeinsame Kampf gegen die Indianer hatten unter den Siedlern ein Gemeinschaftsgefühl entstehen lassen. Sie waren stolz auf ihre Leistungen und sie waren selbstbewusst. Adlige, denen sie zu gehorchen hatten, gab es hier nicht. Jeder – so lautete die allgemeine Überzeugung –, der sich anstrengt, Mut beweist und vorwärts kommen will, kann es zu Ansehen und Wohlstand bringen; insofern waren sie alle gleich.

Von England trafen zudem Nachrichten ein über die „Glorreiche Revolution" (siehe S. 45), die den Bürgern mehr politische Freiheit und Gleichheit vor dem Gesetz brachte. Sollte das, was im Mutterland rechtens war, nicht auch in den Kolonien möglich sein? An dieser Frage entzündete sich ein Streit zwischen den Kolonisten und dem englischen Mutterland mit weit reichenden Folgen.

„No taxation without representation"

Die englische Staatskasse litt wegen der Kriege mit Frankreich unter ständiger Geldnot. Geld aber, so meinte das englische Parlament, könnte man aus den Kolonien holen, denen es wirtschaftlich sehr gut ging. So wurden die Kolonisten mit immer neuen Steuern belegt. Vor allem auf Rohstoffe und Fertigwaren, die aus England in die Kolonien kamen, wurden Zölle erhoben. Das ging den amerikanischen Bürgern zu weit. Sie verweigerten schließlich jede Zahlung mit dem Hinweis, dass sie im englischen Parlament nicht vertreten seien: „No taxation without representation", so hieß es bald auf zahlreichen Kundgebungen. Außerdem beschlossen die Siedler keine englischen Waren mehr zu kaufen.

1 Beschreibt die Abbildung 1.
2 Stellt Vermutungen auf, warum die Bürger den „Indianern" zujubelten.

Englische Untertanen in Amerika?

Die Boston-Tea-Party

Wie stark der Widerstand in der Bevölkerung gegenüber England war, sollte sich schon bald zeigen. Als die englische Regierung Ende September 1768 zwei Regimenter nach Boston schickte, verweigerten die Bürger den Soldaten Quartier; als englische Soldaten von Amerikanern in Boston mit Knüppeln und Schneebällen bedrängt wurden, erschossen die Soldaten fünf Zivilisten. In den Kolonien sprach man nun vom Bostoner Blutbad; der Widerstand gegen das Mutterland nahm weiter zu und erfasste jetzt alle 13 Kolonien. Die englische Regierung lenkte ein und nahm die Steuern zurück. Es blieb allein die Teesteuer. Mit ihr wollte England zeigen, dass man das Recht habe, zu jeder Zeit beliebige Steuern von den Kolonien zu erheben. Dadurch wurde der Teezoll auch für die Kolonisten zu einer Grundsatzfrage. Als im Dezember 1773 drei Teeschiffe im Hafen von Boston landeten, schlichen 50 Männer, Tomahawks in den Händen und die Gesichter gefärbt wie Indianer, an den Kai, wo die Schiffe vertäut waren. Sie überwältigten die Schiffswachen und warfen die gesamte Teeladung ins Hafenwasser. Die Antwort Englands ließ nicht lange auf sich warten. Neue Truppen wurden in die Kolonien gesandt. Der Hafen von Boston wurde geschlossen. Dies stellte für die Bevölkerung eine besondere Härte dar, da Tausende von Familien von ihm lebten.

3 Beschreibt und begründet das Verhalten der englischen Regierung und der Siedler. Hätte es andere Möglichkeiten gegeben den Konflikt zu lösen?

Vom Widerstand zur Rebellion

Die Maßnahmen der britischen Regierung hatten indessen nicht den gewünschten Erfolg, da alle Kolonien zusammenstanden. Es kam zu einem Krieg der amerikanischen Siedler gegen die britischen Truppen, der von 1775 bis 1783 dauerte. Oberbefehlshaber der amerikanischen Truppen wurde ▶ George Washington. Angeheizt wurde die Empörung in der Bevölkerung durch eine Flugschrift, die Thomas Paine 1776 herausgab:

2 Der Geist von 1776. Gemälde von A. M. Willard.

Q1 Aus der Flugschrift „Common Sense" (was jeder für vernünftig hält):
… Die Zeit der Debatten ist vorbei. Waffen als letztes Mittel entscheiden den Streit. Der König hat das Schwert gewählt und der Kontinent hat die Herausforderung angenommen. Aber, werden einige fragen, wo ist der König von Amerika. Ich will es euch sagen, Freunde: Dort oben regiert Er und richtet keine Verheerung der Menschheit an wie das königliche Untier … (Hier aber) setzte man feierlich einen Tag fest zur öffentlichen Bekanntmachung der Verfassung um der Welt zu zeigen, dass in Amerika das Gesetz König ist …

4 Erklärt die Bedeutung des Satzes „In Amerika ist das Gesetz König". Vergleicht mit dem Anspruch der absolutistischen Herrscher in Europa.

5 Beschreibt die drei Soldaten auf der Abbildung 2 und notiert, was euch auffällt. Erklärt den Titel des Bildes und die Absicht des Künstlers.

George Washington (1732–1799).

1775–1783: Nordamerikanischer Unabhängigkeitskrieg.

117

„Amerika den Amerikanern"

1 Eine Abordnung unter der Führung von Thomas Jefferson überreicht dem Kongress die Unabhängigkeitserklärung. Am Tisch sitzend George Washington. Gemälde von John Trumbull, 1787–95.

Flagge der dreizehn vereinigten Staaten von Nordamerika aus dem Jahr 1775 und von 1789.

4. Juli 1776:
▶ Unabhängigkeitserklärung der dreizehn nordamerikanischen Kolonien.
Sie wurde von dem Rechtsanwalt ▶ Thomas Jefferson (1743 bis 1826) verfasst. Er war zwischen 1801 und 1809 der dritte Präsident der USA.

Die Kolonien werden unabhängig

Der Krieg in Amerika wurde immer heftiger. Um ein gemeinsames Vorgehen der dreizehn Kolonien abzusprechen trafen sich im Mai 1775 die Vertreter der Kolonisten zu einem Kongress. Die Vertreter waren von Bürgerversammlungen gewählt worden. Im Kongress war man sich nicht einig, ob man sich ganz von England lösen sollte. Noch im Herbst 1775 waren fünf Kolonien für ein Zusammengehen mit England, die anderen wollten sich selbstständig machen.

Radikale Flugblätter und Kriegsmeldungen beeinflussten die öffentliche Meinung dahingehend, dass immer mehr Menschen für eine gänzliche Trennung von England eintraten.

In den einzelnen Kolonien wurden die Anhänger Englands vertrieben. So konnte die Unabhängigkeit der dreizehn Kolonien von England beraten und am 4. Juli 1776 erklärt werden.

Q1 In der Unabhängigkeitserklärung hieß es: … Folgende Wahrheiten erachten wir als selbstverständlich: Alle Menschen sind gleich geschaffen. Sie sind von ihrem Schöpfer mit unveräußerlichen Rechten ausgestattet. Dazu gehören Leben, Freiheit und Streben nach Glück.

Zur Sicherung dieser Rechte sind unter den Menschen Regierungen eingesetzt, die ihre rechtmäßige Macht aus der Zustimmung der Regierten herleiten.

Wenn eine Regierungsform diese Zwecke gefährdet, ist es das Recht des Volkes, sie zu ändern oder abzuschaffen und eine neue Regierung einzusetzen … Demnach verkünden wir, die im Allgemeinen Kongress der Vereinigten Staaten von Amerika versammelten Vertreter, feierlich: … dass diese vereinigten Kolonien freie und unabhängige Staaten sind und von Rechts wegen sein müssen, dass sie losgelöst sind von aller Pflicht gegen die britische Krone, dass jede politische Verbindung zwischen ihnen und dem Staate Großbritannien ein für allemal aufgehoben ist …

1 *Fasst die Gründe zusammen, welche die Kolonisten dazu brachten, die Unabhängigkeit zu erklären.*
2 *Überlegt, welche Rechte für Frauen und Sklaven gesichert werden.*
3 *Erläutert, womit die Einsetzung von Regierungen begründet wird.*
4 *Versucht herauszufinden, warum die Unabhängigkeitserklärung ein „revolutionärer" Text ist. Kennt ihr ähnliche Texte?*

Die Verfassung der Vereinigten Staaten

2 Der amerikanische General Nathan Heard verliest die amerikanische Unabhängigkeitserklärung vor den Truppen.
Buchillustration.

Ein Staat ohne König

Nach der Gründung der „Vereinigten Staaten" im Jahr 1776 musste die Unabhängigkeit erst gegen die im Lande stehende englische Armee erkämpft werden. Dies gelang nach vielen schweren Kämpfen unter der Leitung von George Washington und mit Hilfe der Franzosen, der alten Gegner der Engländer. 1783 musste England die Unabhängigkeit der dreizehn ehemaligen Kolonien anerkennen.

Gleichzeitig stellte sich für den neuen Staat die Frage, wie er geführt und geordnet werden sollte. Dabei waren zwei wichtige Punkte zu klären:
- Wie der Name es besagt, waren die USA ein Staat, der aus vielen einzelnen Staaten bestand, den ehemaligen Kolonien. Jede dieser einzelnen Kolonien hatte eine eigene Regierung; jetzt aber brauchte man auch eine Zentralregierung für das ganze Land.
- In der Unabhängigkeitserklärung war festgehalten worden, dass das Volk selbst seine Vertreter wählen sollte, die das Land regieren. Wie aber sollte ein solcher Staat, den es noch nirgends gab, aussehen?

5 Zu den beiden oben angesprochenen Punkten passen die Begriffe „Bundesstaat" und „Demokratie". Könnt ihr beide erklären?
6 Kennt ihr weitere Bundesstaaten?

Die Verfassung der Vereinigten Staaten

Um den neuen Bundesstaat zu organisieren sandten die einzelnen Staaten ihre Vertreter nach Philadelphia. In langen Beratungen suchte man nach den wichtigen Gesetzen, die das staatliche Leben regeln sollten; solche Regelungen bezeichnet man als „Verfassung".

Die amerikanische Verfassung, auf die man sich schließlich einigte und die heute noch in groben Zügen gilt, ist auf drei besonders wichtigen Grundsätzen aufgebaut:
- Alle Macht soll von Vertretern ausgeübt werden, die auf bestimmte Zeit vom Volk in ihr Amt gewählt werden.
- Die Macht im Staat ist dreigeteilt: in die gesetzgebende Macht, welche die Gesetze beschließt; in die ausführende Macht, welche die Gesetze in die Tat umsetzt, und in die richterliche Macht, welche die Einhaltung der Gesetze überwacht.
- Die drei Teile der Macht kontrollieren sich gegenseitig; niemand darf an mehr als einem Teil mitwirken.

7 Erklärt den Sinn der drei Grundsätze. Nehmt dazu Q 1 auf Seite 80 zu Hilfe.
8 Vergleicht die Verfassung der USA mit der absolutistischen Staatsform.

1787:
Die Verfassung der USA wird am 4. März verabschiedet. Zwei Jahre später wird George Washington der erste Präsident der USA.

Methode: Grafiken lesen und verstehen

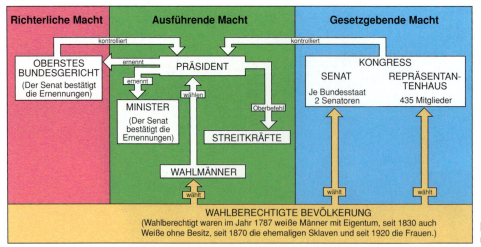

1 Die Verfassung der Vereinigten Staaten von Amerika.

Eine Verfassung regelt das gesamte politische Leben neu. Es ist für uns sehr schwer, den Gesetzestext zu verstehen und die Zusammenhänge zu begreifen. Grafiken und Strukturschemata helfen uns, komplizierten Sachverhalten auf die Spur zu kommen. Die Frage ist: Worauf müssen wir achten, wenn wir eine Grafik lesen wollen? Hier sind ein paar Tipps, die euch helfen können:

1. Schritt: Worüber teilt die Grafik etwas mit?
Eine Grafik steht meistens in engem Zusammenhang mit einem Text. Orientiert euch, wovon dieser berichtet, um welches Thema es geht.

2. Schritt: Welche Farben, Linien und Symbole werden verwendet?
Jedes Strukturschema versucht durch einfache Zeichen komplizierte Zusammenhänge zu erklären. Die verwendeten Symbole sind zumeist in einer Legende erklärt.
– Schafft euch einen Überblick über die Farben. Was bedeuten sie? Treten manche Farben mehrmals auf? Gibt es eine Farbe in verschiedenen Schattierungen (z. B. ein blasses und ein leuchtendes Rot)? Gibt es dafür Gründe?
Werden Farben gemischt (z. B. blau-grün Schraffierung)? Soll damit etwas ausgesagt werden?
– Werden verschiedene Linien eingesetzt? Sind z. B. Kästchen verschiedenartig eingerahmt? Welchen Sinn hat dies?
– Welche Symbole treten auf (z. B. Krone für König, Kreuz für Kirche)? Was bedeuten sie?
– Fallen euch Besonderheiten auf? Gibt es z. B. das gleiche Symbol in verschiedenen Größen/Farben? Welchen Grund könnte es dafür geben?
– Gibt es Zeichen, die ihr nicht versteht? Versucht sie zu klären.

3. Schritt: Welche Elemente werden zueinander in Beziehung gesetzt?
Wenn ihr einen Überblick darüber habt, welche einzelnen Elemente in dem Strukturschema eine Rolle spielen, müsst ihr klären, wie diese zusammenhängen.
– Hat es eine Bedeutung, was in der Grafik oben, unten, links oder rechts steht? Wenn ja, was wird dadurch ausgesagt?
– Zwischen welchen Elementen findet ihr Verbindungslinien, Pfeile oder andere Zeichen (z. B. Blitze)? Sind die Pfeile durch einen Text erklärt?

4. Schritt: Welche Schlussfolgerungen sind möglich?
Ein Strukturschema transportiert viele Informationen. Zunächst werden uns Tatsachen mitgeteilt. Wer hatte welche Rechte, wer hatte welche Pflichten. Doch wir können darüber hinaus noch weitere Erkenntnisse aus einem Strukturschema gewinnen.
– Gibt es ein „Zentrum" innerhalb des Strukturschemas? Laufen z. B. besonders viele Pfeile in einem Punkt zusammen? Was bedeutet das?
– Auch da, wo es keine Pfeile und Verbindungslinien gibt, sind Informationen versteckt. Welche Elemente wirken ausgegrenzt? Welche Gründe könnte es dafür geben?
– Gibt es ähnliche Strukturschemata? Welche Gemeinsamkeiten, Unterschiede fallen auf?

1 Untersucht jetzt mit Hilfe der einzelnen Schritte das Strukturschema oben.

Menschenrechte – nicht für alle

Sklaven werden wie Vieh behandelt

Von Anfang an verlief die wirtschaftliche Entwicklung in den Südstaaten anders als in den Nordstaaten: Im Norden entwickelte sich – begünstigt durch reichhaltige Kohlen- und Eisenlager – schon bald eine umfangreiche Industrie. Große Städte entstanden, in denen Handel, Handwerk und große Betriebe zu Hause waren. Im Süden gab es nur wenig Industrie, dafür aber große Plantagen. Angebaut wurden Reis, Zuckerrohr, Tabak und Baumwolle. Während der Sommermonate herrschte hier ein drückend heißes und schwüles Klima, das die weißen Farmer nur schwer ertrugen. Wie früher schon die Spanier holten die Siedler daher Sklaven ins Land, die die Schwerstarbeit auf den Baumwollfarmen leisten sollten. Die Sklaven wurden in Westafrika von berufsmäßigen Sklavenjägern zusammengetrieben, in langen Märschen an die Küste und per Schiff nach Amerika gebracht. In Amerika angekommen wurden die Sklaven auf großen Auktionen versteigert.

1 Ein in einem Netz gefangen gehaltener Sklave an der Küste Kongos, der darauf wartet, verschifft und verkauft zu werden. 19. Jahrhundert.

Q1 Der ehemalige Sklave Solomon Northrop beschreibt in seinen Erinnerungen aus dem Jahr 1835 den Verlauf einer Sklavenauktion:
… Mr. T. Freeman, Veranstalter des Sklavenmarktes in New Orleans, begab sich am frühen Morgen zu seinem „Vieh". Bei dem gewohnten Fußtritt für die älteren Männer und Frauen und manchem Peitschenknall für die jüngeren Sklaven dauerte es nicht lange, bis alle auf den Beinen waren. Zuerst wurden wir angewiesen uns sorgfältig zu waschen. Dann wurden wir neu eingekleidet – billig, aber sauber. Darauf wurden wir in einen großen Saal geführt, wo der „Markt" stattfinden sollte. Dann trafen die Kunden ein, um Freemans „neuen Warenposten" zu besichtigen. Freeman ließ uns den Kopf heben, während die Kunden unsere Hände, Arme und Körper abtasteten, uns herumdrehten und sich unsere Zähne zeigen ließen. An diesem Tag wurden die meisten Sklaven verkauft. Ein Mann kaufte auch den kleinen Randall. Seine Mutter Eliza rang die Hände und weinte laut. Sie bat den Mann sie selbst auch zu kaufen. Der Mann antwortete, dass er dazu nicht in der Lage sei …

Die meisten Sklaven lebten unter menschenunwürdigen Bedingungen. Ihre Besitzer behandelten sie wie eine Sache. Strafen – für das geringste Vergehen oder aus reiner Willkür – gehörten zum Alltag der Sklaven. Der Katalog der Strafen reichte vom Essensentzug bis zur Markierung mit Brenneisen. Vor allem die Peitsche wurde von den Verwaltern auf den Plantagen oder von extra dafür eingesetzten „Auspeitschern" verwendet.

1 Beschreibt anhand der Quelle 1, wie der Sklavenhandel vor sich gegangen ist.
2 Sprecht über die Sorgen der Mutter, deren Kind allein verkauft wird.
3 Vergleicht die Behandlung der Sklaven mit den Forderungen der amerikanischen Unabhängigkeitserklärung.
4 In den 1960er Jahren kam es in den USA immer wieder zu Rassenunruhen. Informiert euch mit Hilfe von Nachschlagewerken über die Gründe und den Verlauf dieser Auseinandersetzungen.
5 Informiert euch mit Hilfe des Internets über die Situation der Afro-Amerikaner und anderer Minderheiten in den USA heute.

„Am I not a Woman and a Sister?" Das Motiv findet sich auf der Rückseite einer Medaille, die seit 1834 durch Gegner der Sklaverei in England und in Amerika verbreitet wurde.

▶ Die Französische Revolution*

1 „So kann es nicht weitergehen." Zeitgenössischer Stich.

Die Missernten der letzten Jahre hatten zu Hungersnöten und zu einer Verteuerung der Lebensmittel geführt. In den Städten kam es zu Volksaufläufen. Handwerker und Arbeiter stürmten die Bäckerläden in Paris.

1 Wie ist die französische Gesellschaft aufgebaut? Wie beurteilt ihr die Verteilung des Grundbesitzes (siehe Schema 2)?

2 Betrachtet die Karikatur (Abbildung 1). Was möchte der Zeichner damit zum Ausdruck bringen? Nehmt auch die Karikatur (Abbildung 1) auf Seite 20 zu Hilfe.
Versetzt euch in die Lage der dargestellten Personen. Welche Gedanken gehen euch durch den Kopf?

3 Was fordert das Flugblatt (Q 1)?

Revolution*
(lat. = Umwälzung): Der meist gewaltsame Umsturz einer bestehenden politischen und gesellschaftlichen Ordnung.

Emmanuel Joseph Graf Sieyès (1748–1836)*: Französischer Politiker, Geistlicher (Abbé). Er bekannte sich in seinen theoretischen Schriften zu einer Nation gleichberechtigter Bürger und bereitete so den Boden für eine Revolution vor.

Lebenshaltungskosten in Frankreich 1789:

Es kosteten:
ein Vier-Pfund-Brot: 14,5 Sous
0,5 Liter Wein 5,0 Sous
Miete täglich 3,0 Sous
250 g Fleisch 5,0 Sous

Ein Bauarbeiter verdiente am Tag in Paris ca. 18 Sous.

Verschwendung am Hof – Hunger und Not im Land

Im Jahre 1774 wurde ▶ Ludwig XVI. König von Frankreich. Infolge der Verschwendungssucht seiner Vorgänger übernahm er einen total verschuldeten Staat. Ganz Frankreich erhoffte sich von Ludwig XVI. eine Wende zum Guten: Würde der neue König die Staatsschulden tilgen und die Steuern senken? Würde er das ausschweifende Leben am Hofe beenden? Doch die Hoffnungen wurden enttäuscht. Ludwig XVI. interessierte sich nicht für die Fachgespräche mit seinen Ministern. Lieber hielt er sich in seiner Schlosserwerkstatt auf oder ging auf die Jagd. Wie seine Vorgänger gab er das Geld mit vollen Händen aus und der Adel tat es ihm nach. Immer häufiger erschienen nun in Frankreich Flugschriften, die sich gegen die Vorherrschaft des Adels wendeten.

Q1 1789 veröffentlichte der Abbé Sieyès* die Flugschrift „Was ist der dritte Stand?":
… Der Plan dieser Schrift ist sehr einfach. Wir müssen uns drei Fragen stellen.
1. Was ist der dritte Stand? ALLES.
2. Was ist er bis jetzt in der politischen Ordnung gewesen? NICHTS.
3. Was verlangt er? ETWAS ZU SEIN …

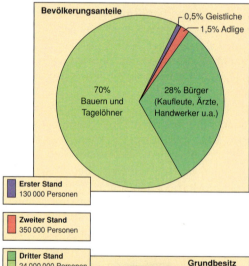

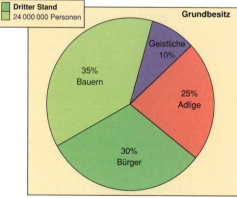

2 Der Aufbau der französischen Gesellschaft und die Verteilung des Grundbesitzes um 1780.

Die Krise des Absolutismus

3 **„Das Defizit"**. Karikatur, 1788. König Ludwig XVI. und sein Finanzminister machen Kassensturz.

Der Adel – von Gott eingesetzt oder überflüssig?

Unruhen gab es nicht nur unter Arbeitern und Handwerkern. Auch Rechtsanwälte und Ärzte, Kaufleute und Gutsbesitzer sprachen sich immer deutlicher gegen ein absolutistisches Herrschaftssystem aus, das den Staat in den Ruin führte. Überall, auf den öffentlichen Plätzen wie in den Cafés debattierten Menschen über Politik, über die Ideen der Aufklärung (siehe S. 78ff.) und der amerikanischen Unabhängigkeitserklärung von 1776 (siehe S. 118, Q 1). In ihr hieß es: „Alle Menschen sind von Natur aus frei und gleich an Rechten geboren." Eine solche Freiheit gab es aber in Frankreich noch nicht.

Q2 Gegen die Ansprüche des dritten Standes setzte sich der Adel zur Wehr:
… Die Garantie der persönlichen Steuerfreiheit und der Auszeichnungen, die der Adel zu allen Zeiten genossen hat, sind Eigenschaften, die den Adel besonders hervorheben; sie können nur dann angegriffen werden, wenn die Auflösung der allgemeinen Ordnung erstrebt wird. Diese Ordnung hat ihren Ursprung in göttlichen Institutionen: Die unendliche und unabänderliche Weisheit hat Macht und Gaben ungleichmäßig verteilt. Die französische Monarchie besteht daher aus verschiedenen und getrennten Ständen …

Q3 In einem zeitgenössischen Theaterstück sagt hingegen ein Diener zu seinem adligen Herrn:
… Weil Sie ein großer Herr sind, bilden Sie sich ein, auch ein großer Geist zu sein. Geburt, Reichtum, Stand und Rang machen Sie stolz. – Was taten Sie denn, mein Herr, um so viele Vorzüge zu verdienen? Sie gaben sich die Mühe, auf die Welt zu kommen; das war die einzige Arbeit Ihres ganzen Lebens …

4 Erarbeitet ein Gespräch zwischen einem Adligen und dem Autor des Theaterstücks.

Der Staat ist bankrott

Im Jahr 1788 stand der französische König Ludwig XVI. vor einer katastrophalen Situation. Die Schuldenlast des Staates hatte sich in den letzten 15 Jahren verdreifacht und betrug nun 5 Milliarden Livres. Der dritte Stand war weitgehend verarmt und litt schon jetzt unter den hohen Abgaben und Steuern. Um Geld aufzutreiben hatte der König versucht Steuern auch vom Adel und von der Geistlichkeit zu erheben, die sich aber weigerten ihre ererbten Vorrechte aufzugeben.

5 Betrachtet die Karikatur (Abbildung 3). Wie stellt der Karikaturist die finanzielle Situation des Staates dar? Wen kritisiert er?

6 Beurteilt die Aussichten des französischen Königs den Staat wieder sanieren zu können (siehe die Grafiken in der Randspalte).

Der französische Staatshaushalt 1788.

Die Revolution beginnt

1 Die Eröffnung der Versammlung der Generalstände am 5. Mai 1789 in Paris.

Generalstände:
Zum Begriff siehe S. 11.
Bei der Abstimmung der Generalstände hatte jeder Stand eine gemeinsame Stimme abzugeben.

Nur wer Besitz hatte, durfte an der Wahl der Abgeordneten teilnehmen.

1. Stand:
300 Abgeordnete
↑
•

2. Stand
300 Abgeordnete
↑
•••

3. Stand
600 Abgeordnete
↑

• = 120 000 Einwohner

Der König ruft die Generalstände ein

Der dritte Stand verarmt, das Land dem Bankrott nahe, keine Verbesserung der finanziellen Lage in Sicht – das war die Situation Frankreichs Anfang 1789.

In dieser verzweifelten Lage beschloss Ludwig XVI. die Vertreter der drei Stände nach Versailles einzuberufen. Gemeinsam sollten sie einen Weg finden, wie Frankreich seine Finanzen in den Griff bekommen könnte. Am 5. Mai 1789, so wurde es von allen Kanzeln verkündet, treffen sich die Abgeordneten in Versailles. Im Februar und März fanden die Wahlen statt.

> Der 1. Stand (130 000 Geistliche) wählte 300 Abgeordnete.
> Der 2. Stand (350 000 Adlige) wählte 300 Abgeordnete.
> Der 3. Stand (24 Mio. Franzosen) wählte 600 Abgeordnete.

Schon Ende April trafen die ersten Abgeordneten in Versailles ein. Täglich brachten staubbedeckte Postkutschen Gruppen weiterer Abgeordneter aus dem ganzen Land herbei. In ihrem Gepäck führten die Vertreter des dritten Standes Beschwerdehefte mit, zusammengestellt von Bauern, Handwerkern, Landarbeitern, armen Landpfarrern. 60 000 Hefte sind es insgesamt. Alle enthielten immer wieder die gleichen Klagen, wie z. B.: Die Abgaben sind zu hoch, die Bauern werden von ihren Grundherren wie Sklaven behandelt, viele sind dem Verhungern nahe. Die Beschwerdebriefe sollten dem König gezeigt werden. Doch auch die Adligen hatten Briefe verfasst, in denen sie mehrheitlich erklärten, dass sie „der Abschaffung der von den Vorfahren ererbten Rechte niemals zustimmen" würden.

1 *Betrachtet, wie viele Abgeordnete die einzelnen Stände haben und wie viele Menschen durch die Abgeordneten vertreten werden (siehe Randspalte).*
Berechnet, wie viele Abgeordnete der dritte Stand hätte fordern dürfen, wäre ihm die gleiche Vertretung wie dem ersten Stand zugebilligt worden.
2 *Welche Ziele verfolgten der König und die Stände bei der Versammlung?*
3 *Auf der Abbildung 1 sind Vertreter aller drei Stände erkennbar. Mit welchen Hoffnungen oder Befürchtungen sind sie wohl angereist? Formuliert Beschwerdebriefe, wie sie die Abgeordneten bei sich getragen haben könnten.*

Von den Generalständen zur Nationalversammlung

2 20. Juni 1789: Der Schwur im Ballhaus. Gemälde von J. Louis David, um 1790.

Wer vertritt das Volk?

Alle Abgeordneten waren vollzählig versammelt, als am 5. Mai 1789 der König in einem Saal seines Schlosses die Sitzung der Generalstände eröffnete. Gespannt warteten die Vertreter des dritten Standes darauf, wie der König auf die Beschwerdehefte und die darin enthaltenen Forderungen reagieren würde. Doch der König ging nicht darauf ein. Er erwartete nur, dass die Generalstände seinen neuen Steuerforderungen zustimmen würden. Nach dem König sprach der Finanzminister drei Stunden über die Staatsschulden. Dann wurden die Abgeordneten entlassen. Sie sollten – jeder Stand für sich und in getrennten Räumen – über die Steuervorschläge beraten und abstimmen. Jeder Stand bekam eine Stimme. Die Abgeordneten des dritten Standes wehrten sich gegen diese Anordnung. Sie verlangten eine gemeinsame Beratung aller Abgeordneten und eine Abstimmung nach Köpfen. Doch der König und fast alle Vertreter des ersten und zweiten Standes lehnten diese Forderungen ab. Nach fünf Wochen war es mit der Geduld der Abgeordneten vorbei.

Q1 Die Vertreter des dritten Standes erklärten am 17. Juni 1789:

… Wir sind die Vertreter von 24 Millionen Franzosen. Wir sind die einzigen und wahren Vertreter des ganzen französischen Volkes. Deshalb geben wir unserer Versammlung den Namen „Nationalversammlung"*. Wir werden Frankreich eine Verfassung geben, die allen Franzosen die gleichen Rechte garantiert …

4 Warum nimmt der dritte Stand das Recht in Anspruch, sich zur Nationalversammlung zu erklären?

Der Schwur im Ballhaus

Als der König aus Empörung über das Vorgehen des dritten Standes den Sitzungssaal sperren ließ, versammelten sich die Abgeordneten im so genannten Ballhaus und legten am 20. Juni 1789 den Schwur ab, sich niemals zu trennen, bis eine Verfassung für das Königreich Frankreich ausgearbeitet ist.
Als der König versuchte, die Nationalversammlung aufzulösen, riefen ihm die Abgeordneten zu: „Die versammelte Nation empfängt keine Befehle!" Der König musste nachgeben und forderte die anderen beiden Stände auf, sich der Nationalversammlung anzuschließen. Das war das Ende der Generalstände.

5 Das Gemälde „Der Schwur im Ballhaus" (Abbildung 2) war eines der ersten politischen Bilder, das nicht von der Kirche oder von Adligen in Auftrag gegeben worden war. Welche Wirkung hat es auf den Betrachter?

Nationalversammlung:*
Eine verfassunggebende Versammlung von Abgeordneten, die die ganze Nation repräsentiert.

5. Mai 1789:
Der König eröffnet die Sitzung der Generalstände in Versailles.

17. Juni 1789:
Die Versammlung der Vertreter des dritten Standes erklärt sich zur Nationalversammlung.

27. Juni 1789:
Der König empfiehlt den Vertretern der anderen beiden Stände den Anschluss an die Nationalversammlung.

Der dritte Stand erhebt sich

1 **Das Erwachen des dritten Standes.** Karikatur, 1789.

14. Juli 1789:
Eine große Menschenmenge stürmt in Paris die Bastille.

Die blau-weiß-rote **Kokarde*** *war das Abzeichen der Revolutionäre; Rot und Blau waren die Farben der Stadt Paris. Weiß war die Farbe des Königs. Sie wurde in die Mitte gesetzt um auszudrücken, dass der König unter der Kontrolle des Volkes stand.*

Zeughaus*: *In dem Gebäude waren die Rüstkammern untergebracht, die von den Demonstranten geplündert wurden.*

Der Sturm auf die Bastille

Die Pariser Bevölkerung verfolgte die Ereignisse in Versailles voller Ungeduld. Seit Wochen herrschte Hunger in der Stadt. Die ersten Hungertoten hatte man schon begraben müssen. Es kam der Verdacht auf, Adlige würden das Getreide aufkaufen um den dritten Stand gefügig zu machen.

Alle Hoffnungen richteten sich auf die Abgeordneten der Nationalversammlung. Sie hatten gezeigt, dass sie sich für die Bevölkerung einsetzen wollten. Um so größer war die Wut der Menschen, als sie erfuhren, dass der König fast 20 000 Soldaten um Paris zusammenzog. Sie sollten, so hieß es, die Abgeordneten vertreiben.

In ganz Paris ertönte daher der Schrei „Zu den Waffen!" – Man brach die Läden der Waffenhändler auf und besetzte das Zeughaus*. Alle Glocken läuteten Sturm. Stühle, Tische, Fässer wurden auf die Straßen geworfen um Barrikaden zu errichten.

Am 14. Juli 1789 versammelte sich die wütende Menschenmenge vor der Bastille, dem verhassten Staatsgefängnis. Dieses Gebäude war ein Symbol für den Absolutismus. Man forderte den Kommandanten zur Übergabe auf. Er lehnte ab und ließ sofort das Feuer eröffnen. Mehr als 100 Menschen wurden bei den Kämpfen getötet.

Als die Verteidiger sich ergeben wollten, schleppten die Belagerer Kanonen herbei, eroberten die Bastille, befreiten die in den Kellern angeschmiedeten sieben Gefangenen und töteten einige Soldaten und den Kommandanten. Seinen Kopf spießte man auf eine Stange und trug ihn im Triumphzug durch die Stadt.

Als Ludwig XVI. durch einen Herzog von den Ereignissen unterrichtet wurde, sagte er: „Das ist ja eine Revolte." „Nein, Majestät", erwiderte der Herzog, „das ist eine Revolution." Der König zog daraufhin die Truppen vollständig ab. Er kam am 17. Juli selbst nach Paris. Im Rathaus heftete er sich das Abzeichen der Revolutionäre, die blau-weiß-rote Kokarde* an. Das sei, so versicherte der König, Zeichen für den ewigen Bund zwischen ihm und dem Volk.

1 Durch den Sturm auf die Bastille wurden nur sieben Gefangene befreit. Keiner der Häftlinge war aus politischen Gründen inhaftiert worden. Trotzdem ist der 14. Juli französischer Nationalfeiertag. Wie ist das zu erklären?
2 Überlegt, worin der Unterschied besteht zwischen „Revolte" und „Revolution", auf den der Herzog den König hinwies.
3 Was haltet ihr davon, dass der König von einem ewigen Bund zwischen ihm und dem Volk sprach?
4 Stellt euch vor, ihr wärt damals Reporter gewesen. Verfasst einen Bericht.

Frauen zwingen den König nach Paris

2 Tausende von Frauen ziehen von Paris nach Versailles, 5. Oktober 1789. Sie forderten vom König Brot und die Unterschrift unter die Beschlüsse der Nationalversammlung. Zeichnung eines Unbekannten.

Die Revolution ergreift das Land

Die Nachricht von der Erstürmung der Bastille verbreitete sich wie ein Lauffeuer in ganz Frankreich. Sie löste vor allem bei den Bauern große Freude aus. Die Erstürmung der Bastille war für sie das Zeichen, jetzt ebenfalls selbst zu handeln. Die Bauern verweigerten die weitere Zahlung von Abgaben und Steuern. Sie bewaffneten sich mit Sensen, Dreschflegeln, Mistgabeln und Jagdgewehren und drangen gewaltsam in die Schlösser ihrer Grundherren ein. Um die Bauern zu beruhigen beschloss die Nationalversammlung sofort zu handeln.

Q1 In einer stürmischen Nachtsitzung vom 4. auf den 5. August 1789 wurde beschlossen:
… 1. Die Leibeigenschaft wird abgeschafft.
2. Die Gerichtsbarkeit des Grundherrn wird beseitigt.
3. Die Sonderrechte für die Jagd, Taubenschläge und Gehege werden aufgehoben.
4. Der Zehnte und andere Rechte des Herren können in Geld entrichtet oder durch Geldzahlungen abgelöst werden.
5. Mit Beginn des Jahres 1789 sind alle Bürger gleich steuerpflichtig …

Nach diesen Beschlüssen beruhigte sich zunächst die Lage auf dem Lande.

5 Erklärt die Behauptung: Die Beschlüsse dieser Sitzung waren die Sterbeurkunde für die alte Gesellschaftsordnung.

Der König: Freund oder Feind der Revolution?

Die Nationalversammlung forderte den König auf ihre Beschlüsse zu unterschreiben. Ludwig XVI. weigerte sich. Gleichzeitig ließ er erneut Truppen in der Nähe von Versailles zusammenziehen. Die Empörung hierüber war bei der Bevölkerung in Paris grenzenlos. Hinzu kamen Wut und Enttäuschung darüber, dass sich die Versorgung mit Brot noch immer nicht gebessert hatte.

Am Morgen des 5. Oktober 1789 versammelten sich zahlreiche Frauen vor dem Rathaus von Paris. Sie verlangten Brot, doch es gab keines. Spontan beschlossen sie nach Versailles zu ziehen. Über 7000 Frauen waren es schließlich, die sich auf den Weg machten: Brot und Unterschrift des Königs – so lauteten ihre Forderungen. Am Abend erreichten sie Versailles, am folgenden Morgen drangen sie in das Schloss ein. Immer lauter wurden die Rufe: „Der König nach Paris!" Ludwig XVI. gab nach. Abends trafen die Massen mit dem König in Paris ein. Man rief: „Wir bringen den Bäcker, die Bäckerin und den kleinen Bäckerjungen."* Der König unterschrieb die Beschlüsse der Nationalversammlung.

6 Welche Hoffnungen drücken sich in dem Ruf aus: „Wir bringen den Bäcker"?

7 Überlegt, warum gerade so viele Frauen an dem Marsch nach Versailles beteiligt waren.

4./5. August 1789: Die Nationalversammlung beschließt die Abschaffung der Leibeigenschaft und die Aufhebung aller Privilegien.

Bäcker*: Das Volk von Paris gab dem König den Spitznamen „der Bäcker", der Königin Marie Antoinette, einer Tochter Maria Theresias, den Spitznamen „die Bäckerin", weil diese auf den Hinweis, dass es in Paris kein Brot mehr zu essen gibt, gesagt haben soll: „Dann sollen die Leute doch Kuchen essen."

Freiheit – Gleichheit – Brüderlichkeit

1 Die Erklärung der Menschen- und Bürgerrechte. Gemälde, 1789.

26. August 1789: Erklärung der Menschen- und Bürgerrechte.

Die Erklärung der ▶ Menschen- und Bürgerrechte

Drei Wochen, nachdem die Vorrechte des Adels aufgehoben worden waren, verkündete die Nationalversammlung am 26. August 1789 die Menschen- und Bürgerrechte. Freiheit (liberté), Gleichheit (egalité) und Brüderlichkeit (fraternité) sollten in Zukunft das Zusammenleben aller Franzosen prägen.

Q1 Aus der Erklärung der Menschen- und Bürgerrechte:
Art. 1: Die Menschen werden frei und gleich an Rechten geboren und bleiben es.
Art. 2: Diese Rechte sind: Freiheit, Eigentum, Sicherheit und Widerstand gegen Unterdrückung.
Art. 3: Der Ursprung jeder Herrschaft liegt beim Volk …
Art. 4: Die Freiheit besteht darin, alles tun zu können, was dem anderen nicht schadet.
Art. 6: Alle Bürger haben das Recht, an der Gestaltung der Gesetze persönlich oder durch ihre Vertreter mitzuwirken.
Art. 7: Niemand darf außer in den durch das Gesetz bestimmten Fällen angeklagt, verhaftet oder gefangen gehalten werden.
Art. 10: Niemand darf wegen seiner Ansichten oder Religion bestraft werden …
Art. 11: Die freie Mitteilung der Gedanken und Ansichten ist eines der kostbarsten Menschenrechte. Daher kann jeder Bürger frei sprechen, schreiben, denken …

Die Verfassung von 1791

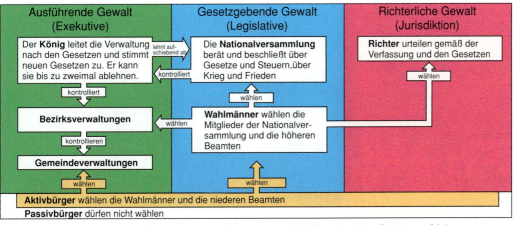

2 Der Staatsaufbau Frankreichs nach der Verfassung von 1791 (konstitutionelle Monarchie).

1 Überprüft mit Hilfe der Quelle, in welchen Punkten die Menschen- und Bürgerrechte im Gegensatz zur absolutistischen Herrschaft stehen.
2 Welche Forderungen der Aufklärer (siehe S. 78/79) sind 1789 in Frankreich verwirklicht worden?
3 Überlegt, welche Menschen- und Bürgerrechte bereits für euch als Schülerinnen und Schüler wichtig sein könnten.
4 Das Gemälde (Abbildung 1) zeigt zwei Personen: links „France" und rechts das Gesetz. Welche weiteren Symbole könnt ihr entdecken?

Der König wird durch die Verfassung eingeschränkt

Zwei Jahre dauerte es, bis endlich auch die Verfassung verkündet werden konnte. Ludwig XVI. bekam durch sie einen neuen Titel: „Durch Gottes Gnade und die Verfassungsgesetze König der Franzosen". Damit war die Zeit der absolutistischen Monarchie beendet. Frankreich war zu einer konstitutionellen Monarchie* geworden, das heißt, die Macht des Königs (Monarchen) wurde durch eine Verfassung (Konstitution) eingeschränkt.
Die Verfassung garantierte allen Bürgern Freiheit und Gleichheit vor dem Gesetz, dazu weitere Grundrechte. Umstritten war jedoch das Wahlrecht. In der absoluten Monarchie hatte es keine Wahlen gegeben. Aber auch jetzt durften nicht alle Franzosen wählen. Ausgeschlossen blieben alle Frauen, alle Männer unter 25 Jahren und alle Männer über 25 Jahre, die keine oder nur eine geringe Steuer zahlten. Sie wurden als „Passivbürger" bezeichnet. Wahlberechtigt waren von zirka 26 Millionen Franzosen etwa vier Millionen Männer, die ein höheres Einkommen hatten und entsprechende Steuern zahlten. Sie hießen „Aktivbürger".

Q2 In einem Zeitungsartikel der damaligen Zeit heißt es:
… Die aktiven Bürger, das sind die Eroberer der Bastille, das sind die, welche den Acker bestellen, während die Nichtstuer im Klerus und bei Hofe trotz ihrer Riesenbesitzungen weiter nichts sind als kümmerliche Pflanzen …

Tatsächlich brachte die Verfassung also vielen Menschen Rechte, doch nicht allen. Selbst die Sklaverei wurde am 4. Februar 1794 vom Nationalkonvent für abgeschafft erklärt. Nach dem Scheitern der Revolution wurde sie allerdings 1802 wieder eingeführt.
5 Welche Veränderung stellt ihr beim Titel des Königs fest?
6 Beschreibt den Aufbau der Verfassung von 1791.
7 Klärt die Begriffe „Passivbürger" und „Aktivbürger".
8 War das Wahlrecht mit den Grundsätzen der Menschen- und Bürgerrechte vereinbar? Begründet eure Meinung.

3. September 1791: Die neue Verfassung wird verkündet. Frankreich wird eine konstitutionelle Monarchie.

Konstitutionelle Monarchie*:
Bezeichnung für eine Herrschaftsform, bei der die Macht des absoluten Königs durch eine Verfassung (= Konstitution) eingeschränkt wird. Siehe auch S. 45.

Der König versucht zu fliehen

1 Die Verhaftung König Ludwigs XVI. auf der Flucht 1791. Zeitgenössischer farbiger Stich eines Unbekannten.

Die königliche Familie auf der Flucht
Am 20. Juni 1791 um Mitternacht verließ der König, als Kammerdiener verkleidet, zusammen mit seiner Familie heimlich Paris. Sein Ziel war die deutsche Grenze. Vor ihm waren schon mehr als 40 000 Adlige ins Ausland geflohen, die meisten nach Deutschland. Sie wollten sich nicht damit abfinden, keine Vorrechte mehr zu haben. Vom Ausland aus bereiteten sie den Kampf gegen die Revolution vor. Der König wollte sich mit den geflohenen Adligen verbünden. Sein Ziel war es, mit einer Armee nach Paris zurückzukehren um die absolute Macht wieder an sich zu reißen.

Q1 Nur einen Tag später konnte man in Paris auf Plakaten lesen:
… Mitteilung an die Bürger, dass ein fettes Schwein aus den Tuilerien* entflohen ist. Wer ihm begegnet, wird gebeten, es in seinen Stall zurückzubringen. Eine angemessene Belohnung wird er dafür erhalten …

Q2 Eine Pariser Zeitung schrieb am gleichen Tag:
… Volk, da hast du die Treue, die Ehre und die Religion der Könige. Misstraue ihren Eiden! In der letzten Nacht hat Ludwig XVI. die Flucht ergriffen … Der absolute Machthunger, der seine Seele beherrscht, wird ihn bald zu einem wilden Mörder machen. Bald wird er im Blute seiner Mitbürger waten, die sich weigern sich unter sein tyrannisches Joch zu beugen …

Noch am gleichen Abend wurde der König auf der Flucht erkannt und gezwungen nach Paris zurückzukehren. Als er am 25. Juni 1791 wieder in Paris eintraf, war es totenstill. Schweigend standen die Soldaten rechts und links der Straße, die Gewehre nach unten gekehrt.

1 Beschreibt die Abbildung 1. – Achtet dabei auf die Haltung und den Gesichtsausdruck des Königs und der übrigen Personen.
2 Beschreibt die Gefühle und Stimmungen, die in Q 1 und 2 ausgedrückt werden. – Was wird dem König vorgeworfen?

Obwohl viele Pariser protestiert hatten, ließ die Nationalversammlung den König auch nach seinem Fluchtversuch weiterregieren. Die Mehrheit der Abgeordneten gehörte nämlich zum reichen Bürgertum. Sie hatten durch die Verfassung von 1791 das volle politische Mitspracherecht erhalten und waren mit dem Adel gleichgestellt worden. Deshalb wollten die wohlhabenden Bürger den König nicht absetzen. Für sie war die Revolution abgeschlossen.

Tuilerien: Stadtschloss des Königs in Paris.

Die Revolutionskriege beginnen

Die Revolution in Gefahr
Auch wenn der König nun wieder in Paris war, drohte der Revolution doch noch eine große Gefahr. Nahezu alle europäischen Könige und Fürsten regierten schließlich noch als absolute Herrscher. Sie hatten große Angst davor, dass die Revolution auch auf ihre Länder übergreifen könnte. So schlossen Preußen und Österreich einen Militärbund gegen die französische Revolutionsregierung. Um schneller zu sein als die Gegner erklärte die Nationalversammlung am 22. April 1792 den verbündeten europäischen Mächten den Krieg. Zehntausende meldeten sich freiwillig als Soldaten oder halfen bei der Befestigung von Paris.

3 Beschreibt die Abbildung 2. Welche Stimmung wird zum Ausdruck gebracht?

In den Kriegen gegen die europäischen Fürsten sangen die französischen Freiwilligen ein Lied, das die Nationalhymne der Franzosen geworden ist. Es ist die Marseillaise*.

2 Auszug der Freiwilligen aus Paris 1792. Gemälde von Edouard Detaille, 1907.

22. April 1792:
Die französische Nationalversammlung erklärt den verbündeten europäischen Mächten den Krieg.

Q3 Die erste Strophe der Marsellaise lautet:
Auf, Kinder des Vaterlands,
Der Tag des Ruhms ist da.
Gegen uns steht die Tyrannei,
Ihre blutende Fahne hat sie emporgereckt.
Hört ihr in den französischen Landen
Ihre blutrünstigen Soldaten brüllen.
Sie kommen euch ganz nah,
Eure Söhne und Frauen zu ermorden.
Auf zu den Waffen, Bürger,
Bildet eure Bataillone,
Lasst uns marschieren,
Auf dass unsere Spuren vom
Feindesblut durchtränkt werden.

4 Untersucht, gegen wen sich dieses Lied richtet.
5 Beschreibt, wie die Gegner gesehen werden.
6 Der Krieg wird in der Marseillaise als notwendig dargestellt. Wie wird das begründet? Was haltet ihr davon?

Zunächst muss das schlecht ausgebildete Revolutionsheer einige Niederlagen einstecken.

Q4 Am 25. Juli 1792 ließ der Herzog von Braunschweig im Namen des preußischen Königs und des österreichischen Kaisers verkünden:
… Die Stadt Paris und alle ihre Bewohner … sind schuldig sich sogleich ihrem König zu unterwerfen … Ihre Majestäten erklären ferner …, dass, wenn … die mindeste Beleidigung dem Könige, der Königin … zugefügt und nicht sofort für Ihre Sicherheit, ihr Leben und ihre Freiheit gesorgt wird, sie … die Stadt Paris einer militärischen Exekution und einer vollständigen Zerstörung preisgeben werden; die Verbrecher selbst aber erhalten die verdiente Todesstrafe …

7 Fasst zusammen, wen Österreich und Preußen schützen wollen. Womit wird gedroht?
8 Überlegt, welche Wirkung dieser Text auf die französische Bevölkerung gehabt haben könnte.

Marseillaise*: Nationalhymne der Franzosen.
Bis heute gehen viele Staatssymbole Frankreichs auf die Französische Revolution zurück, z. B. die Marseillaise, die Trikolore (Nationalflagge), der 14. Juli als Nationalfeiertag.

Frankreich wird Republik

1 **Hinrichtung Ludwigs XVI.** Auf dem Platz der Revolution (heute Place de la Concorde = Platz der Einheit) zeigt der Henker den Kopf des Königs.

21. September 1792:
Frankreich wird Republik.

21. Januar 1793:
Hinrichtung Ludwigs XVI.

Jakobiner*:
Ein politischer Klub während der Französischen Revolution, dessen Mitglieder sich erstmals in dem ehemaligen Pariser Kloster St. Jacob trafen. Nach der Abspaltung der gemäßigten Gruppe der Girondisten (Abgeordnete aus dem französischen Département Gironde, siehe Karte S. 133) wurde der Name nur noch für radikale Republikaner verwendet.

„Ludwig muss sterben, weil das Vaterland leben muss"
Die Situation spitzte sich zu. Das Volk suchte nach Sündenböcken für die militärischen Niederlagen. Angeblich hatte die Königin den feindlichen Generälen den französischen Feldzugsplan zugespielt. Außerdem stand der König im Verdacht mit ausländischen Fürsten gegen Frankreich zusammenzuarbeiten. Die Wut des Volkes gegen den König als Gegner der Revolution und als Landesverräter kannte keine Grenzen mehr. Im August 1792 stürmte die Menge die Tuilerien. Der König wurde verhaftet.
Noch am gleichen Tag wurden Neuwahlen ausgeschrieben. Bei dieser Wahl sollten jetzt alle Bürger stimmberechtigt sein. Nur einen Monat später, im September 1792, trat die neue Nationalversammlung zusammen. Sie bezeichnete sich jetzt als Nationalkonvent.
Den größten Einfluss in diesem Konvent hatte eine Gruppe besonders radikaler Abgeordneter, die Jakobiner*. Einer ihrer mächtigsten Männer war Robespierre. Er wollte die Revolution mit Hilfe von Terror endgültig durchsetzen. Schon in seiner ersten Sitzung am 21. September verkündete der Nationalkonvent das Ende der Monarchie und erklärte Frankreich zur Republik. Im Dezember befasste sich der Konvent mit dem Schicksal des Königs.

1 *Die Entscheidung darüber, was mit dem König nun geschehen sollte, wurde in Frankreich lange diskutiert. Welche Möglichkeiten gab es aus eurer Sicht?*
2 *Welche Gründe sprechen für, welche sprechen gegen eine Verurteilung des Königs?*

Q1 Robespierre hielt eine leidenschaftliche Rede:
… Was mich angeht, so verabscheue ich die Todesstrafe und für Ludwig habe ich weder Hass noch Liebe, nur seine Missetaten verabscheue ich. Aber ein König, dessen Name allein schon für unsere Nation den Krieg bedeutet, stellt für das öffentliche Wohl eine Gefahr dar. Mit Schmerz spreche ich die verhängnisvolle Wahrheit aus: Es ist besser, dass Ludwig stirbt, als dass 100 000 tugendhafte Bürger umkommen: Ludwig muss sterben, weil das Vaterland leben muss …

3 *Nehmt Stellung zur Rede Robespierres und tauscht eure Meinung darüber aus.*

Q2 Am 17. Januar 1793 verkündete der Präsident des Nationalkonvents das Urteil gegen den Bürger Louis Capet (= Ludwig XVI.):
… „Bürger, ich werde jetzt das strenge Urteil gegen Louis verkünden … Ich fordere die Abgeordneten und die Zuhörer zu tiefstem Schweigen auf." Daraufhin herrschte völlige Ruhe. „Die Versammlung besteht aus 745 Mitgliedern. (Insgesamt fehlen 23 Mitglieder), die absolute Mehrheit beträgt 361 Stimmen. 23 Stimmen für die Todesstrafe, die den Zeitpunkt der Vollstreckung zur Diskussion stellen; 8 für Todesstrafe mit Aufschub, 2 für Hinrichtung nach dem Friedensschluss, 2 für Zuchthausstrafe, 319 für Haft, 366 für den Tod. Bürger, die über Louis verhängte Strafe ist der Tod" …

Vier Tage später wurde Ludwig XVI. hingerichtet. Frankreich stand nun als Republik gegen die europäischen Monarchien.

Krieg der Freiheit gegen die Feinde

2 Der Massensturz. Karikatur aus Paris, 1794. Das Rad trägt die Aufschrift: „Erklärung der Menschenrechte". Oberhalb der Stromleitung steht zu lesen: „Freiheit, Gleichheit, Brüderlichkeit, Einheit und Unteilbarkeit der Republik".

Europäische Fürsten marschieren gegen Frankreich

Kurz nach der Verhaftung des Königs im September 1792 gelang es den Revolutionsheeren bei Valmy, die Gegner zu besiegen. Knappheit der Munition, kaltes regnerisches Wetter und tief verschlammte Straßen hatten die Truppen der Fürsten zu sehr geschwächt. So bezwang das Revolutionsheer die preußische Armee, die seit Friedrich II. als beste Armee auf dem Kontinent galt.

Die Adligen im Ausland ließen diese Niederlage nicht auf sich sitzen. Nach der Hinrichtung des Königs fürchteten sie mehr denn je um ihre Macht. So marschierten im Frühjahr 1793 auch England, Spanien, Holland und einige italienische Fürsten gegen Frankreich. Frankreich geriet in große Bedrängnis. Dazu kam, dass in Frankreich die Anhänger des Königtums die Revolution durch zahlreiche Aufstände gefährdeten.

4 *Betrachtet die Karikatur (Abbildung 2). Was will der Künstler damit zum Ausdruck bringen?*

5 *Beschreibt und erläutert die Bedrohung der Republik anhand der Karte 3.*

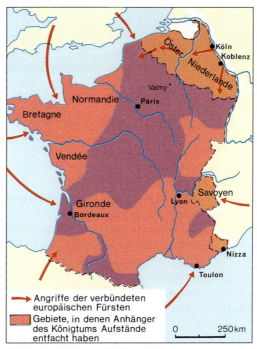

3 Frankreich im Frühjahr 1793.

Die Schreckensherrschaft

1793:
Mit der Einrichtung der Revolutionsgerichte und dem „Gesetz über die Verdächtigen" beginnt die „Schreckensherrschaft", eine Zeit des Terrors und der Willkür.

1 „Hier ruht ganz Frankreich." Robespierre richtet als letzter Überlebender den Henker hin. Flugblatt, 1793.

Sansculotten*
(frz. = ohne Kniehosen): Bezeichnung für Pariser Revolutionäre, die aus den Unterschichten stammten. Sie trugen lange Hosen um sich auch in der Kleidung vom Adel zu distanzieren.

Der Terror beginnt:
„Wer nicht für uns ist, der ist gegen uns"
Der König hingerichtet, die französischen Truppen auf der Flucht vor feindlichen Heeren und immer wieder Hungersnöte – Frankreich kam 1793 nicht zur Ruhe. Viele Menschen wandten sich daher ab von der Revolution und den Revolutionären.
Um mit den vielfältigen Problemen fertig zu werden übertrug der Nationalkonvent die Macht auf zwei Ausschüsse:
– Die Mitglieder des Wohlfahrtsausschusses waren zuständig für die Versorgung der Bevölkerung, die Errichtung von Rüstungsbetrieben, für das Militär und die Polizei. Vorsitzender dieses Ausschusses wurde Robespierre, der gegenüber den wahren oder auch nur angeblichen Gegnern der Republik keine Gnade kannte.
– Der Sicherheitsausschuss hatte die Aufgabe „Feinde der öffentlichen Ordnung" aufzuspüren und verhaften zu lassen.
Beide Ausschüsse wurden von den Jakobinern beherrscht. Unterstützung fanden sie vor allem bei den Kleinbürgern, die man auch als Sansculotten* bezeichnete.
Einige unbedachte Äußerungen genügten bereits um als Feind der Republik zu gelten.

Q1 Am 11. Oktober 1793 erließ der Sicherheitsausschuss folgende Bekanntmachung:
… Merkmale zur Kennzeichnung von Verdächtigen
1. Wer Versammlungen des Volkes durch hinterhältige Reden und Zwischenrufe stört.
2. Wer die Großpächter und habgierigen Händler bedauert, gegen die Maßnahmen ergriffen wurden.
3. Wer dauernd die Worte Freiheit, Republik und Vaterland im Munde führt, aber mit ehemaligen Adligen verkehrt und an ihrem Schicksal Anteil nimmt.
4. Wer die republikanische Verfassung mit Gleichgültigkeit aufgenommen hat …

1 Vergleicht diese Liste mit der Erklärung der Menschenrechte (S. 128). Was fällt euch auf? Wie wirkt die Liste auf euch? Begründet eure Meinung.

Vor dem Revolutionsgericht
Noch im gleichen Jahr wurde ein besonderes Revolutionsgericht gebildet, das die Feinde der Republik aburteilen sollte. Gegen seine Entscheidungen gab es keine Einspruchsmöglichkeiten.

Q2 In einem zeitgenössischen Bericht heißt es:
… Verhöre und Verteidigungen gab es nicht mehr. Zeugen wurden keine vernommen. Wer im Gefängnis sitzt, ist bereits zum Tode verurteilt.
Der öffentliche Ankläger kommt kaum mehr zur Ruhe. In einem Raum neben seinem Büro wirft er sich nachts für einige Stunden auf die Pritsche um dann aufgeschreckt wieder an den Schreibtisch zu wanken … Es gibt Verhandlungen, wo 100 oder 150 Angeklagte schon vor der Verhandlung als schuldig in die Listen eingetragen wurden … Der

Die Revolution frisst ihre Kinder

2 Verhör vor dem Revolutionsgericht. 1792.

eine Richter vertreibt sich die Zeit damit, Karikaturen der Angeklagten zu zeichnen, andere sind oft betrunken …

Ein Mitglied des Wohlfahrtsausschusses erklärte später: „Wir wollten nicht töten um zu töten. Wir wollten unsere Vorstellungen um jeden Preis durchsetzen." Ungefähr 500 000 Menschen wurden verhaftet, etwa 40 000 hingerichtet, darunter auch Kinder von zehn bis zwölf Jahren.

2 Erklärt, welche Kritik die Abbildungen 1 und 2 an dem Vorgehen der Jakobiner und an dem Revolutionsgericht zum Ausdruck bringen.
3 Diskutiert, warum es notwendig ist, dass man gegen Gerichtsurteile Einspruch erheben kann.

Der Erfolg der Revolutionstruppen und das Ende des Terrors

Von außen wurde Frankreich weiterhin von den europäischen Monarchien bedroht (siehe S. 131). Um sich gegen diese Übermacht zu wehren führte die Republik die allgemeine Wehrpflicht ein. Das war etwas ganz Neues im damaligen Europa. Das französische Heer war auf über 900 000 Soldaten angewachsen. Auf diese Weise gelang es der Republik, eine zahlenmäßige Überlegenheit über ihre Gegner zu erreichen. Tatsächlich hatten sie damit Erfolg. Im Frühjahr 1794 waren die Aufstände im Innern niedergeschlagen, die Grenzen gesichert und sogar neue Gebiete erobert.

Die Mehrzahl der Abgeordneten im Nationalkonvent sah jetzt in der Fortführung der Schreckensherrschaft keinen Sinn mehr. Am 27. Juli 1794 wurde Robespierre, der Vorsitzende des Wohlfahrtsausschusses, verhaftet. Bereits einen Tag später wurde er mit 21 seiner Anhänger durch die Guillotine* ohne Gerichtsverfahren hingerichtet.

1795 beschloss der Nationalkonvent die dritte Verfassung der Revolution. Die Gewaltenteilung wurde durch sie wieder eingeführt. Bürger mit größerem Einkommen erhielten auch wieder größere Rechte bei den Wahlen. Die Regierungsgeschäfte sollten von einem aus fünf Personen bestehenden Direktorium erledigt werden. Trotzdem ging es mit Frankreich wirtschaftlich bergab. Das Direktorium wurde dadurch bei der Bevölkerung immer unbeliebter. Schließlich konnte die allgemeine Ordnung nur noch durch das Militär aufrechterhalten werden.

4 1795 wurde die Gewaltenteilung wieder eingeführt. Wann war sie außer Kraft gesetzt worden? Warum wurde sie wohl wieder in die Verfassung aufgenommen?

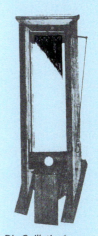

Die Guillotine*, von Dr. Louis erfunden und von Dr. Guillotin für den Vollzug der Todesstrafe vorgeschlagen, erlangt während der Schreckensherrschaft ihre traurige Berühmtheit. An einem Tag werden einmal 54 Enthauptungen in 28 Minuten durchgeführt.

Der Aufstieg Napoleons

1 Napoleon überschreitet 1800 die Alpen.
Gemälde von Jacques-Louis David, 1804.

Hahn? Elefant? Löwe?
Die Wahl des Wappentiers für das Kaiserreich war Anlass für eine heftige Diskussion im Staatsrat. Im letzten Augenblick wählte Napoleon den Adler, der an das Wappen Karls des Großen und an die Feldzeichen der Römer erinnerte.

1799–1821:
Napoleon herrscht – zunächst als Konsul, dann als Kaiser – über Frankreich.

Napoleon: Vom unbekannten Offizier zum Alleinherrscher

Der Mann, der diese Zeilen schrieb, hieß Napoleon Bonaparte. Wer war dieser ▶ Napoleon? Am 15. August 1769 wurde er auf der Insel Korsika geboren. Seine Eltern waren zwar adlig, doch standen der Familie wegen der großen Kinderzahl nur beschränkte finanzielle Mittel zur Verfügung. Durch die Unterstützung des französischen Königs konnte Napoleon mit neun Jahren eine Schule in Frankreich besuchen. Weil er nur schlecht Französisch sprach, waren seine schulischen Leistungen mäßig. Bereits mit fünfzehn Jahren besuchte er die Pariser Militärschule. Hier war Napoleon außergewöhnlich erfolgreich. Nach nur einem Jahr schloss er seine Ausbildung ab und wurde sechzehnjährig zum Offizier ernannt. Dies lag nicht nur daran, dass er seine Soldaten begeistern konnte. Unter Napoleon wurden die Soldaten befördert, wenn sie besondere Leistungen erbracht hatten.

Die Zeit nach der Schreckensherrschaft

Nach dem Sturz Robespierres sehnte sich das Volk nach Ruhe und politischer Ordnung. Langsam begann sich das Privatleben zu normalisieren: Die Menschen besuchten wieder Theater und Tanzveranstaltungen. Trotzdem litt der Staat unter vielen Problemen. Die Kassen waren leer, die Königstreuen versuchten wieder an die Macht zu kommen. Sie wollten die Ergebnisse der Revolution rückgängig machen.

Q1 Ein junger Mann aus Korsika, der sich zu dieser Zeit in Paris aufhielt, schrieb an seinen Bruder:
… Man lebt hier ziemlich ruhig. Im Theater wird ein wenig Lärm um die Melodien gemacht, die nach der Marseillaise klingen. Die Jugend scheint dieses Lied nicht zu wollen. Dieses Volk gibt sich dem Vergnügen hin: Tänze, Theaterstücke, Frauen, die hier die schönsten der Welt sind, werden zur Hauptsache. Wohlhabenheit, Luxus, guter Umgangston, alles ist zurückgekehrt. An die Schreckensherrschaft erinnert man sich nur wie an einen Traum. Was mich angeht, so bin ich zufrieden; mir fehlt nur der Kampf …

Q2 Voller Selbstbewusstsein erklärte Napoleon 1797 einem Diplomaten:
… Glauben Sie vielleicht, dass ich eine Republik gründen will? Welcher Gedanke! Das ist eine Wahnvorstellung, in die die Franzosen vernarrt sind, die aber auch … vergehen wird. Was die Franzosen brauchen, das ist Ruhm, die Befriedigung ihrer Eitelkeiten; aber von Freiheit, davon verstehen sie nichts. Das Volk braucht einen Führer, einen durch Ruhm und Siege verherrlichten Führer, und keine Theorien übers Regieren … Der Frieden liegt nicht in meinem Interesse. Sie sehen ja, was ich jetzt in Italien bin. Ist der Friede geschlossen und ich stehe nicht mehr an der Spitze des Heeres, so muss ich auf die Macht und auf die hohe Stellung, die ich erworben habe, verzichten. Ich möchte Italien nur verlassen um in Frankreich eine eben solche Rolle zu spielen, wie sie mir hier zufällt. Dieser Augenblick ist aber noch nicht gekommen …

1 Erläutert, welches Ziel Napoleon anstrebt.
2 Napoleon sagt: „Das Volk braucht einen Führer …" Wie beurteilt ihr diese Aussage?

General Bonaparte beendet die Revolution

Napoleon I. – ein französischer Kaiser

Am 9. November 1799 war es schließlich so weit. Napoleon drang mit seinen Soldaten in das Parlamentsgebäude ein und setzte die Regierung ab. Nach diesem ▶ Staatsstreich wurde er zum Ersten Konsul ernannt und hielt damit die Macht in seinen Händen.

Die wirtschaftliche Lage verbesserte sich im Folgenden zusehends. Das Verkehrsnetz wurde weiter ausgebaut, große Ausgaben wurden gemacht zum Aufbau einer starken Wirtschaft, die zudem durch hohe Einfuhrzölle geschützt wurde.

Die Führungsschicht setzte sich außerdem nicht nur aus Adligen zusammen, auch fähige Bürger konnten zu Amt und Würden gelangen.

Q3 1800 bestimmte Napoleon:
… Es werden alle Zeitungen und Zeitschriften verboten, die gegen … den Ruhm der Armee, gegen den … Frieden gerichtet sind oder die Angriffe gegen befreundete oder verbündete Regierungen und Völker veröffentlichen.
Um die Pressefreiheit zu sichern darf kein Buchhändler ein Werk verkaufen, bevor er es nicht einer Prüfungskommission vorgelegt hat …

3 Was haltet ihr von Napoleons Einstellung zur Pressefreiheit?

Durch all diese Maßnahmen schaffte es Napoleon, seine Macht so weit zu festigen, dass er sich 1804 zum Kaiser* der Franzosen ausrufen ließ.

4 Betrachtet die Abbildung 2. Was sagt sie über die Herrschaft Napoleons aus? Welche Rolle spielte der Papst bei der Krönung?

5 Stellt Vermutungen darüber an, welche Erwartungen durch den neuen Herrscher erfüllt wurden und welche er enttäuschte.

6 Napoleon regierte „zentralistisch". Erklärt den Begriff mit Hilfe der Grafik 3.

2 Die Kaiserkrönung Napoleons am 2. Dezember 1804. Napoleon setzt seiner Frau die Krone auf, nachdem er sich selbst zum Kaiser gekrönt hat. Gemälde von Jacques-Louis David, 1804.

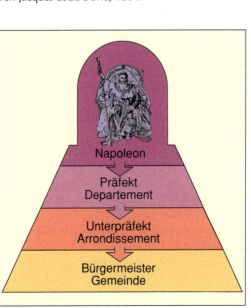

3 Die Verwaltungsgliederung Frankreichs. Die Pfeile symbolisieren das Recht Napoleons zu ernennen und zu entlassen.

Kaisertum*:
Nachdem Napoleon Kaiser war, führte er ein königliches Hofzeremoniell ein. Er vergab Adelstitel und ließ sich 1810 von seiner Frau scheiden um die Tochter des österreichischen Kaisers zu heiraten. In seiner Suche nach Ruhm ließ er den 15. August (seinen Geburtstag) durch Papst Pius VII. zum Saint-Napoléon-Tag erheben (saint = [frz.] heilig).

Staaten kommen und gehen

1 Tiddy Doll, der große französische Lebkuchenbäcker, zieht einen neuen Schub Könige aus dem Ofen. Karikatur von James Gillray.

▶ **Säkularisation***
(lat. saecularis = weltlich):
Der Begriff bezeichnet einen Vorgang, bei dem kirchliche Besitztümer vom Staat eingezogen und an weltliche Fürsten verteilt werden. Säkularisationen fanden z. B. während der Reformation, der Französischen Revolution und in Europa unter Napoleon statt.

Mediatisierung*:
Aufhebung der Reichsunmittelbarkeit weltlicher Herrscher und ihre Unterstellung unter einen Landesherrn.

„Aus allen Völkern Europas muss ich *ein* Volk machen"

Mit der Krönung im Jahr 1804 trug seit über 900 Jahren nicht allein ein deutscher Herrscher die Kaiserkrone, sondern auch der Franzose Napoleon. Und dieser wusste von Anfang an genau, was er wollte.

Q1 Napoleon über seine außenpolitischen Ziele:
… Europa wird nicht zur Ruhe kommen, bevor es nicht unter einem einzigen Oberhaupte steht, unter einem Kaiser, der Könige als seine Beamte hat und der seinen Generälen Königreiche gibt.
Wir brauchen ein europäisches Gesetz, einen europäischen Gerichtshof, eine einheitliche Münze, die gleichen Gewichte und Maße. Wir brauchen dieselben Gesetze für ganz Europa … Aus allen Völkern Europas muss ich ein Volk machen und aus Paris die Hauptstadt der Welt …

1 Nennt die außenpolitischen Ziele Napoleons im Einzelnen.
2 Ein „Vereintes Europa" ist auch heute ein wichtiges politisches Ziel. Berichtet, was ihr darüber wisst.
3 Worin unterscheiden sich Napoleons Vorstellungen von einem „Vereinten Europa" grundlegend von den politischen Zielen heute?

Drei Millionen Menschen erhalten neue Herrscher

Als die französischen Truppen deutsche Gebiete eroberten, begann damit eine völlige Umgestaltung des Deutschen Reichs. Schon im Jahr 1801 hatten die deutschen Fürsten sich damit einverstanden erklärt, dass die von Napoleons Soldaten eroberten Gebiete links des Rheins auf Dauer zu Frankreich gehören sollten. Für deutsche Fürsten, die dadurch Gebiete verloren hatten, wurde eine Entschädigung vereinbart. 1803 setzte man folgende Bestimmungen durch:
– Geistliche Landesherren wurden enteignet. Die Gebiete verteilte man an weltliche Fürsten. Diesen Vorgang nannte man Säkularisation*.
– Fast alle Reichsstädte und zahllose Kleinstaaten teilte man mächtigeren Landesherren zu. Der Fachbegriff dafür heißt „Mediatisierung"*.
Etwa 300 kleine Herrschaftsgebiete verschwanden so von der Landkarte. Drei Millionen Menschen wurden neuen Herrschern unterstellt. Später erhob Napoleon die Fürsten von Bayern, Sachsen und Württemberg zu Königen.
4 Die Karikatur (Abbildung 1) setzt sich mit den Ereignissen 1803/06 auseinander. Erklärt die Karikatur.

Die neue Landkarte Deutschlands

2 Mitteleuropa vor 1789.

3 Mitteleuropa zwischen 1806 und 1815.

Gebiets- und Bevölkerungsverluste bzw. Gewinne deutscher Staaten 1806

Preußen:
+ 12 000 qkm
− 2000 qkm
+ 600 000 Menschen
− 140 000 Menschen

Bayern:
+ 14 000 qkm
− 10 000 qkm
+ 850 000 Menschen
− 600 000 Menschen

Baden:
+ 2000 qkm
− 450 qkm
+ 240 000 Menschen
− 30 000 Menschen

Württemberg:
+ 1500 qkm
− 400 qkm
+ 120 000 Menschen
− 30 000 Menschen

Das Ende des Heiligen Römischen Reichs

Im Jahr 1806 schlossen sich 16 deutsche Fürsten mit ihren neuen Gebieten unter der Vorherrschaft Napoleons zum Rheinbund* zusammen. Die Rheinbundstaaten erkannten Napoleon als ihren Schutzherrn an. Sie verpflichteten sich Frankreich im Bedarfsfall mit Truppen zu unterstützen. Gleichzeitig erklärten sie ihren Austritt aus dem Heiligen Römischen Reich Deutscher Nation. Auf diese Nachricht hin und unter dem Druck Napoleons verzichtete Franz II. auf die deutsche Kaiserkrone und nannte sich nur noch „Kaiser von Österreich". Das war das ▶ Ende des Heiligen Römischen Reichs Deutscher Nation nach einer fast tausendjährigen Geschichte.

Die französische Herrschaft in Deutschland

Die Herrschaft Napoleons in den deutschen Staaten wurde durch seine Truppen gesichert. Unerbittlich ließ Napoleon jeden Widerstand niederschlagen.

Q2 So schrieb er an seinen Gouverneur in Kassel:
… Entwaffnen Sie das Land durchaus, dass nicht eine Kanone, nicht eine Flinte darin bleibe. Im Übrigen kann man das Land mit Milde behandeln, allein, wenn sich die geringste Bewegung irgendwelcher Art zeigt, geben Sie ein fürchterliches Beispiel. Das erste Dorf, welches sich muckst, soll geplündert und verbrannt werden …

5 Vergleicht die Karten 2 und 3 und beschreibt die Veränderungen. Nehmt auch die Übersicht in der Randspalte zu Hilfe.
6 Vergleicht Karte 3 mit einer Karte der Bundesrepublik Deutschland. Welche Bundesländer sind schon erkennbar?
7 Welche Vorteile und welche Nachteile brachte die Neuordnung Deutschlands mit sich?

Ein Gesetzbuch soll die Herrschaft Napoleons sichern

Im Jahr der Kaiserkrönung Napoleons trat ein in ganz Frankreich gültiges Gesetzbuch in Kraft. Sein Name war zunächst Code civil, später nannte man das Gesetzeswerk Code Napoléon. Auch die verbündeten deutschen Staaten führten den Code Napoléon ein.
8 Überlegt, welche Vorteile ein gemeinsames Gesetzeswerk mit sich brachte.

Rheinbund*:
Im Jahr 1806 traten 16 deutsche Reichsstädte und Fürstentümer aus dem Deutschen Reich aus. Sie gründeten den Rheinbund, dessen Schutzherr Napoleon war.

1804:
Einführung des Code Civil (Code Napoléon).

139

Frankreich dehnt sich aus ...

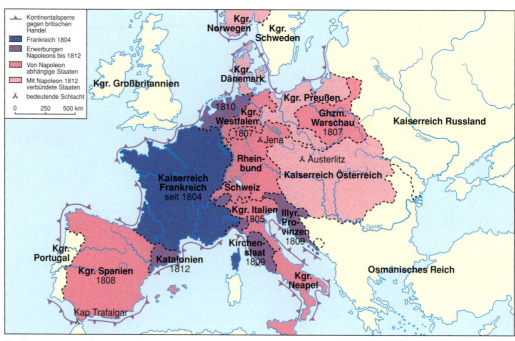

1 Europa unter der Herrschaft Napoleons.

2 **Die europäische Waagschale 1805:** Vorne links Napoleon, rechts auf der Waagschale Russland und Österreich, dahinter Preußen, oben links England.

Koalition*:
Bündnis.

Franzosen weiter auf dem Vormarsch

Das Gefühl, eine Nation zu sein, hatte den Franzosen die Kraft gegeben sich über Europa auszudehnen. In der Dreikaiserschlacht bei Austerlitz konnte Napoleon sich gegen Österreich und Russland durchsetzen (2. Dezember 1805). Der österreichische Kaiser musste den Frieden von Preßburg unterzeichnen und schied dadurch aus der Koalition* gegen Napoleon aus. Dadurch baute dieser seine Vormachtstellung in Europa weiter aus.

1 Fertigt eine Liste an, in die ihr die von Napoleon abhängigen und die mit ihm verbündeten Staaten eintragt. Nehmt dazu die Karte 1 zu Hilfe.

2 Wie beurteilt die französische Karikatur (Abbildung 2) das Mächteverhältnis in Europa nach der Schlacht von Austerlitz?

... und England wehrt sich

3 Französisches Militär verbrennt vor den Toren Hamburgs britische Waren. Aquarell von Peter Suhr.

Wirtschaftskrieg gegen England

Es dauerte nicht lange, bis ganz Mitteleuropa von Napoleon unterworfen war. Nur England vermochten Napoleons Soldaten nicht zu erobern. Die englische Vormachtstellung auf See blieb ungebrochen. 1805 wurde die französische Kriegsflotte bei Trafalgar durch Admiral Nelson sogar vernichtend geschlagen. Um England trotzdem seinem Willen zu unterwerfen entschloss sich Napoleon zu einem Wirtschaftskrieg.

Q1 1806 erließ Napoleon folgendes Gesetz:
… § 1 Die britischen Inseln sind in Blockadezustand erklärt.
§ 2 Aller Handel mit England ist verboten …
§ 3 Jeder Laden, jede Ware, jeder Besitz …, die einem englischen Untertan gehören, wird zur Beute erklärt.
§ 5 Der Handel mit englischen Waren ist verboten. Jede aus England stammende Ware wird zur Beute erklärt …

3 *Fasst die Bestimmungen des Gesetzes mit eigenen Worten zusammen.*

Um diesem Gesetz Nachdruck zu verleihen kontrollierten französische Beamte und Soldaten immer wieder Geschäfte und Haushalte. Alle Waren und Gegenstände, die aus England oder den englischen Kolonien stammten, wurden beschlagnahmt. Vor den Städten wurde die Beute in großen Scheiterhaufen verbrannt. Die Briten wehrten sich gegen diese Maßnahmen. Sie kaperten alle europäischen Schiffe, die sie auf See antrafen. Der europäische Kontinent war damit abgesperrt. Seefahrt und Fernhandel kamen zum Erliegen. Während England sich jedoch neue Absatzmärkte in Südamerika erschließen konnte, litt der Kontinent unter den fehlenden Absatzmöglichkeiten für Getreide und Holz. In Deutschland machte sich bald der Mangel an englischem Stahl und Werkzeugen bemerkbar, die daraus hergestellt wurden. Es fehlten zudem die Kolonialwaren, die man bisher aus England bezogen hatte, wie Kaffee, Tee, Zucker, Gewürze und Baumwolle. Der Schmuggel blühte, vor allem in Hamburg – obwohl die Stadt unter französischer Kontrolle stand. Viele Menschen wurden arbeitslos.

Obwohl das Festland auf die englischen Handelsgüter verzichtete und große Opfer auf sich nehmen musste, gelang es Napoleon nicht, England wirtschaftlich in die Knie zu zwingen.

4 *Welche Folgen hatte es für Kaufleute, Handwerker, Hausfrauen, dass der Kontinent für englische Waren abgeriegelt wurde?*

5 *Stellt ein mögliches Gespräch zwischen einem Kolonialwarenhändler und einem Kunden im Jahr 1806 nach.*

*Der Engländer Horatio Nelson litt an der Seekrankheit, galt aber dennoch als der beste Admiral der „Royal Navy", der damals mächtigsten Flotte der Welt. Der unerbittliche Gegner der Franzosen musste seine Entschlossenheit zum Kampf teuer bezahlen. 1794 verlor er ein Auge, 1797 einen Arm; er starb 1805 bei Trafalgar, als er seine Matrosen zum Sieg führte.
Auf dem Trafalgar Square in London ist heute eine Säule zu sehen, auf deren Spitze Admiral Nelson ein Denkmal gesetzt wurde.*

*1806:
Napoleon erlässt die Kontinentalsperre gegen England.*

Reformen für Preußen

1 Der preußische Minister und Reformer Karl Freiherr vom und zum Stein.

14. Oktober 1806:
Vernichtende Niederlage Preußens bei Jena und Auerstedt gegen das französische Heer.

1807:
Der Friede von Tilsit besiegelt den Zusammenbruch Preußens.

1807:
Beginn des Reformwerks: Preußische Bauern werden befreit.

Napoleon marschiert in Berlin ein

In den Jahren 1795 bis 1805 hatte sich Preußen aus den Kriegen mit Frankreich herausgehalten. Durch die Gründung des Rheinbundes fühlte es sich jetzt allerdings bedroht. König Friedrich Wilhelm III. entschloss sich deshalb Napoleon anzugreifen, obwohl Preußen weder Kriegsvorbereitungen getroffen noch auf die Unterstützung durch die russischen Verbündeten gewartet hatte. Es kam zu einer verheerenden Niederlage des preußischen Heeres in der Doppelschlacht bei Jena und Auerstedt. Im Frieden von Tilsit musste Preußen fast die Hälfte seines Gebietes abtreten und wurde zu 120 Millionen Francs Entschädigungszahlungen verpflichtet. Auch das Heer erlitt eine empfindliche Verkleinerung.

„Eine Revolution im guten Sinne"

Wie hatte dieser Untergang Preußens in den Schlachten von Jena und Auerstedt nur passieren können, so fragten sich jetzt verantwortliche Politiker. Die Antwort lag auf der Hand: Die meisten Untertanen fühlten sich für ihren Staat nicht verantwortlich. Es war den Menschen weitgehend gleichgültig, von wem sie regiert wurden. So kam es auch, dass viele Menschen Napoleon zugejubelt hatten, als er in Berlin einmarschiert war. Viele Politiker traten nun für grundlegende Reformen ein. Aus Untertanen sollten Bürger werden, die bereit waren, sich für den Staat einzusetzen.

Q1 Karl August von Hardenberg, einer der führenden Reformer, schrieb 1807, nur ein Jahr nach der Niederlage:
… Der Wahn, dass man der Französischen Revolution am sichersten durch Festhalten am Alten entgegentreten könne, hat geradezu dazu beigetragen, diese Revolution zu fördern …
Eine Revolution im guten Sinne – das ist unser Ziel. Demokratische Grundsätze in einer monarchischen Regierung: Dieses scheint mir die angemessene Form für den gegenwärtigen Zeitgeist …
1 *Was verstand Hardenberg wohl unter einer „guten Revolution"? Berücksichtigt dabei, dass die preußischen Reformen auch als „Revolution von oben" bezeichnet werden.*

Q2 Karl Freiherr vom und zum Stein, der die Reformen schließlich auf den Weg brachte, sagte 1808:
… Mein Ziel (ist es), den Kampf der Stände unter sich zu vernichten, dass jeder im Volke frei seine Kräfte entfalten (kann) … Mein Wunsch ist, dass Deutschland groß und stark werde um seine Selbstständigkeit und Unabhängigkeit wieder zu erlangen …
2 *Welche politischen Ziele verfolgte der Freiherr vom Stein?*
3 *Napoleon erklärte vom Stein zum Feind Frankreichs und erließ einen Haftbefehl. Aus welchem Grund?*

Bauernbefreiung in Preußen

Die Lage der Bauern in Preußen war 1807 wenig erfreulich. Bauern, die in Preußen einem Gutsherrn unterstanden, durften das Land nicht verlassen. Sie mussten ihren Grundherrn um Erlaubnis bitten, wenn sie heiraten wollten, und konnten sogar verkauft

Aus Untertanen werden Bürger

werden. Als Freiherr vom Stein 1807 zum Ersten Minister ernannt wurde, erließ er nur zehn Tage später das Gesetz über die Bauernbefreiung (Oktoberedikt). Jetzt waren die Bauern freie Leute, da das Gesetz alle Gutsuntertänigkeit in Preußen abschaffte. Da die Bauern ihrem Gutsherrn eine Entschädigung zahlen mussten, reichte der Rest oft nicht zur Ernährung der Familie aus. Viele Bauern verdingten sich deshalb als Landarbeiter, gingen in die Städte oder wanderten in die USA aus.

Q3 Aus einem Schreiben an den König 1811:
... Wenn der Bauer Eigentümer wird, wo soll bei uns der Gutsherr die Arbeiter hernehmen um sein Vorwerk zu bestellen? ... Und was das Gesinde betrifft, so wird der Bauer sich hüten seine Kinder dienen zu lassen ... Unsere Güter werden für uns die Hölle werden, wenn unabhängige bäuerliche Eigentümer unsere Nachbarn sind ...

4 Überlegt, welcher Schicht der Absender dieses Schreibens angehört. Wie beurteilt ihr diese Argumente?

Die Reformen ergreifen Stadt und Land

Das Oktoberedikt sah auch die freie Berufswahl für alle Stände vor, die durch die Einführung der Gewerbefreiheit 1811 verwirklicht wurde. Ziel war es, die Wirtschaft anzukurbeln und damit die Finanzkraft des Staates zu stärken.

Dem Ziel, aus Untertanen freie und verantwortungsvolle Bürger zu machen, diente auch die 1809 verkündete Städteordnung. Mit dem Gesetz erhielten die Städte ihre Selbstverwaltung zurück, die sie im Absolutismus verloren hatten. Wählen durfte allerdings nur, wer ein Haus besaß oder mehr als 200 Taler im Jahr verdiente. Das waren z. B. in Berlin von ungefähr 150 000 Einwohnern nur etwa 10 000 Bürger.

Weil man überzeugt war, dass nur gut ausgebildete Bürger ihre Pflichten und Rechte wahrnehmen konnten, wurde auch das Unterrichtswesen reformiert. Man baute zahlreiche Volksschulen und Gymnasien, die Ausbildung der Lehrer wurde verbessert. In Berlin errichtete man die Friedrich-Wilhelms-Universität.

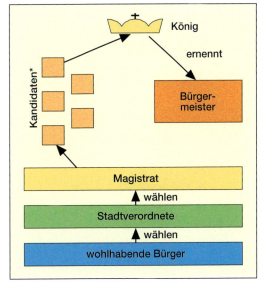

2 Die neue Städteordnung nach Stein.

Kandidaten*: Bewerber um ein Amt

5 Überlegt, welche Vor- und welche Nachteile mit der Gewerbefreiheit verbunden waren.
6 Welche Veränderungen nimmt Freiherr vom Stein im Bereich der Stadtverwaltung vor (siehe Grafik 2)? Bewertet ihr die Neuerungen positiv oder negativ? Begründet eure Meinung.
7 Warum ist es eurer Meinung nach für den Staat wichtig, ein gutes Schulsystem zu haben?

Das Volksheer ersetzt die Söldnerarmee

Die französischen Soldaten waren von Sieg zu Sieg geeilt, weil sie für ihr Vaterland kämpften. Anders die preußische Armee: Hier dienten viele Söldner, also bezahlte Soldaten, die mit falschen Versprechungen angelockt worden waren. Viele hatte man auch zum Kriegsdienst gepresst. Wer konnte, versuchte zu fliehen. Weil das Heer versagt hatte, führte man eine Heeresreform durch: Ein Volksheer mit einer allgemeinen Wehrpflicht sollte in Zukunft für das Land kämpfen. Die Prügelstrafe und das Spießrutenlaufen wurden ebenso abgeschafft wie die Vorrechte des Adels. Jeder tüchtige Soldat konnte Offizier werden. Der Militärdienst galt jetzt als „Ehrendienst an Staat und Nation".

8 Erklärt die Aussage „Alle Bewohner des Staates sind geborene Verteidiger desselben".

1808:
Die neue Städteordnung tritt in Kraft und stärkt die Selbstverwaltungsrechte der Bürger.

1813:
Einführung der allgemeinen Wehrpflicht.

Bayern erhält ein neues Gesicht

1803:
Bayern erhält Entschädigungen für verlorene linksrheinische Gebiete.

1806:
▶ Bayern wird Königreich.

Montgelas' Lebenslauf:
– geboren 1759 in München
– Mutter: Gräfin Trauner, Vater: General aus Savoyen
– mit acht Jahren Vollwaise (Großmutter übernimmt Erziehung)
– Besuch der Schule in Nancy/Frankreich
– Studium der Rechts- und Geschichtswissenschaft in Straßburg und Ingolstadt
– Beeinflussung durch Ideen der Aufklärer und der Französischen Revolution
– mit 18 Jahren Eintritt in den Dienst des Kurfürsten von Bayern

1 Erinnerungstafel an die erste Theateraufführung im ehemaligen Franziskanerkloster Amberg, nach 1802.

Säkularisierung und Mediatisierung erfassen auch Bayern

Als Napoleon linksrheinische Gebiete unterworfen hatte, hatte auch Bayern Verluste hinnehmen müssen. 1803 wurde Bayern jedoch entschädigt. Es erhielt zahlreiche Kirchengüter und kleine weltliche Herrschaftsbereiche, die enteignet worden waren (siehe Karte 3, S. 139).

Q1 Der letzte Abt des Benediktinerstifts Attel, Dominikus Weinberger, schrieb in einem Brief am 19. März 1803:
… Gestern sind leider! alle Klöster in Baiern aufgehoben und dadurch der catholischen Religion und den guten Sitten ein großer Stoß, vielleicht der letzte gar, gegeben worden. Ich werd den Untergang meines so ordentlichen Stiftes, so lange ich lebe, beweinen … O Atl! Mein liebes Atl! Herr erbarme dich des Vaterlands! …

1 Wie empfindet der Abt die Aufhebung seines Klosters? Welche Folgen befürchtet er? Könnt ihr seine Ängste nachempfinden? (Siehe auch Abbildung 1.)

Aus Kurfüst Max wird
▶ König Maximilian I. Joseph

Nach der Gründung des Rheinbundes erhob Napoleon den bayerischen Kurfürsten 1806 zum König. Diese Erhebung sollte die Erwartung Frankreichs unterstreichen, in Zukunft weiter mit der Unterstützung Bayerns zu rechnen. Der König selbst sah seine Rangerhöhung gelassen. In seiner Umgebung äußerte er: „Wir bleiben die Alten!" Auf der Straße jedoch feierten die Menschen die Ausrufung des Königreichs. 200 Kanonenschüsse wurden abgefeuert, die Glocken läuteten.

Startschwierigkeiten des neuen Staates

Bayern hatte jetzt zwar ein abgerundetes Staatsgebiet, doch setzte sich dieses aus sehr unterschiedlichen Teilen zusammen. Die alten und die neuen Landesteile sollten möglichst schnell zu einem einheitlichen Ganzen verschmolzen werden. Daneben mussten die Schulden der neuen Gebiete übernommen und getilgt werden. Überdies verlangte die enteignete Geistlichkeit Entschädigungen.
Wer sollte die schwierige Aufgabe übernehmen diese Probleme zu lösen? Wer war geeignet einen Staat zu formen, der ähnlich wie Frankreich verwaltet und regiert werden konnte?
Der bayerische König hatte einen Berater, dem er es zutraute, mit all diesen Schwierigkeiten fertig zu werden. Sein Name war
▶ Maximilian Joseph Freiherr (ab 1809 Graf) von Montgelas. Dieser hatte in einer Denkschrift, beeinflusst durch die Ideen der Französischen Revolution, schon 1796 Reformvorschläge gemacht. Um eine Revolution von unten zu verhindern ging Montgelas jetzt daran, Bayern von oben durchgreifend zu reformieren.

2 Überlegt, welche Gründe es geben konnte, dass der König den Freiherrn Montgelas mit so weitreichenden Aufgaben betraute. Vergleicht dazu den Lebenslauf Montgelas' (s. Randspalte) mit den preußischen Reformern (S. 142).

Die Reformen des Ministers Montgelas

Neuordnung der Staatsverwaltung

Im Zentrum der Reformen des Grafen Montgelas stand die Neuordnung der Staatsverwaltung. An der Spitze sollte der König stehen. Er wurde unterstützt von fünf Ministern (des Innern, des Äußeren, des Kriegswesens, der Finanzen und der Justiz).

Bayern wurde in Kreise eingeteilt, die nach Flüssen benannt wurden. Eine entscheidende Änderung bestand darin, dass die Verwaltungsstellen nun nicht mehr käuflich oder erblich waren. Wer dem Staat als Beamter dienen wollte, musste seine Eignung durch eine Ausbildung und eine Prüfung belegen.

Ein großes Problem bestand auch darin, dass es in Bayern kein einheitliches Gesetz gab. Die neu eingerichteten Landgerichte und das von Anselm von Feuerbach* stammende Strafgesetzbuch sollten hier für mehr Klarheit sorgen. Damit hatte der Staat die Rechtsprechung in die Hand genommen, die adligen Grundherren konnten keine Urteile mehr fällen.

Um die Schuldenberge des Staates abzutragen führte Montgelas eine Steuerreform durch. Der Adel musste von nun an auch Steuern bezahlen. Dadurch wurde die Steuererhebung einheitlich und gerechter.

Zur Vereinheitlichung des Staates sollte auch die Maßnahme beitragen, dass dem Fürsten Alexander von Thurn und Taxis das Postregal* entzogen wurde. Montgelas baute stattdessen eine eigene königliche bayerische Post auf.

Bayern war 1808 schließlich der erste deutsche Staat, der eine Verfassung erhielt. Darin wurden die Rechte des Adels eingeschränkt und die Bürger erhielten wichtige Freiheits- und Gleichheitsrechte. Trotzdem hatten die Bürger noch nicht das Recht, sich durch Wahlen an der Macht beteiligen zu können.

Die Veränderungen berühren auch das Wirtschafts- und das Privatleben

Um den Handel anzukurbeln hob Montgelas innerstaatliche Zölle auf und vereinheitlichte Maße und Gewichte. Statt der strengen Zunftregeln galt nun – wie in Preußen seit 1811 – die Gewerbefreiheit.

2 Maximilian Joseph Graf von Montgelas (1759 bis 1838). Büste von Johann Peter Melchior, um 1814.

Q2 Eine Reform Montgelas' betraf auch speziell Kinder:
… Alle schulfähigen … Kinder vom 6ten bis wenigstens ins vollstreckte 12te Jahr … (sollen allenthalben) die Schule besuchen.
Die Schule soll das ganze Jahr hindurch, von Mitte des Julius bis 8. September als der gewöhnlichen Erntezeit ausgenommen, unaufhörlich gehalten werden …

Durch die Einverleibung vieler fränkischer Gebiete kamen auch zahlreiche Protestanten in das neue Staatsgebiet. Seit 1809 lebten in Bayern Katholiken und Protestanten gleichberechtigt nebeneinander. Die Juden erhielten erst 1813 einige staatsbürgerliche Rechte, den übrigen Religionen waren sie jedoch nicht gleichgestellt.

Montgelas war übrigens in der Bevölkerung sehr unbeliebt. Die Menschen machten ihn für die Folgen der Säkularisierung und Mediatisierung verantwortlich. Deshalb wurde er 1817 auf Druck des Volkes entlassen. Seine Reformen jedoch prägten Bayern weiterhin.

3 Fertigt ein Informationsblatt an, das alle Reformen Montgelas übersichtlich darstellt.

Anselm von Feuerbach (1775–1833)*: Unter dem Einfluss Kants Begründer einer neuen Strafrechtslehre. Auf ihn geht der Grundsatz zurück: Kein Verbrechen, keine Strafe ohne Gesetz.

Postregal*: Die Fürsten von Thurn und Taxis hatten das Monopol der Postbeförderung besessen (siehe S. 98). Das heißt, nur sie waren berechtigt, Post zu transportieren.

Behördenschild des „Königl. Baier. Berg- und Hüttenamtes Kitzbichl", 1806.

Amtsschild des „Churfürstlichen Gränz Maut-Amtes Kirchwaydach", 1803.

 # Methode: Karten vergleichen

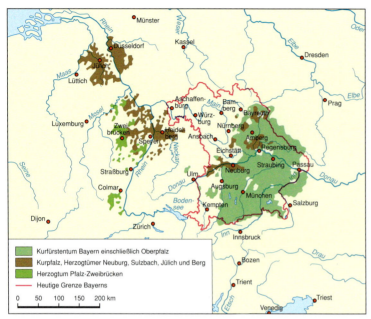

1 Die wittelsbachischen Territorien im Jahr 1777.

Legende:
- Kurfürstentum Bayern einschließlich Oberpfalz
- Kurpfalz, Herzogtümer Neuburg, Sulzbach, Jülich und Berg
- Herzogtum Pfalz-Zweibrücken
- Heutige Grenze Bayerns

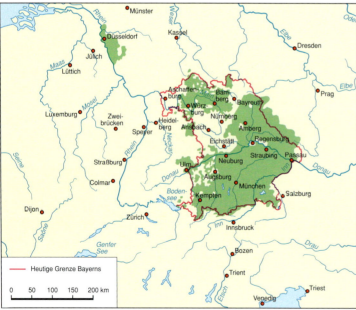

2 Kurpfalz-Bayern 1803.

Bayerns Grenzen verändern sich

Auf den beiden letzten Seiten habt ihr gesehen, dass Bayern unter Napoleon sein Gesicht mehrmals entscheidend verändert hat. Dabei wurde das Land nicht nur in seinem Verwaltungsaufbau ganz neu organisiert. Bayern umfasste auch landschaftlich sehr unterschiedliche Gebiete. So kam es, dass im Verlauf von knapp 40 Jahren zeitweise Menschen, die in Heidelberg oder Trient lebten, von sich sagen konnten, sie seien Untertanen des bayerischen Herrschers.

Es ist eine spannende Angelegenheit, wenn man den Wandel eines Herrschaftsbereichs genauer erforschen will. Historische Karten liefern uns dabei viele Informationen. Es ist dazu natürlich notwendig, dass man die Informationen „lesen", also verstehen kann. Ihr erhaltet hier ein paar Tipps, wie man eine geschichtliche Entwicklung aus verschiedenen Karten abliest.

1. Schritt Gemeinsamkeiten erkennen

– Haben die Karten das gleiche Thema? (Zeigen sie z. B., wer zu einer bestimmten Zeit wo regiert hat? Berichten sie von Kriegsschauplätzen oder Naturkatastrophen?)
– Zeigen die Karten genau die gleiche Gegend? Wenn nicht, warum gibt es Abweichungen?

2. Schritt Legenden untersuchen

Was bedeuten die Farben und Zeichen? Liefern die gleichen Farben auch immer die gleichen Informationen?

Methode: Karten vergleichen

**3. Schritt
Karten vergleichen**

Was fällt euch beim Vergleich der Karten auf? Hat sich ein Gebiet besonders vergrößert oder verkleinert? Gibt es z. B. eine Gegend, in der früher besonders viele Menschen wohnten, jetzt aber kaum noch jemand lebt? Blieb alles im Großen und Ganzen gleich? Fasst die einzelnen Ergebnisse eurer Untersuchung zu einer Hauptaussage zusammen.

**4. Schritt
Fragen beantworten**

Sind beim Vergleich der Karten bei euch Fragen aufgetaucht? Ist euch unklar, warum ein Land sich z. B. sehr stark vergrößert hat? Wollt ihr z. B. wissen, welche Folgen die dargestellten Naturkatastrophen auf eine bestimmte Region gehabt haben? Schreibt diese weiterführenden Fragen auf und begebt euch auf Entdeckungsreise. Wühlt im Internet, in Lexika, in Zeitschriften und macht eure Bücherei unsicher. Ihr werdet sehen, so bekommt ihr einen guten Überblick über das Thema, das euch in der Form einer historischen Karte zum ersten Mal begegnet ist.

1 Untersucht die Karten, die euch auf dieser Doppelseite zur Verfügung stehen, nach diesen Schritten.
2 Informiert euch in eurem Atlas über den heutigen Verwaltungsaufbau Bayerns.
3 Betrachtet jetzt vor allem die Karte 3. Stellt ein Treffen zwischen einem Trienter und einem bayerischen Soldaten nach. Was würde der Mann aus Trient wohl sagen, wenn ihn der bayerische Soldat mit „Hallo Landsmann!" begrüßte?

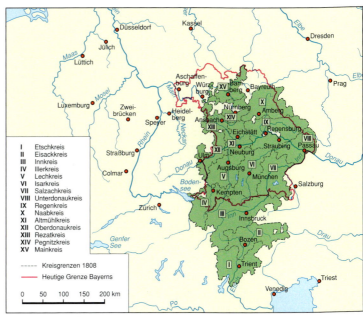

3 Das Königreich Bayern 1808 mit der Einteilung in Kreise.

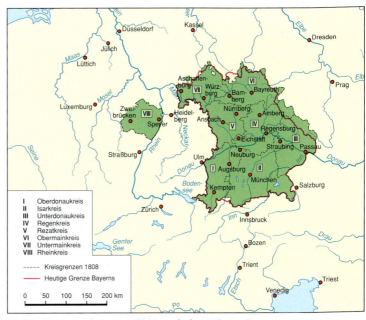

4 Das Königreich Bayern 1816 nach dem Wiener Kongress (siehe S. 160/161).

147

Widerstand regt sich

1 Französische Soldaten erschießen Aufständische in Spanien 1808. Gemälde von F. de Goya, 1814.

Spanien wehrt sich gegen die Fremdherrschaft

Je mehr Einfluss Napoleon auf dem Festland gewann, desto mehr widerstrebte es ihm, England durch die Kontinentalsperre (siehe S. 141) noch nicht in die Knie gezwungen zu haben. Einer der wichtigsten Umschlagplätze für englische Waren war Portugal. Die Portugiesen lehnten es ab, sich an die Kontinentalsperre zu halten. Zu groß wären die Verluste gewesen, die dadurch für das Land entstanden wären. Napoleon nahm deshalb innerhalb weniger Wochen Lissabon ein und trieb die portugiesische Königsfamilie ins brasilianische Exil. Gleichzeitig griff Napoleon in die Thronfolgestreitigkeiten in Spanien ein. Er befahl kurzerhand dem spanischen König und seinem Sohn, auf die Krone zu verzichten. Stattdessen ernannte Napoleon seinen Bruder Josef zum neuen spanischen König.

Die Spanier waren darüber grenzenlos erbost. Schon die Folgen der Handelssperre mit England hatte die Spanier zu Gegnern des französischen Kaisers gemacht. Dass er jetzt aber bestimmen wollte, wer ihr König war, wollten sie keinesfalls akzeptieren. Sie fühlten sich in ihrem Nationalstolz empfindlich gekränkt. So kam es zu einem Guerillakrieg* mit ungeahnten Ausmaßen.

Q1 Ein französischer Offizier beschrieb den Widerstand der Spanier gegen Napoleon:
… Die Weiber, die Greise, selbst die Kinder waren gegen uns und dienten dem Feinde als Spione. Ich sah einst einen jungen Knaben von acht Jahren zwischen den Füßen unserer Pferde spielen und sich uns zum Wegweiser anbieten. Er führte einen kleinen Trupp unserer Husaren in einen Hinterhalt, lief dann plötzlich um die Felsen, indem er seine Mütze in die Höhe warf und aus allen Kräften rief: „Es lebe unser König Ferdinand", und sogleich begann das Flintenfeuer … In den Gebirgen vereitelten die Bergbewohner durch ihre Fechtart die Anstrengung unserer Truppen, selbst wenn diese ihnen an Zahl überlegen waren … Fliehend vernichteten sie oft ganze Kolonnen, ohne dass wir uns rächen konnten …

Nur mit Mühe und in schweren Kämpfen setzte Napoleon sich mit 300 000 Soldaten gegen die Bevölkerung durch. Ein endgültiger Sieg gelang ihm dabei jedoch nicht. Weiterhin überzogen Guerillakämpfe das Land.

1 Fertigt Plakate an, die über die Königserhebung Joseph Bonapartes informieren. Unterscheidet dabei zwischen Plakaten, die von Spaniern stammen könnten, und Plakaten, die aus französischer Sicht gefertigt werden.

Guerilla* (span. = kleiner Krieg): Typisch für Guerillakriege ist die so genannte Nadelstichtaktik. Es werden kurze, schnelle Angriffe gegen die an Zahl überlegenen gegnerischen Truppen ausgeführt. Die bessere Ortskenntnis kommt den Angreifern dabei entgegen. Sie ziehen sich nach dem Angriff sofort wieder zurück und tauchen mit neuen Überraschungsaktionen an einer anderen Stelle wieder auf.

Spanien und Tirol proben den Aufstand

Die Tiroler wehren sich gegen Bayern

Auch Österreich hatte unter der napoleonischen Herrschaft empfindliche Gebietsverluste hinnehmen müssen. Vor allem die Tiroler litten darunter, dass sie seit 1809 zu Bayern gehörten.

Q2 In einem Klagelied heißt es:
O weh, was ist mit uns geschehen,
Seitdem wir keinen Adler sehen.
Der Löw' verschlingt uns wie ein Schlauch
Und hat er doch einen leeren Bauch.

Er raubt sogar die Kirchenzierde,
So groß ist seine Raubbegierde.
Das Kirchensilber wandert aus,
Versperrt steht manches Gotteshaus.

Der Jugend Sitten werden schlechter,
Die Tugend dient zum Hohngelächter:
Stolz, Hochmut, Neid und Dreistigkeit
Sind Machttugend in dieser Zeit.

Gottlob jetzt kommen Österreicher.
Macht auf die Keller und die Speicher
Dem Kaiser Franz, er ist der Mann,
der unserm Elend helfen kann.

Der Bair hat dein Tirol verheert
Wie eine Sau die Flur zerstört.
Herr, dreh dem Rüssel Ringe an
Damit er nicht mehr wühlen kann!

2 Adler und Löwe sind Wappentiere. Welche Herrschaftsgebiete symbolisieren sie?
3 Warum wird Bayern abgelehnt? Von wem versprechen sich die Tiroler Rettung?

Die Aufständischen wurden von Österreich unterstützt. Vor allem Andreas Hofer* hat sich damals einen Namen gemacht. Unter der Führung des Gastwirts besiegten die schlecht ausgerüsteten Bauern am Berg Isel bei Innsbruck ein französisch-bayerisches Heer. Nach einem Verrat wurde Andreas Hofer aber gefangen genommen und in Mantua hingerichtet.
Napoleon war von diesen österreichischen Widerständen überrascht worden. Völlig überstürzt stellte er ein Heer auf. Nach an-

2 Auf dem Berg Isel bei Innsbruck haben die Tiroler ihrem Freiheitskämpfer Andreas Hofer ein Denkmal gesetzt.

fänglichen Siegen der Franzosen konnten die Österreicher bei den Dörfern Aspern und Essling die Franzosen schlagen. Letztendlich setzte sich Frankreich in der Schlacht bei Wagram durch. Österreich musste weitere Gebiete an Bayern, Frankreich, Italien, Warschau und Russland abtreten.
Zwar hatte Napoleon die Oberhand behalten, die Feindseligkeit gegen Napoleon war damit aber nicht ausgeräumt. Die Spanier und die Österreicher hatten ihm schwer zugesetzt – er galt nicht mehr als unbesiegbar.

4 In Spanien und in Tirol kam es zu blutigen Kämpfen, weil die Menschen sich gegen die Fremdherrschaft der Franzosen wehrten. Auch in unseren Tagen kommt es aus ähnlichen Gründen zu Kriegen. Informiert euch und berichtet.

5 Seid ihr der Meinung, dass Kriege zur Befreiung von Fremdherrschaft berechtigt sind? Sprecht darüber.

Der Gastwirt **Andreas Hofer*** ist die Seele des Tiroler Aufstands gegen Napoleon. Als Kämpfer für „Gott, den österreichischen Kaiser und das Vaterland" wird er 1810 in Mantua erschossen.

Napoleon kämpft gegen die verbrannte Erde

1 Moskau steht in Flammen.
Grafik von Jacques Boulogne, 19. Jahrhundert.

„Die Gärung ist auf dem höchsten Grad angelangt"
Im Jahr 1811 stand Napoleon auf dem Höhepunkt seiner Macht. Unumschränkter Herrscher war er über Frankreich, die deutschen Staaten und weite Teile Europas. Vereinzelte Widerstände in Spanien, Österreich oder auch in Preußen nahm er nicht ernst. Von so einem braven Volk – so meinte er damals – habe er nichts zu befürchten.

Q1 Warnend schrieb ihm sein Bruder Jerome, den er zum König von Westfalen gemacht hatte:
… Ich weiß nicht, Sire, unter welchem Gesichtspunkt Ihre Generäle und Agenten die öffentliche Meinung in Deutschland betrachten. Wenn sie von Unterwerfung, Ruhe und Schwäche sprechen, so täuschen Sie sich, Eure Majestät. Die Gärung ist auf dem höchsten Grad angelangt: Falls ein Krieg mit Russland ausbrechen sollte, werden alle zwischen Rhein und Oder gelegenen Gegenden der Schauplatz einer ausgedehnten und lebhaften Erhebung werden.
Die Verzweiflung der Völker, die nichts mehr zu verlieren haben, da ihnen alles genommen wurde, ist zu fürchten …

Napoleon nahm von den Warnungen seines Bruders keine Notiz. Im Gegenteil – die deutschen Staaten wurden erneut aufgefordert, noch mehr Soldaten zu stellen und Steuern zu zahlen um einen Krieg gegen Russland führen zu können.

Moskau in Flammen
Es gab nur noch einen mächtigen Herrscher in Europa, der sich den Anordnungen Napoleons widersetzte – Zar Alexander I. von Russland. Er hielt sich nicht an die Kontinentalsperre und betrieb ab 1810 wieder Handel mit England. Napoleon sah sich dadurch zum Einschreiten gezwungen.
Am 24. Juni 1812 brach er mit dem größten Heer, das es bis dahin jemals gegeben hatte, nach Moskau auf. Rund 600 000 Mann standen unter Waffen, darunter 33 000 Bayern, 20 000 Preußen, 30 000 Österreicher. Napoleon hatte gehofft in einer großen Schlacht zu einem schnellen Sieg zu kommen. Nach ersten Siegen musste er jedoch eine Niederlage nach der anderen einstecken. Der Feldzug wurde zu einer Katastrophe. Die russischen Generäle kämpften nämlich mit der Taktik der verbrannten Erde* gegen Napoleon. Das bedeutet, sie wichen direkten Schlachten aus, zogen sich immer weiter ins Landesinnere

Verbrannte Erde*:
Die fliehende russische Bevölkerung vernichtete das Land, durch das der Feind ziehen wird.

Der Untergang der „Grande Armée"

2 Rückzug aus Russland. Gemälde von Adolf Northen, 19. Jahrhundert. Bei Temperaturen bis zu minus 30 Grad machten sich die geschwächten Soldaten auf den Rückweg.

zurück und verwüsteten und zerstörten dabei alles, was den Feinden nützlich hätte sein können. Das Heer fand auf dem Vormarsch nach Moskau nur verödete Felder, vereinsamte Städte und verbrannte Häuser vor.
Nach zweieinhalb Monaten erreichten die ersten Truppen des Kaisers Moskau. Nach den unmenschlichen Gewaltmärschen wollte man hier das Winterquartier beziehen. Doch die Stadt bot den Soldaten ein gespenstisches Bild. Die Bewohner hatten Moskau verlassen, die Hauptstadt stand in Flammen. Die Soldaten waren dem harten russischen Winter schutzlos ausgeliefert.

„Mit Mann und Ross und Wagen"

Napoleon musste den Rückzug befehlen. Halb verhungert, von eisiger Kälte geschwächt traten die Soldaten den langen Rückweg an. Nun gingen die russischen Truppen zum Angriff über. Sie zwangen Napoleon dazu, den Weg zu nehmen, auf dem er nach Russland gezogen war. An der Beresina zerbrachen die Reste des großem Heeres: Der Fluss war von Eisschollen bedeckt und unpassierbar.

Q2 Ein Augenzeuge berichtete:
… Und die Tausende … sahen einzig in der schmalen Brücke, die nur wenige zugleich passieren konnten, den Weg zu ihrer Rettung. Alles drängte gegen die Brücke. Hunderte, die schon die Brücke erreicht zu haben glaubten, wurden in die Flut gedrängt und fanden hier das Ende … Jede Spur von Ordnung, … jedes menschliche Gefühl hatte aufgehört. Nur den einen Gedanken klar denkend: Du musst dich retten, koste es, was es wolle. Die Führer einiger Kanonen brachen sich schonungslos mit denselben Bahn durch die gedrängten Haufen, ohne danach zu sehen, dass ihr Weg über Menschen ging …

Von etwa 600 000 Soldaten kehrten nur etwa 30 000 in die Heimat zurück. Zerlumpt, ausgemergelt, viele todkrank, so erreichten sie die deutsche Grenze.

1 Vergleicht die Darstellung Napoleons in Abbildung 2 mit der Abbildung 1 auf Seite 136. Was fällt euch auf?
2 Auf der Abbildung 2 seht ihr viele Soldaten. Versucht die Gedanken eines Mannes nachzuvollziehen.
3 Warum zwangen die Russen Napoleon durch ihre Angriffe dazu, den Rückzug auf dem gleichen Weg anzutreten, auf dem die Grande Armée nach Moskau gezogen war?
4 Vermutet, wie die Menschen in den deutschen Staaten auf diese Niederlage reagiert haben könnten. – Denkt auch an das Schreiben von Napoleons Bruder (Q1).

1812/13: Napoleons Krieg gegen Russland endet mit dem Untergang der „Grande Armée".

Methode: Texte zusammenfassen (Exzerpieren)

Napoleon I. Bonaparte. Der Kaiser der Franzosen wurde als Napoleone Buonaparte (*1769, †1821) auf Korsika geboren. In Frankreich zum Artillerieoffizier ausgebildet eroberte er als Leutnant 1793 im Auftrag des Konvents das von den Briten besetzte Toulon und wurde daraufhin zum General befördert. Nach dem Sturz Robespierres und seiner Anhänger hatte sich 1795 eine gemäßigte bürgerliche Regierung gebildet, das Direktorium, gegen das es wiederholt zu Aufständen kam. Napoleon schlug 1795 in Paris einen Aufstand königstreuer Anhänger nieder. Der Dank des Direktoriums brachte ihm den Oberbefehl über die italienische Armee ein (März 1796). Gleichzeitig sicherte ihm die Ehe mit Joséphine de Beauharnais Zugang zu den politisch maßgebenden Kreisen. Im November 1799 löste er durch einen Staatsstreich das Direktorium und das Parlament auf. – Er setzte sich als Erster Konsul an die Spitze Frankreichs und erließ eine Verfassung, die ihm die alleinige Macht sicherte. Seine Macht beruhte auf dem Volksheer und auf der Zustimmung der Massen, die er sich in Abstimmungen (Plebisziten) bestätigen ließ. 1802 wurde er Konsul auf Lebenszeit. 1804 krönte er sich in Paris selbst zum Kaiser der Franzosen, worauf ihn der Papst weihte. – Innenpolitisch ordnete Napoleon die Staatsfinanzen nach dem 1797 offiziell erklärten Staatsbankrott neu. Er sorgte durch ein Steuersystem für geregelte Staatseinnahmen. Die Verwaltung wurde einer Zentralgewalt unterstellt und ein hierarchisch geordneter Polizeiapparat geschaffen. Durch ein Konkordat (1801) hatte er sich mit dem Papst als dem Vertreter der „Religion der Mehrheit der Franzosen" versöhnt. Auch den Protestanten wurde Bekenntnisfreiheit garantiert. 1804 erließ er den Code Civil (Code Napoléon), der die persönliche Freiheit und Gleichheit vor dem Gesetz garantierte. Der Code Napoléon wurde Vorbild für die meisten Länder Europas. Mit Hilfe von Polizeimaßnahmen unterdrückte Napoleon allerdings jede politische Freiheit. – Außenpolitisch beendete Napoleon als Erster Konsul den zweiten Krieg gegen die Koalition Großbritannien, Russland, Österreich (1799 bis 1802) siegreich. Österreich musste auch im Namen des Deutschen Reichs auf alle linksrheinischen Gebiete verzichten. Das Gefüge des Deutschen Reichs wurde so umgestaltet, dass sich außer Österreich und Preußen fast alle übrigen Länder zum „Rheinbund" zusammenschlossen und als das „dritte Deutschland" unter Napoleons Protektorat das „Heilige Römische Reich Deutscher Nation" im Reichsdeputationshauptschluss (1803) zur Auflösung brachten. – Nach der Scheidung seiner kinderlosen Ehe heiratete Napoleon 1810 die österreichische Kaisertochter Marie Louise. Dieser Ehe entstammt sein (einziger) Sohn, Napoleon (II.), der spätere Herzog von Reichstadt. – Nachdem 1803 der Krieg mit Großbritannien wieder begonnen hatte, musste Napoleon 1805 die Vernichtung der französischen Flotte bei Trafalgar hinnehmen und damit den Plan einer Eroberung der britischen Insel endgültig aufgeben. Großbritannien sollte deshalb durch eine Wirtschaftsblockade, die Kontinentalsperre, besiegt werden. Auch Russland schloss sich der Sperre an. Nach der Niederlage Preußens (1806) annektierte Napoleon zur Verschärfung der Sperrmaßnahmen weite Küstengebiete. – Der Widerstand Zar Alexanders I. gegen die Ausweitung der Sperre führte zum Feldzug gegen Russland (1812). Dieser Krieg leitete das Ende der napoleonischen Herrschaft ein: 1812, nach der Eroberung Moskaus, musste sich die französische Armee zurückziehen. Sie konnte im November 1812 unter schwersten Verlusten den Übergang über die Beresina erkämpfen. 1813/14 besiegten die Armeen Russlands, Österreichs und Preußens die Franzosen. Napoleon musste abdanken und erhielt die kleine Insel Elba als Fürstentum. 1815 landete er abermals in Frankreich, sammelte ein Heer, zog nach Paris und wurde nach 100 Tagen von britischen und preußischen Heeren bei Belle Alliance (Waterloo) vernichtend geschlagen. Auf der Atlantikinsel Sankt Helena verbannt starb er dort 1821.

(Aus: Der Jugendbrockhaus, Band 2. Wiesbaden 1985)

Beispiel für eine Begriffserklärung
Unter Kontinentalsperre heißt es z. B. im Jugendbrockhaus:
1806 verbot der französische Kaiser Napoleon I. den mit ihm verbündeten Staaten Europas jeden Handel mit Großbritannien, er sperrte das europäische Festland, den „Kontinent", gegen die Insel Großbritannien ab. Napoleon scheiterte mit diesem Versuch Großbritannien zum Frieden zu zwingen.

Methode: Texte zusammenfassen (Exzerpieren)

Warum ist es manchmal sinnvoll, einen Text zusammenzufassen? Wenn wir uns zu einem bestimmten Thema oder einer besonderen Frage einen kurzen Überblick verschaffen wollen, schlagen wir oft in einem Lexikon nach. Auf nur wenigen Seiten oder sogar innerhalb von ein paar Zeilen werden darin die Begriffe meist in alphabetischer Reihenfolge erklärt. Manchmal kommt es vor, dass wir dann ganz erschlagen sind. Es prasseln so viele Informationen auf uns nieder, dass wir sie gar nicht mehr aufnehmen können oder wollen. Es ist in solchen Fällen sehr hilfreich, wenn man den Text nach und nach erschließt und das Wichtigste herausfiltert. Der Fachbegriff für diese Technik heißt „exzerpieren". Es gibt einige Tricks, die das Zusammenfassen eines Textes erleichtern. Dabei müsst ihr allerdings beachten, dass man natürlich nicht in teure oder ausgeliehene Bücher hineinschreiben darf. In solchen Fällen empfiehlt es sich, die Seiten zu kopieren und dann die hier beschriebenen Arbeitsschritte durchzuführen.

1. Schritt
Lesen des Textes

Als Erstes lest ihr euch den Text natürlich einmal ganz durch. Gleichzeitig unterstreicht ihr alle Wörter, die ihr nicht versteht. Außerdem ist es sinnvoll, wenn ihr euch schon beim ersten Durchlesen am Rand mit Bleistift Notizen macht. Zum Beispiel könnt ihr an Stellen, die besonders wichtig erscheinen, ein Ausrufezeichen und bei unklaren Aussagen ein Fragezeichen anfügen. Ihr könnt natürlich auch andere Zeichen und Symbole verwenden, nur solltet ihr darauf achten, dass ihr eure Randnotizen auch später noch versteht. Es ist auch ratsam, nicht zu viele verschiedene Zeichen einzusetzen, da ihr euch so selbst verwirrt.

2. Schritt
Klärung unklarer Begriffe und Zusammenhänge

Fremdwörter und Fachbegriffe könnt ihr mit Hilfe des Lexikons oder mit anderen Nachschlagewerken klären. Die „Übersetzungen" der Wörter solltet ihr euch in Stichpunkten aufschreiben. So verhindert ihr, dass ihr die „Lösung" gleich wieder vergesst. Ist euch eine ganze Textstelle unklar, ist es vielleicht ratsam, ein anderes, ausführlicheres Buch zu dem Thema zu befragen.

3. Schritt
Hervorheben der wichtigsten Textstellen

Beim erneuten Durchlesen des Textes treten jetzt keine Schwierigkeiten mehr auf. Mit einem Leuchtstift hebt ihr die wichtigsten Aussagen des Textes hervor. Ihr könnt auch verschiedene Farben verwenden, z. B. hebt ihr dann das Privatleben Napoleons gelb, seine politische Karriere blau und seine Wirkung auf Europa grün hervor. Erneut gilt: Beschränkt euch auf eine sinnvolle Anzahl von Farben.

4. Schritt
Gliederung des Textes

Bevor ihr damit anfangt, die wichtigsten Informationen herauszuschreiben, solltet ihr den Text in Sinnabschnitte oder nach Themen gliedern. Es ist eine zusätzliche Hilfe, wenn ihr am Rand ganz kurz anfügt, worum es in dem jeweiligen Abschnitt geht.

5. Schritt
Erstellen der Zusammenfassung

Vor euch liegt nun ein gut durchgearbeiteter Text. Zum Schluss eures Exzerpierens fasst ihr diesen nun zusammen. Es liegt dabei ganz an euch, ob ihr eine Art Inhaltsangabe schreibt oder ob ihr eine Gliederung erstellt. Wichtig ist jedoch, dass ihr nichts Wichtiges weglasst und keine unnötigen Informationen aufnehmt. „So knapp wie möglich, so ausführlich wie nötig" – das soll euer Motto sein. Arbeitet bei der Niederschrift mit Farben, Unterstreichungen und Absätzen. Aber: Unterstreicht das Wesentliche und verwendet höchstens zwei Farben.

1 *Klärt in dem Lexikonartikel von Seite 152 die rot unterstrichenen Begriffe mit Hilfe des Geschichtsbuchs, eines Fremdwörterbuchs oder anderer Nachschlagewerke. Sind euch noch weitere Begriffe unklar? Klärt auch diese.*
2 *Erklärt schrittweise die einzelnen Markierungen auf Seite 152.*
3 *Fertigt eine Zusammenfassung des Lexikonartikels an.*

Preußen erklärt Napoleon den Krieg

1 Völkerschlacht bei Leipzig. Kampf vor dem „Grimmaischen Tor" am 19. Oktober 1813. Gemälde von E. W. Straßberger.

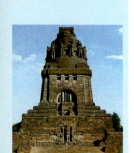

Völkerschlachtdenkmal Leipzig.

Nationalbewusstsein*: Als Nationalbewusstsein wird das im 19. Jahrhundert aufkommende Denken bezeichnet, das für die Angehörigen einer Nation einen gemeinsamen Staat fordert.

März 1813: Der König von Preußen, Friedrich Wilhelm II., erklärt Frankreich den Krieg.

Die Befreiungskriege

Mit der vernichtenden Niederlage Napoleons war der Augenblick gekommen, den die Menschen in ganz Europa herbeigesehnt hatten. Der Freiheitskampf brach in voller Stärke los. Ein neues Nationalbewusstsein* wurde vor allem in Deutschland zur beherrschenden Kraft des Widerstandes gegen Napoleon.

Q1 In einem Aufruf an alle Deutschen hieß es:
… Nicht Bayern, nicht Braunschweiger, nicht Hannoveraner, nicht Hessen, nicht Holsteiner, nicht Österreicher, nicht Preußen, nicht Sachsen und nicht Schwaben. Alles, was sich deutsch nennen darf – nicht gegeneinander, sondern: Deutsche für Deutsche …

Trotz der vernichtenden Niederlage Frankreichs im russischen Feldzug konnte der preußische König nur widerwillig zum Krieg gegen Napoleon bewegt werden. Die öffentliche Stimmung drängte jedoch zum Kampf gegen Frankreich. An den Universitäten wurde die nationale Stimmung geschürt. Tausende junger Leute meldeten sich freiwillig zum Kriegsdienst und Dichter feierten den bevorstehenden Krieg gegen Napoleon als „heiligen Krieg". Schließlich konnte sich auch der König der nationalen Begeisterung nicht mehr entziehen. Nach längerem Zögern folgte er dem Drängen seiner Ratgeber und im März 1813 erklärte Preußen den Krieg an Frankreich.

Q2 Über die Stimmung in Preußen im März 1813 schrieb der russische Offizier Friedrich von Schubert:
… Es wurden … Freiwillige aufgerufen, die Untertanen beschworen, alle möglichen Opfer zu bringen, um das Vaterland vom Joche der Franzosen zu befreien, und diese Aufforderung stieß nicht auf taube Ohren. Alles strömte herbei. Der Landmann verließ seinen Pflug und stellte sich mit seinen Söhnen um gegen den Feind zu fechten; die Jugend verließ die Universitäten, die Schulen, Beamte ihre einträglichen Posten …; jeder brachte, was er an Geld oder Geldeswert hatte …

1 Erklärt den Begriff „Nationalbewusstsein" mit Hilfe von Q 1. Zieht auch die Begriffserklärung in der Randspalte heran.
2 Erklärt anhand von Q 2 die Behauptung: Aus Untertanen wurden Bürger.

Die Völkerschlacht bei Leipzig

2 **Aufstieg und Fall Napoleons.** Deutsche Karikatur, 1814.

Napoleons Herrschaft wird abgeschüttelt
Österreich, England und Schweden traten dem Bündnis gegen Frankreich bei. Russland versprach sich neutral zu verhalten. Um den Widerstand im Keim zu ersticken zog Napoleon mit eilig zusammengezogenen Soldaten nach Deutschland. Zur entscheidenden Schlacht kam es im Oktober 1813 bei Leipzig. Am 14. Oktober traf Napoleon hier ein mit einer Armee von fast 200 000 Soldaten. Zwei Tage später begann der Kampf mit einer stundenlangen Kanonade auf beiden Seiten, die – wie ein Beobachter schrieb – die Erde erbeben ließ. Nach vier Tagen erbitterter Kämpfe – 100 000 Soldaten starben allein in dieser Schlacht – hatten die Alliierten* den Sieg errungen. Die Fürsten des Rheinbundes sagten sich von Napoleon los. Die verbündeten Heere konnten Napoleon aus Deutschland vertreiben und am 1. Januar den Rhein überschreiten. Ein halbes Jahr später zogen preußische und russische Truppen in Paris ein und zwangen Napoleon abzudanken. Er wurde auf die Mittelmeerinsel Elba in die Verbannung geschickt. Die Macht übernahm jetzt König Ludwig XVIII., ein Bruder des hingerichteten Ludwig XVI. (siehe S. 132).

„Der letzte Flug des Adlers"
Napoleon kehrte 1815 noch einmal nach Frankreich zurück. Völlig unerwartet landete er mit 1000 Soldaten in Südfrankreich. Die Bevölkerung jubelte ihm zu, die Truppen liefen zu ihm über und Ludwig XVIII. floh, als Napoleon Paris erreichte. Erneut konnte er ein Heer aufstellen, wurde aber in der Schlacht von Waterloo im heutigen Belgien von einem englisch-preußischen Heer endgültig besiegt. Erneut musste Napoleon abdanken. Man brachte ihn auf die kleine Insel St. Helena im Südatlantik, wo er 1821 starb.
3 Verfasst mit Hilfe der Karikatur (Abbildung 2) den Lebenslauf Napoleons. Versucht aus Lexika weitere Informationen aus seinem Privatleben zusammenzutragen. Geht dabei vor, wie auf der Methodenseite 152/153 beschrieben.
4 In Kelheim steht weithin sichtbar hoch über der Donau die Befreiungshalle. Sie soll an die napoleonischen Befreiungskriege erinnern. Wie denkt ihr über solche Denkmäler?
5 Darf man Napoleon als einen großen Staatsmann bezeichnen? Diskutiert darüber.

Befreiungshalle Kelheim

14.–19. Oktober 1813:
Völkerschlacht bei Leipzig.

1815:
Schlacht bei Waterloo und Verbannung Napoleons.

Alliierte*:
Verbündete.

Zusammenfassung

Wirtschaftlicher und technischer Wandel in England

Günstige wirtschaftliche Voraussetzungen führten in England im 17. Jahrhundert zu zahlreichen technischen Neuerungen, u. a. zur Erfindung der Spinnmaschine durch James Hargreaves.

Amerika – neue freie Welt

Zahlreiche Menschen, die in Europa religiös oder politisch unterdrückt wurden oder in wirtschaftliche Schwierigkeiten geraten waren, wanderten nach Amerika aus. Virginia wurde die erste von insgesamt 13 englischen Kolonien. Die Auswanderer nahmen das Risiko einer strapaziösen und gefährlichen Reise auf sich um eine neue Heimat zu suchen. Die gemeinsamen Bemühungen um die Bewältigung der zahlreichen Probleme ließen die Einwanderer schon bald zu einer neuen, der amerikanischen Nation zusammenwachsen.

Die Gründung eines demokratischen Staates

England versuchte seine Staatskasse auf Kosten der Kolonien aufzufüllen. Als die Kolonien sich dagegen wehrten (Bostoner Tea-Party) und stärkere Mitspracherechte verlangten, schickte England Truppen nach Amerika. Es kam zum Krieg, der von 1775 bis 1783 dauerte. Bereits am 4. Juli 1776 erklärten die Kolonien ihre Unabhängigkeit vom Mutterland. 1787 gaben sich die dreizehn Gründerstaaten eine eigene Verfassung, in die – erstmals in der Geschichte – das Prinzip der Gewaltenteilung aufgenommen wurde.

Menschenrechte – nicht für alle

Um für die vielen Einwanderer genügend Land zu haben wurden die Gebiete im Westen der USA immer mehr erschlossen. Die hier lebenden Indianer wurden meist gewaltsam vertrieben und in Reservationen zwangsweise umgesiedelt. Noch schlimmer erging es den Sklaven, die man aus Westafrika einführte. Erst nach dem Bürgerkrieg zwischen den Süd- und Nordstaaten (1861–1865) wurde die Sklaverei auch von der Verfassung her verboten. – Geblieben ist bis heute die Benachteiligung der schwarzen Bevölkerung in den USA.

17. Jahrhundert

In England setzt eine rasante technische Entwicklung ein.

1607

Engländer gründen Jamestown, die erste dauerhafte Siedlung an der Ostküste Nordamerikas.

1775–1783

Im nordamerikanischen Unabhängigkeitskrieg erkämpfen sich die Siedler die Selbstständigkeit.

1789

George Washington wird erster Präsident der Vereinigten Staaten.

Die bürgerliche Revolution

Obwohl der Staat, den Ludwig XVI. übernahm, hoch verschuldet war, gab er nicht weniger Geld aus als seine Vorgänger. Das Volk litt unter der hohen Abgabenlast. Immer häufiger erschienen Flugblätter, die darauf hinwiesen, dass das Volk frei und alle Menschen gleich seien.

Schließlich war Ludwig XVI. nicht mehr in der Lage seine enormen Ausgaben zu decken. In seiner Not berief der König die Vertreter der drei Stände ein um sich höhere Steuern bewilligen zu lassen. Die Vertreter des dritten Standes erklärten sich zur Nationalversammlung, da sie mehr als 95 Prozent der Bevölkerung zählten. Im August 1789 wurden die Menschenrechte verkündet. Nach einem gescheiterten Fluchtversuch 1791 galt der König als gefährlichster Feind der Revolution. Am 21. Januar 1793 wurde er auf Beschluss des Nationalkonvents hingerichtet.

Um ihre Ziele zu verwirklichen gingen die Revolutionäre immer radikaler vor. Die Schreckensherrschaft der Jakobiner fand erst mit der Hinrichtung von Robespierre ein Ende. 1795 stellte eine neue Verfassung die Dreiteilung der Gewalten wieder her. Ein Direktorium führte die Regierungsgeschäfte.

Napoleon verändert Europa

Nachdem Napoleon sich zum Kaiser gekrönt hatte, ließ er keinen Zweifel an seinen außenpolitischen Zielen: Er wollte Europa unter seiner Führung vereinen. Deutschland wurde von Napoleon bezwungen, mit Truppen besetzt und umgestaltet. Aufgrund dieser Umgestaltung zerfiel 1806 das „Heilige Römische Reich Deutscher Nation" und Kaiser Franz II. verzichtete auf die deutsche Kaiserkrone.

Da Napoleon England militärisch nicht besiegen konnte, verhängte er eine Kontinentalsperre. Diese hatte jedoch nicht die erwünschte Wirkung.

Der Widerstand gegen die Herrschaft Napoleons regte sich seit 1808 überall in Europa. Napoleons Überfall auf Russland leitete schließlich seinen Untergang ein. Preußen, Russland, Schweden, England und Österreich schlossen ein Bündnis gegen Frankreich. Ein neues Nationalbewusstsein wurde vor allem in Deutschland zur beherrschenden Kraft des Widerstands gegen Napoleon. Nach der Völkerschlacht bei Leipzig (1813) konnte Napoleon aus Deutschland vertrieben werden.

1814 zogen preußische und russische Truppen in Paris ein und zwangen Napoleon abzudanken. Er starb 1821 auf der Insel St. Helena in der Verbannung.

14. Juli 1789

Das Volk von Paris stürmt die Bastille.

1791

Die Nationalversammlung verabschiedet die neue Verfassung.

1803–1806

Das Heilige Römische Reich Deutscher Nation löst sich auf.

1812/13

Napoleons „Große Armee" löst sich in Russland auf. Die Befreiungskriege beginnen.

Restauration und Emanzipation

In der Nacht vom 18. auf den 19. März 1848 ging das Volk in Berlin auf die Barrikaden. Auch in anderen Städten Deutschlands erhoben sich die Bürger. Sie kämpften unter den Farben Schwarz-Rot-Gold, die für Freiheit, Recht und Einheit standen. Auf den folgenden Seiten erfahrt ihr, wie es zu diesen Volksaufständen gekommen ist.

Am Anfang standen die Neuordnung Europas und die Gründung des Deutschen Bundes nach dem Niedergang der napoleonischen Herrschaft. Ohne die Forderungen der Menschen nach einem geeinten deutschen Staat und mehr Bürgerrechten zu berücksichtigen, hatten die Sieger der Befreiungskriege den Deutschen Bund geschaffen. Hier bestimmten wieder nur die Fürsten. Die Bürger begannen nun sich gegen ihre Rolle als gehorsame Untertanen zur Wehr zu setzen. Ob sie Erfolg hatten, wird dieses Kapitel zeigen.

Die Neuordnung Europas

1800 1810 1820 1830 1840 1850 1860 1870 1880 1890 1900 1910 1920 1930 1940

1 Europa nach dem Wiener Kongress 1815.

1814/15:
Wiener Kongress.

▶ *Fürst Klemens von Metternich (1773–1859)*:*
Ab 1809 Innenminister in Österreich, danach Staatskanzler. Er stellte in der österreichischen und europäischen Politik entscheidende Weichen.

Nach dem Sturz Napoleons trafen sich die Vertreter der europäischen Staaten in Wien um über die politische Zukunft des Kontinents zu beraten. Nach 25 Jahren Erschütterungen und Krieg sollte eine dauerhafte Friedensordnung geschaffen werden.

Ein Gleichgewicht der europäischen Großmächte war nach damaliger Meinung die Voraussetzung für Frieden und Stabilität. Nur dadurch glaubte man verhindern zu können, dass – wie zuvor Frankreich unter Napoleons Führung – erneut ein Staat die Vorherrschaft in Europa anstreben konnte.

Im Herbst 1814 begannen unter dem Vorsitz des österreichischen Staatskanzlers Fürst Metternich* die Beratungen. Schwierige Fragen mussten geklärt werden. Was sollte mit den Staaten geschehen, die Napoleon neu geschaffen hatte? Wie sollten in Deutschland die Machtverhältnisse geregelt werden, nachdem das Heilige Römische Reich Deutscher Nation untergegangen war? Welche Entschädigungen standen Preußen und Russland für ihre Kriegslasten zu?

Die Grundsätze Restauration und Legitimität

Die wichtigsten Beschlüsse des ▶ Wiener Kongresses fassten die Vertreter der fünf Großmächte Großbritannien, Russland, Preußen, Österreich und Frankreich. Zwei Grundsätze bestimmten dabei ihre Entscheidungen: ▶ Restauration und Legitimität.

Restauration bedeutete, dass man die politischen Zustände wiederherstellen wollte, die vor der Französischen Revolution und der Napoleonischen Herrschaft bestanden hatten. Ganz konsequent führte man dieses Prinzip allerdings nicht durch. Zwar wurde der größte Teil der territorialen Verschiebungen rückgängig gemacht. Das alte Deutsche Reich wurde jedoch nicht wieder errichtet

160

Die Prinzipien des Wiener Kongresses

2 „Der Kuchen der Könige"*. Zeitgenössische französische Karikatur.

und die durch Säkularisation und Mediatisierung gewonnenen Gebiete gaben die Mittelstaaten und Preußen nicht zurück. Restauration war also auch eine Frage der Macht. Ähnlich verhielt es sich mit dem Prinzip der Legitimität; als legitim, d. h. rechtmäßig erkannten die Großmächte nur Dynastien an, die historisch abgesicherte Erbansprüche vorweisen konnten. Entsprechend wurden viele von Napoleon vertriebene Herrscher in ihre Rechte wieder eingesetzt. Gleichzeitig erkannte man aber auch problemlos die durch den französischen Kaiser veranlassten Rangerhöhungen einiger Fürsten – z. B. des Kurfürsten von Bayern und des Herzogs von Württemberg zu Königen – als rechtmäßig an.

Friedenssicherung durch Gleichgewicht der Kräfte und Solidarität

Obwohl sich die Großmächte darüber einig waren, dass nur ein Gleichgewicht der Kräfte Grundlage für Frieden war, gab es erbitterten Streit darüber, wie dieses zustande kommen sollte. Alle Mächte erhoben Gebietsansprüche, die wiederum Gegenforderungen anderer Staaten auslösten.
Diese Zerstrittenheit der Kongressteilnehmer nutzte Napoleon zu einem Versuch die Herrschaft in Europa erneut an sich zu reißen. Er scheiterte jedoch nach 100 Tagen (siehe S. 155). Danach führten die Beratungen in Wien zu konkreten Ergebnissen:
- Großbritannien erhielt die Inseln Malta, Ceylon, Helgoland und die Kapkolonie in Südafrika.
- Russland bekam das so genannte Kongresspolen und damit den polnischen Königstitel.
- Österreich verzichtete auf die habsburgischen Niederlande und Vorderösterreich und gewann dafür Gebiete in Galizien, Oberitalien und Dalmatien; es verschob sich nach Südosten.
- Preußen erhielt einen Teil Sachsens, die Rheinprovinz und Westfalen; es breitete sich nach Westen aus.
- Frankreich blieb in seinem Bestand von 1792 erhalten.

1 Erklärt, warum 1814/15 eine Neuordnung Europas überhaupt notwendig war.
2 Findet anhand der Karte 1 heraus, welche Länder einen Vorteil von dieser Neuordnung hatten.
3 Überlegt, welche Auswirkungen die territorialen Veränderungen auf die Machtverhältnisse in Deutschland haben konnten.
4 Betrachtet die Karikatur (Abbildung 2). Wie verhalten sich die Könige bei der Neuordnung Europas?

Der Dialog der Fürsten während der Aufteilung Europas:
Kaiser Franz I. von Österreich: „Die Abwesenden sind selbst schuld."
König Friedrich Wilhelm III. von Preußen: „Nehmen wir uns die guten Stücke."
Zar Alexander von Russland: „Ich fürchte mich vor dem Gespenst."
Fürst Metternich: „Der Preis des Blutes."
Napoleon: „Wer die Rechnung ohne den Wirt macht, rechnet zweimal." Auf der Karte: „Wehe dem, der dies hier anfasst."
Joachim Murat (König von Neapel): „Papa passt auf meinen Anteil auf."
Talleyrand, französische Außenminister (mit dem Bild König Ludwigs XVIII. unter dem Tisch): „Ich werde vom Bischof zum Müller. Ich lebe hier unten auf gefährlichem Fuß."

Die Heilige Allianz

1 Die Wiederkehr des allgemeinen Weltfriedens. Eine Frauengestalt, die Frankreich darstellen soll, überreicht dem König von Preußen, dem Kaiser von Österreich und dem russischen Zaren einen Lorbeerkranz. Deutsche Allegorie* auf den Wiener Kongress.

Allegorie*: *Gleichnishafte Darstellung.*

Allianz*: *Bündnis.*

Der Zusammenschluss des österreichischen Kaisers, des russischen Zaren und des preußischen Königs zur Heiligen Allianz* sollte ein Zeichen besonderer monarchischer Solidarität setzen. Im Geiste christlicher Nächsten- und Bruderliebe wollten sie einander gegen innere und äußere Bedrohungen beistehen und ihre Staaten als „Familienväter" lenken. Dies war eine unmissverständliche Botschaft an die Bevölkerung der eigenen und an die der übrigen Länder: Die Herrscher waren nicht bereit das Selbstbestimmungsrecht der Völker anzuerkennen. Jedes Streben ihrer Untertanen nach nationaler Einheit und politischer Freiheit würden sie gemeinsam bekämpfen und unterbinden.

Fast alle europäischen Staaten traten der Allianz bei, die zum Inbegriff der Restauration wurde.

1 Betrachtet die Allegorie (Abbildung 1). Erklärt, was es bedeutet, dass Frankreich den drei Herrschern einen Lorbeerkranz überreicht.
2 Überlegt, auf welches geschichtliche Ereignis die Darstellung anspielt.
3 Welche Symbole der Hoffnung findet ihr auf diesem Bild?
4 Was verspricht sich der Künstler vom „wiedergekehrten Weltfrieden"?

▶ **Der Deutsche Bund**

Q1 Aus der Akte des Deutschen Bundes:
Art. 1: Die souveränen Fürsten und freien Städte Deutschlands mit Einschluss Ihrer Majestäten des Kaisers von Österreich und der Könige von Preußen … vereinigen sich zu einem beständigen Bunde, welcher der Deutsche Bund heißen soll.
Art. 2: Der Zweck desselben ist Erhaltung der äußeren und inneren Sicherheit Deutschlands und der Unabhängigkeit und Unverletzbarkeit der einzelnen deutschen Staaten.
Art. 3: Alle Bundesglieder haben als solche gleiche Rechte; sie verpflichten sich alle gleichmäßig die Bundesakte unverbrüchlich zu halten.
Art. 4: Die Angelegenheiten des Bundes werden durch eine Bundesversammlung besorgt, in welcher alle Glieder desselben durch ihre Bevollmächtigten teils einzelne, teils Gesamtstimmen … führen …
Art. 5: Österreich hat bei der Bundesversammlung den Vorsitz …
Art. 9: Die Bundesversammlung hat ihren Sitz zu Frankfurt am Main …
Art. 11: Alle Mitglieder des Bundes versprechen sowohl ganz Deutschland als jeden

Der Deutsche Bund

einzelnen Bundesstaat gegen jeden Angriff in Schutz zu nehmen und garantieren sich gegenseitig ihre sämtlichen unter dem Bunde begriffenen Besitzungen.

Bei einmal erklärtem Bundeskrieg darf kein Mitglied einseitige Unterhandlungen mit dem Feinde eingehen noch einseitig Waffenstillstand oder Frieden schließen.

Die Bundesglieder behalten zwar das Recht der Bündnisse aller Art, verpflichten sich jedoch in keine Verbindungen einzugehen, welche gegen die Sicherheit des Bundes oder einzelner Bundesstaaten gerichtet wären.

Die Bundesglieder machen sich ebenfalls verbindlich einander unter keinerlei Vorwand zu bekriegen noch ihre Streitigkeiten mit Gewalt zu verfolgen, sondern sie bei der Bundesversammlung anzubringen …

Art. 13: In allen Bundesstaaten wird eine landständische Verfassung stattfinden.

5 Gebt an, zu welchem Zweck der Deutsche Bund gegründet wurde.
6 Welche Rechte und Pflichten haben die Bundesmitglieder?
7 Wer hat den Vorsitz in der Bundesversammlung und wo hat sie ihren Sitz?
8 Was müssen die Bundesmitglieder beachten, wenn sie Bündnisse eingehen?
9 Schaut euch auf der Karte 1 (S. 160) die Staaten des Deutschen Bundes an. Was fällt euch auf, wenn ihr die Grenzen Österreichs und Preußens mit denen der anderen Länder vergleicht?
10 Überlegt, welche Ursachen diese Grenzziehungen gehabt haben könnten.

Metternichs Ziel war ein stabiles Europa. Einen wichtigen Meilenstein auf dem Weg zu diesem Ziel bildete für ihn Deutschland. Es sollte stark genug sein um eine Vorherrschaft Frankreichs und Russlands zu verhindern, gleichzeitig selbst aber keine Hegemonialmacht werden können. Einen deutschen Einheitsstaat, den die Vertreter der nationalen Bewegung wünschten, lehnten die deutschen Fürsten und Könige ebenso ab wie Metternich. So einigte man sich schließlich auf die Errichtung eines Bundes unabhängiger Staaten.

2 Die Gliederung des Deutschen Bundes.

Am 8. Juni 1815 trat der Deutsche Bund an die Stelle des Heiligen Römischen Reichs Deutscher Nation. Er bestand aus 35 souveränen Staaten und vier freien Reichsstädten – Hamburg, Bremen, Lübeck und Frankfurt/Main – und erhielt weder ein gemeinsames Staatsoberhaupt noch eine gemeinsame Regierung. Die einzige gesamtdeutsche Einrichtung war der Bundestag in Frankfurt, ein ständig tagender Gesandtenkongress, bei dem Österreich den Vorsitz führte. Durch die Verteilung der Einzelstimmen im Bundestag hatte man sichergestellt, dass weder Österreich noch Preußen die übrigen Länder überstimmen konnten. Mehrheitsbeschlüsse waren allerdings für alle bindend.

Man hatte darauf geachtet, dass alle Mitglieder ihre Souveränität behielten. Jeder Staat bestimmte selbst über seine Gesetze, seine Rechtsprechung, hatte seine eigene Währung, erhob eigene Zölle und durfte eine eigene Armee unterhalten.

Bündnisse mit fremden Ländern und kriegerische Auseinandersetzungen waren ebenfalls erlaubt, solange sich diese nicht gegen einen Bündnispartner richteten. In einem Punkt waren sich allerdings alle Regierungen einig: Allen freiheitlichen Bewegungen wollten sie gemeinsam entgegentreten und sie unterdrücken.

1815:
Die 39 deutschen Einzelstaaten – unter ihnen Bayern – schließen sich im Deutschen Bund zusammen.

Die Kunst als Spiegel der Politik

1 „Mein Nest ist das Best." Zeichnung von Karl Ludwig Richter (1803 bis 1884).

▶ **Biedermeier*:** Bezeichnung für den bürgerlichen Lebensstil zwischen 1815 und 1848. Enttäuscht von der Wiederherstellung der alten Ordnung, welche die Bürger aus der Politik verdrängte, zogen sich die Menschen ins Privatleben zurück um hier Erfüllung zu finden.

Portoriko*: Tabak aus Puerto Rico.

Pläsir*: Vergnügen.

Krakeel* (heutige Schreibweise): Streit, Unruhe.

„Die Menschen ziehen sich zurück"
1 Beschreibt, welchen Eindruck die Abbildungen 1 bis 3 auf euch machen.
Der Wunsch nach einem großen, geeinten Deutschland hatte sich in Wien nicht erfüllt. Auch die Forderung der Bürger nach mehr Mitbestimmung war von den Fürsten abgelehnt worden. Sie sahen in der Bevölkerung nicht mündige Bürger, sondern Untertanen, die regiert werden müssen. Das Ergebnis des Wiener Kongresses löste daher vor allem in Deutschland Enttäuschung und Verbitterung aus. Viele Menschen zogen sich jetzt in die eigenen vier Wände zurück. Außerdem fürchteten sie die Bespitzelung durch fürstliche Beamte. Von der Politik wollten die meisten Bürger nichts mehr wissen, stattdessen genossen sie nach den Kriegsjahren die stille Behaglichkeit des eigenen Heimes und entwickelten eine Lebenseinstellung, die mit dem Begriff Biedermeier* bezeichnet wurde. Der Rückzug ins Private zeigte sich auch in der bildenden Kunst. So gaben z. B. die Maler Caspar David Friedrich (1774–1840) und Karl Ludwig Richter (1803–1884) die Grundstimmungen dieser Epoche wieder. Beide vermieden in ihren Bildern alles, was sie mit den Herrschenden in Konflikt bringen konnte.

Q1 Victor von Scheffel: „Des Biedermanns Abendgemütlichkeit", 1848:
Vor meiner Haustür steht 'ne Linde,
In ihrem Schatten sitz' ich gern,
Ich dampf' meine Pfeiflein in die Winde
Und lob' durch Nichtstun Gott, den Herrn.
Die Bienen summen froh und friedlich
Und saugen Blütenhonig ein,
Und alles ist so urgemütlich,
Dass ich vor innrer Rührung wein'.
Und hätt' in Deutschland jeder Hitzkopf
wie ich 'ne Linde vor der Tür
Und rauchte seinen Portoriko*
Mit so beschaulichem Pläsir*:
So gäb' es nicht so viele Krakehler*
In dieser schönen Gotteswelt
Die Sonne schien' nicht auf Skandäler,
Und doch wär' alles wohl bestellt.
Amen.

2 Vergleicht die Zeichnung von K. L. Richter (Abbildung 1) mit dem Gedicht (Q 1) und findet heraus, worin sich die Inhalte gleichen und worin sie sich unterscheiden.

3 Überlegt, wen Victor von Scheffel meinen könnte, wenn er vom „Hitzkopf" und „Krakehler" schreibt. Auf welche politische Situation in Deutschland lässt das schließen?

Romantik* und Biedermeier

2 „Mondaufgang am Meer". Gemälde von Caspar David Friedrich, 1832.

Romantik*:
Von Deutschland ausgehende geistige Bewegung in der Zeit von 1790 bis 1830. Die Flucht aus der Wirklichkeit in eine Welt des Gefühls und der Fantasie, die Natur und die Rückbesinnung auf die Vergangenheit standen im Zentrum der romantischen Malerei, Literatur und Musik.

Behaglichkeit statt Prunk
Der Wunsch nach Bequemlichkeit im „trauten Heim" prägte auch die Wohnkultur im Biedermeier. Der Sekretär, das Polstersofa, die Fußbank oder der Vitrinenschrank, in dem die Schmuckstücke der Familie zur Schau gestellt wurden, sind typische Möbel dieser Zeit. Behaglichkeit, Schlichtheit statt Zierrat und Funktionalität hießen die Forderungen, die Biedermeiermöbel für den Mittelstand erfüllen mussten.

3 „Die gute alte Zeit". Das Innere einer Bürgerwohnung im Biedermeierstil. Um 1835.

Die nationale und liberale Opposition

1 **Wartburgfest***. Etwa 500 Studenten gedachten am 18. und 19. Oktober 1817 der Völkerschlacht bei Leipzig und des Beginns der Reformation (1517) mit einem Fest auf der Wartburg. Holzstich, um 1880.

Wartburgfest:* Am Ende des Festes verbrannten Teilnehmer Bücher einiger Schriftsteller, die die Restauration verteidigten, einen Zopf, einen Teil einer preußischen Uniform und einen österreichischen Korporalstock.

Liberale:* von lat. liber = frei.

Heinrich von Gagern (1799–1880):* Liberaler Politiker; 1848 Präsident der Nationalversammlung in der Frankfurter Paulskirche (siehe S. 172).

Schwarz-rot-gold:* Die Farben gehen zurück auf die Lützower Jäger, einem Freikorps in den Befreiungskriegen, die eine schwarze Uniform mit roten Rockaufschlägen und goldenen Knöpfen getragen hatten. Die Farben wurden später zu einem Symbol für ein einiges, freies und demokratisches Deutschland.

Die ▶ nationale und liberale Opposition

Neben der Mehrheit der deutschen Bevölkerung, die sich von der Politik abgewandt und ins Privatleben zurückgezogen hatte, gab es auch diejenigen, die ihre Unzufriedenheit mit den Ergebnissen des Wiener Kongresses laut aussprachen. So strebten die Nationalen die Bildung eines Nationalstaates an und setzten sich für ein geeintes Deutschland mit einer Verfassung und frei gewählten Volksvertretern ein. Die Liberalen* forderten an erster Stelle Freiheit; sie kämpften für das politische Mitspracherecht der Bürger und wollten die Garantie von Grundrechten.

Die Gründung der Allgemeinen Deutschen Burschenschaft

Anfänglich waren die nationale und die liberale Bewegung kaum voneinander zu trennen. Vor allem an den Universitäten engagierte man sich für ihre Ziele. Viele Studenten waren 1812/13 gegen Napoleon in den Krieg gezogen und hatten für ein freies, geeintes Deutschland gekämpft. Sie waren nun enttäuscht. Noch im Jahr 1815 gründeten Jenaer Studenten die „Allgemeine Deutsche Burschenschaft".

Q1 Der Student Heinrich von Gagern* schreibt über die Ziele der Jenaer Burschenschaft:

… Wir wünschen unter den einzelnen Staaten Deutschlands … keine eigene Politik der einzelnen Staaten, sondern das engste Bundesverhältnis: Überhaupt wünschen wir, dass Deutschland als ein Land und das deutsche Volk als ein Volk angesehen werden können. So wie wir dies … wünschen, so zeigen wir dies in der Form unseres Burschenlebens. Landsmannschaftliche Parteien sind verbannt und wir leben in einer deutschen Burschenschaft, im Geiste als ein Volk, wie wir es in ganz Deutschland gerne in der Wirklichkeit täten. Wir geben uns die freieste Verfassung, so wie wir sie gerne in Deutschland möglichst frei hätten, insoweit es dem deutschen Volk angemessen ist …

1 Erklärt die Forderungen, welche die Studenten für Deutschland und das deutsche Volk erheben.
2 Welche Rolle spielen dabei die Burschenschaften?

Das Wartburgfest

Im Oktober 1817, am 300. Jahrestag des Beginns der Reformation und dem 4. Jahrestag des Sieges in der Völkerschlacht bei Leipzig (siehe S. 154/155), zogen etwa 500 Burschenschaftler und einige Professoren auf die Wartburg. Sie führten schwarz-rot-goldene Fahnen* mit und trugen ihre Forderungen nach Einheit und Freiheit öffentlich vor.
Die Regierenden im Deutschen Bund fühlten sich durch diese Veranstaltung beunruhigt und herausgefordert. Vor allem Fürst Metternich sah sein politisches Werk bedroht.

3 Überlegt, warum den Studenten gerade diese Jahrestage so geeignet erschienen, um gegen die bestehenden Verhältnisse zu demonstrieren.
4 Betrachtet die Abbildung 1 und überlegt, welches Zeichen dieses „Feuergericht" geben sollte. Wie beurteilt ihr die Verbrennung der Bücher?

Die Karlsbader Beschlüsse

2 „Der Denker-Klub". Karikatur, um 1820.

Die Gelegenheit, gegen die studentischen Umtriebe einzuschreiten, kam für die Obrigkeit rascher als erwartet. Im März 1819 ermordete der Theologiestudent Karl Ludwig Sand den Schriftsteller August von Kotzebue. Dieser hatte in früheren Jahren für den Zaren als politischer Beobachter gearbeitet und die nationalen Ideen der Burschenschaftler immer wieder in seiner Zeitschrift „Literarisches Wochenblatt" verspottet.

Fürst Metternich nahm die Tat Sands zum Anlass am 20. September 1819 im Deutschen Bund die Karlsbader Beschlüsse durchzusetzen:

- das Universitätsgesetz: Es beinhaltete die Überwachung der Professoren und das Verbot der Burschenschaften.
- das Pressgesetz: Dieses führte die Pressezensur wieder ein. Künftig mussten alle Druckerzeugnisse unter 320 Seiten Umfang vor der Veröffentlichung staatlichen Stellen vorgelegt werden.
- das Untersuchungsgesetz: Es gestattete die Errichtung einer zentralen Behörde, die „zur Erfassung aller revolutionären Umtriebe und demagogischen* Verbindungen" eingesetzt wurde.

5 Erklärt die Karikatur (Abbildung 2).

Während man in den süd- und mitteldeutschen Staaten die Gesetze recht großzügig auslegte, wurden Schriftsteller, Hochschullehrer und Studenten in Preußen und Österreich ständig bespitzelt, verfolgt, verhaftet und verurteilt oder zur Flucht ins Ausland gezwungen. Betroffen waren Dichter wie Ernst Moritz Arndt, Wilhelm Hauff, Ludwig Uhland und der „Turnvater" Friedrich Jahn. Sogar so bekannte Persönlichkeiten wie Freiherr vom Stein, Graf von Gneisenau und der Philosoph Schleiermacher gehörten zu den Verdächtigten.

Dennoch kämpfte eine kleine Gruppe von Schriftstellern, die man „Junges Deutschland" nennt, weiter gegen die Politik der Restauration. Zu ihnen gehörten Heinrich Heine und Ludwig Börne, die nach Paris ins Exil gingen, Georg Büchner, der nach Zürich flüchtete, und Heinrich Hoffmann von Fallersleben (siehe S. 169), der sich zeitweise in englischen Territorien aufhielt. Deren Bücher wurden, wie die vieler anderer Schriftsteller, 1835 in Deutschland verboten.

6 Wählt einen der genannten Dichter und Denker aus, informiert euch über seinen Lebensweg und sein Lebenswerk und stellt ihn der Klasse vor.

demagogisch*: aufwieglerisch.

Proteste gegen die Unterdrückung

1 Der Zug auf das Schloss Hambach in der Pfalz am 27. Mai 1832. Zeitgenössische Darstellung.

Im Jahr 1830 löste die Revolution in Frankreich eine Welle von Unruhen und Erschütterungen in ganz Europa aus. In Paris erhoben sich die Bürger gegen König Karl X., der versucht hatte erneut eine absolutistische Herrschaft zu errichten. Karl musste fliehen, an seiner Stelle wurde der „Bürgerkönig" Louis Philippe von Orléans eingesetzt und auf die Verfassung vereidigt. Die Revolution griff rasch auf Belgien, die Schweiz und Polen über.

Freiheit, Recht und Einheit – das Hambacher Fest

Auch in einigen deutschen Städten kam es zu Unruhen und Protestaktionen. Einen Höhepunkt bildete das Hambacher Fest am 27. Mai 1832. Über 30 000 Menschen aus dem gesamten Gebiet Deutschlands waren in die Pfalz gekommen um für Einheit und Freiheit zu demonstrieren.

Q1 Der badische Politiker Siebenpfeifer* rief auf dem Hambacher Fest den Massen zu:
… Vaterland – Freiheit – ja! Ein freies deutsches Vaterland – dies ist der Sinn des heutigen Festes, dies die Worte, den Verrätern der deutschen Nationalsache die Knochen erschütternd. Seit das Joch des fremden Eroberers abgeschüttelt, erwartet das deutsche Volk von seinen Fürsten die verheißene Wiedergeburt; es sieht sich getäuscht.
Die Natur der Herrschenden ist Unterdrückung, der Völker Streben ist Freiheit. Es wird kommen der Tag, wo … der Bürger nicht in höriger Untertänigkeit den Launen des Herrschers, sondern dem Gesetz gehorcht, wo ein gemeinsames deutsches Vaterland sich erhebt …

1 Überlegt, wen der Redner meint, wenn er von „Verrätern der deutschen Nationalsache" und dem „fremden Eroberer" spricht.
2 Was kritisiert Siebenpfeifer an den Herrschenden und welche Vorstellung hat er von der Zukunft Deutschlands?

Die Unterdrückungsmaßnahmen werden verschärft

Wie schon zuvor, so antworteten die Fürsten auch jetzt mit noch härteren Unterdrückungsmaßnahmen. Die Zensur der Presse wurde weiter verschärft, die Rede- und Versammlungsfreiheit aufgehoben.
Erneut wanderten Hunderte ins Gefängnis, Tausende flohen ins Ausland, vor allem nach Amerika.
Trotz aller Zwangsmaßnahmen der Obrigkeit nahm die Bedeutung der nationalen und libe-

Philipp Jakob Siebenpfeifer (1789 bis 1845)*: Jurist und Schriftsteller.

Die nationale Bewegung erstarkt

ralen Bewegung zu. Dies zeigte sich 1837 in Hessen, als Ernst August, der neue König von Hannover, die vier Jahre zuvor erlassene Verfassung aufkündigte. Sieben Professoren der Göttinger Universität, darunter auch die Märchensammler und Sprachforscher Jakob und Wilhelm Grimm, protestierten öffentlich gegen dieses Vorgehen. Die „Göttinger Sieben" wurden sofort ihrer Ämter enthoben und mussten das Land verlassen. Starker Protest erhob sich in ganz Deutschland. Das mutige Auftreten der Professoren stärkte das Ansehen der liberalen Bewegung in hohem Maße.

Auch die nationale Bewegung bekam neuen Zulauf, als 1840 in Frankreich Stimmen laut wurden, die die linksrheinischen Gebiete zurückforderten. Sogar deutsche Fürsten unterstützten in dieser Situation die nationale Bewegung.

3 Betrachtet das Bild der „Germania" (Abbildung 2) und berichtet, wie diese Figur auf euch wirkt.

4 Findet heraus, welche Symbole für Deutschland in dieser Darstellung verwendet werden.

5 Überlegt, was der Künstler mit seiner „Germania" über Deutschland aussagen wollte.

2 Germania. Gemälde von Philipp Veit, 1848. Das Bild war über dem Sitz des Präsidenten in der Frankfurter Paulskirche angebracht.

Das Lied der Deutschen – die deutsche Nationalhymne

Aus dem Nationalgefühl dieser Zeit heraus schrieb August Hoffmann, genannt Hoffmann von Fallersleben*, 1841 während eines Aufenthalts auf Helgoland das „Lied der Deutschen".

Q2 Aus dem Lied der Deutschen:
Deutschland, Deutschland über alles,
Über alles in der Welt,
Wenn es stets zum Schutz und Trutze
Brüderlich zusammenhält,
Von der Maas bis an die Memel,
Von der Etsch bis an den Belt –
Deutschland, Deutschland über alles,
Über alles in der Welt!

Deutsche Frauen, deutsche Treue,
Deutscher Wein und deutscher Sang
Sollen in der Welt behalten
Ihren alten schönen Klang,
Uns zu edler Tat begeistern
Unser ganzes Leben lang –
Deutsche Frauen, deutsche Treue,
Deutscher Wein und deutscher Sang!

Einigkeit und Recht und Freiheit
Für das deutsche Vaterland!
Danach lasst uns alle streben
Brüderlich mit Herz und Hand!
Einigkeit und Recht und Freiheit
Sind des Glückes Unterpfand –
Blüh' im Glanze dieses Glückes,
Blühe, deutsches Vaterland!

6 Welche Forderungen der nationalen Bewegung klingen in dem Gedicht an?

Der Text Hoffmann von Fallerslebens wurde mit der Melodie aus Joseph Haydns* „Kaiser-Quartett" unterlegt und 1922 zur deutschen Nationalhymne* erklärt.

August Hoffmann* (1798–1874) war während seiner Studienzeit Burschenschaftler. Seit 1830 arbeitete er als Professor für deutsche Sprache und Literatur in Breslau. 1842 erhielt er Berufsverbot, weil er in seinen „Unpolitischen Liedern" die Zustände im Deutschen Bund kritisiert hatte. 1848 wurde er rehabilitiert, bekam aber keine neue Professur mehr.*

Joseph Haydn* (1732–1809): Österreichischer Komponist.

Die deutsche Nationalhymne:
Da der Text des Liedes während des Dritten Reichs (1933 bis 1945) von den Nationalsozialisten missbraucht worden war, verboten die Siegermächte des Zweiten Weltkriegs 1945 das Singen und Spielen der Nationalhymne. Seit 1952 wird in der Bundesrepublik nur noch die dritte Strophe des Liedes als Nationalhymne verwendet.*

Die Revolution von 1848

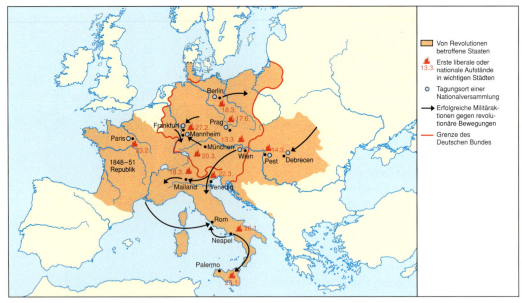

1 Revolutionen in Europa 1848/49.

Amnestie*: Straffreiheit.

März 1848: Revolutionäre Aufstände in Europa. In Paris, Wien und Berlin treten die alten Regierungen zurück. Die Forderung nach Parlamenten, die eine Verfassung beraten sollen, wird erfüllt.

Fundgrube: 1848 – „… weil jetzt die Freiheit blüht. Lieder aus der Revolution von 1848/49. CD. Südwest Records, Bad Krozingen 1998.

Paris gibt das Signal für Erhebungen in Europa

Im Februar 1848 kam es in Paris zu Massendemonstrationen gegen den König und seine Regierung. Die Menschen forderten ein neues Wahlrecht. Nur wer über ein hohes Einkommen verfügte, durfte zur Wahl gehen. Den aufgebrachten Bürgern rief ein Minister zu: „Werdet doch reiche Leute." Die Arbeiter, Tagelöhner und Handwerker fühlten sich hierdurch verhöhnt. Sie stürmten Ende Februar 1848 den Königspalast. Der König musste gehen, die Republik wurde ausgerufen. Dies war das Signal für zahlreiche Revolutionen in ganz Europa.

In Deutschland gaben viele Fürsten den Forderungen der Aufständischen sofort nach. Sie versprachen Verfassungen ausarbeiten zu lassen und sich für die Einberufung eines Nationalparlaments einzusetzen.

1 Stellt mit Hilfe der Karte fest, in welchen Städten im Frühjahr 1848 Aufstände ausbrachen.

Barrikadenkämpfe in Berlin

Gewaltsame Formen nahm die Märzrevolution in den Hauptstädten der beiden Großmächte des Deutschen Bundes an. In Wien führten die Straßenkämpfe zur Entlassung des Staatskanzlers Metternich.

Auch in Berlin spitzte sich die Lage immer mehr zu. Auf zahlreichen politischen Versammlungen forderten die Arbeiter von der Regierung Maßnahmen gegen die Arbeitslosigkeit. Bürger, Studenten und Arbeiter verlangten zudem gemeinsam Presse- und Redefreiheit, Versammlungsfreiheit, Amnestie* für politische Gefangene, eine freiheitliche Verfassung und eine allgemeine deutsche Volksvertretung.

Der preußische König Friedrich Wilhelm IV. war zunächst nicht bereit den Forderungen nachzugeben. Er wehrte sich gegen eine geschriebene Verfassung: „Zwischen mir und meinem Volk soll sich kein Blatt Papier drängen." Um die politischen Versammlungen auseinander zu treiben ließ der König sogar Truppen in die Stadt einrücken. Aber die Protestierenden ließen sich nicht einschüchtern. Der König gab schließlich nach und versprach dem Land eine Verfassung zu geben. Um ihrem König zu danken versammelten sich am 18. März 1848 etwa 10 000 Berliner vor dem Schloss. Plötzlich fielen – vermutlich aus Versehen – zwei Schüsse. Die Bürger fühlten sich betrogen. In aller Eile errichteten sie

Das Volk geht auf die Barrikaden

2 Barrikadenkämpfe in Berlin, 18./19. März 1848. Zeitgenössische Lithografien.

Abreibungen von Grabplatten auf dem Friedhof der Märzgefallenen im Berliner Friedrichshain. Bei den Straßenkämpfen kamen etwa 200 Menschen ums Leben, meist Handwerker, Arbeiter und Studenten.

18./19. März 1848: Die Berliner Bevölkerung erzwingt in Straßenkämpfen den Abzug des Militärs. Der preußische König bekennt sich zu demokratischen Reformen und zur deutschen Einigung.

Straßenbarrikaden, auf denen schwarz-rot-goldene Fahnen wehten. Mit den primitivsten Waffen wehrten die Bürger die gut ausgebildeten Armeeeinheiten ab. Schließlich wurde das Militär zurückgezogen.
Am folgenden Tag trugen Bürger die Leichen von 150 Barrikadenkämpfern vor das königliche Schloss. Der König wurde gezwungen sich vor den Särgen der Gefallenen zu verneigen. Mit einer schwarz-rot-goldenen Binde am Arm musste er durch die Straßen reiten.

Q1 Über die Szenerie im Schlosshof berichtet eine Zeitung:
… Und nun erfolgte der schauderhafte lange Vorgang dieser Leichenschau, die der König bestehen musste. Zuerst waren sechs bis sieben Leichen … nach dem Schloss gefahren, die blutigen Wunden aufgedeckt, bekränzt mit Blumen und Laub. Die begleitende Volksmenge sang Lieder und schrie; der König soll die Leichen sehen, hieß es. Auf den gebieterischen Ruf erschien der König … Alles hatte den Kopf entblößt, nur der König die Mütze auf; da hieß es gebieterisch: „Die Mütze herab!", und er nahm sie ab. Die Leichen wurden dann durch das Schloss durch nach dem Dom gefahren. Alle folgenden ebenso; diese machten auf dem inneren Schlosshof Halt und hier musste der König ebenfalls wiederholt … die Leichen grüßen und vieles anhören …

2 Erklärt die Forderungen, die das Volk an den König stellt.

Q2 Aus dem Erlass Friedrich Wilhelms IV. „An mein Volk und die deutsche Nation" vom 21. März 1848:
… Ich übernehme heute diese Leitung für die Tage der Gefahr. Mein Volk, das die Gefahr nicht scheut, wird Mich nicht verlassen und Deutschland wird sich Mir mit Vertrauen anschließen. Ich habe heute die alten deutschen Farben angenommen und Mich und Mein Volk unter das ehrwürdige Banner des Deutschen Reichs gestellt. Preußen geht fortan in Deutschland auf! …

3 Vergleicht den Text mit Q 1 und erklärt, wie der König an diesen Märztagen reagiert.
4 Überlegt, was es bedeutet, wenn Friedrich Wilhelm IV. die „alten deutschen Farben" – gemeint ist Schwarz-Rot-Gold – anlegt.

Die Revolution sollte den Berlinern große und kleine Freiheiten bescheren. Von nun an durfte auf der Straße geraucht werden, Presse- und Versammlungsfreiheit ließen ein lebhaftes öffentliches Leben zu. Berlin wurde mit Flugblättern, Maueranschlägen und Plakaten überschwemmt, politisch gleich Gesinnte schlossen sich in den „Klubs" zusammen, den Vorläufern der politischen Parteien. Hatte die Revolution damit auch in Berlin endgültig gesiegt?

Die Frankfurter Nationalversammlung

1 **Blick in die Frankfurter Nationalversammlung.** Da kein Saal der Stadt groß genug war um die Abgeordneten aufzunehmen, wurde die Paulskirche zum Tagungsort gewählt. Auf der Rednertribüne steht der Parlamentspräsident Heinrich von Gagern. Kolorierter Stich, 1848.

Die Paulskirche in Frankfurt/M. heute.

▶ **18. Mai 1848:** Die erste Sitzung der deutschen Nationalversammlung in der Paulskirche in Frankfurt/M.

Während der Märzunruhen richtete sich die Aufmerksamkeit auch auf Frankfurt am Main, den Sitz der Bundesversammlung. Mit Zustimmung des Bundestages versammelten sich führende Vertreter der Liberalen, Nationalen und radikalen Demokraten. Dieses so genannte „Vorparlament" traf die Vorbereitungen für die Wahlen zu einer Nationalversammlung, die eine Verfassung für ganz Deutschland ausarbeiten sollte.

Die Abgeordneten der Paulskirche

Die Wahlen fanden in allen Ländern des Deutschen Bundes statt. Am 18. Mai 1848 kamen die gewählten Volksvertreter in der Frankfurter Paulskirche zusammen. In diesem so genannten Honoratiorenparlament saßen vor allem Männer aus gehobenen Berufen. Von den über 800 Parlamentariern waren viele Beamte, Rechtsanwälte, Richter und Staatsanwälte sowie Professoren und Lehrer. Auch Kaufleute und Unternehmer waren vertreten, aber nur wenige Bauern und keine Arbeiter.

Parteien gab es in der Nationalversammlung noch nicht. Die verschiedenen politischen Gruppierungen wurden entsprechend ihrer Sitzordnung im Versammlungssaal als „Linke" und „Rechte" oder als „die Mitte" bezeichnet. Sie selbst benannten sich nach den Frankfurter Gasthöfen, in denen sie ihre Beratungen abhielten. So trafen sich die „linken" radikalen Demokraten im „Deutschen Hof". Die „linken" Abgeordneten der liberalen Mitte im „Württemberger Hof", der rechte Flügel führte seine Gespräche im „Casino". Und die konservative „Rechte" hatte für sich das „Café Milani" gewählt. Zahlenmäßig am stärksten vertreten war die „Casinopartei", die auch den Präsidenten der Nationalversammlung, Heinrich von Gagern, stellte.

Eine der ersten Amtshandlungen war die Berufung einer provisorischen Reichsregierung. Sie hatte aber keine Macht, da ihr weder feste Einkünfte noch eine Verwaltung oder gar Truppen zur Verfügung standen. Als vorläufiges Staatsoberhaupt wurde ein Reichsver-

Die Arbeit der Nationalversammlung

2 Kleindeutsch – großdeutsch – großösterreichisch? Diese Vorstellungen wurden 1849 in der Frankfurter Nationalversammlung diskutiert (siehe S. 174).

weser, Erzherzog Johann von Österreich, berufen.
Ihre wichtigste Aufgabe sahen die Abgeordneten in der Ausarbeitung einer Verfassung. Dabei konzentrierten sie sich vor allem auf die Festlegung der Grundrechte.

Die Grundrechte des deutschen Volkes
Im Dezember 1848 wurden die Grundrechte des deutschen Volkes verkündet und 1849 in die Reichsverfassung aufgenommen.

Q1 Aus der Reichsverfassung von 1849
… § 131. Das deutsche Volk besteht aus den Angehörigen der Staaten, welche das Deutsche Reich bilden …
§ 137. Vor dem Gesetz gilt kein Unterschied der Stände. Der Adel als Stand ist aufgehoben … Die Deutschen sind vor dem Gesetz gleich … Die öffentlichen Ämter sind für alle Befähigten gleich zugänglich. Die Wehrpflicht ist für alle gleich.
§ 138. Die Freiheit der Person ist unverletzlich …
§ 139. Die Todesstrafe, ausgenommen, so das Kriegsrecht sie vorschreibt …, sowie die Strafen des Prangers, der Brandmarkung und der körperlichen Züchtigung sind abgeschafft.
§ 140. Die Wohnung ist unverletzlich …
§ 143. Jeder Deutsche hat das Recht durch Wort, Schrift, Druck und bildliche Darstellung seine Meinung frei zu äußern …
§ 144. Jeder Deutsche hat volle Glaubens- und Gewissensfreiheit …
§ 161. Die Deutschen haben das Recht sich friedlich und ohne Waffen zu versammeln …
§ 162. Die Deutschen haben das Recht Vereine zu bilden …
§ 164. Das Eigentum ist unverletzlich. Eine Enteignung kann nur aus Rücksichten des gemeinen Besten, nur aufgrund eines Gesetzes und gegen gerechte Entschädigung vorgenommen werden …
§ 168. Alle auf Grund und Boden haftenden Abgaben und Leistungen, insbesondere die Zehnten, sind ablösbar …
§ 178. Das Gerichtsverfahren soll öffentlich und mündlich sein …
§ 179. Schwurgerichte sollen jedenfalls in schweren Strafsachen und bei allen politischen Vergehen urteilen …
§ 181. Rechtspflege und Verwaltung sollen getrennt voneinander unabhängig sein …

1 *Welche Grundrechte haltet ihr für besonders wichtig? Begründet eure Meinung.*
2 *Was ändert sich an der Situation der Menschen durch die Einführung von Grundrechten?*

Die Verfassung von 1849

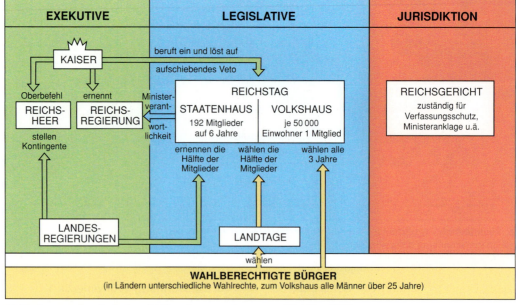

1 Verfassung der deutschen Nationalversammlung vom 28. März 1849.

28. März 1849: Verabschiedung der Reichsverfassung durch die Nationalversammlung.

Vier Fragen bereiteten den Parlamentariern große Probleme bei der Erarbeitung der gesamtdeutschen Verfassung:
– Welche Gebiete sollte der neue Nationalstaat umfassen? Sollte das gesamte Österreich mit allen Nationalitäten dazugehören? Oder sollte es ein geeintes Deutschland ganz ohne Österreich geben? (Siehe Karten S. 173)
– Sollte das Reich als Einheitsstaat eine starke Zentralgewalt bekommen oder war ein Bundesstaat mit starken Einzelstaaten vorzuziehen?
– Sollte Deutschland Republik werden, wie es die radikalen Demokraten forderten, oder sollte es in Zukunft von einem Kaiser regiert werden?
– Entschied man sich für die Monarchie, so stellte sich die Frage, ob man ein Erbkaisertum oder ein Wahlkaisertum wollte. Und schließlich: Welcher deutsche Fürst sollte Kaiser werden, der Kaiser von Österreich oder der König von Preußen?

Die Frage nach dem Staatsgebiet löste sich im Laufe des Jahres 1848 nahezu von selbst. In Wien war die Märzrevolution niedergeschlagen worden und der neue Staatskanzler Fürst Schwarzenberg hatte Österreich eine neue Verfassung gegeben, die einen österreichischen Gesamtstaat festschrieb. Damit war die Festlegung der Grenzen für den deutschen Staat entschieden. Es kam nur noch die kleindeutsche Lösung in Frage. Denn ein Zusammenschluss mit Österreich hätte die Abkehr vom Nationalstaatsgedanken bedeutet.

Im März 1849 hatte man auch für die anderen Punkte eine Lösung gefunden. Das neue Reich sollte ein Bundesstaat werden, in dem die einzelnen Staaten zwar ihre Selbstständigkeit behielten, aber einen Teil ihrer Rechte an den Bund abgaben.

Als Staatsform entschied man sich für die konstitutionelle Monarchie. An der Spitze des Staates sollte der deutsche Kaiser stehen. Seine Macht war durch die Verfassung eingeschränkt und die Minister waren dem Reichstag Rechenschaft schuldig. Dass als Kaiser nur noch der preußische König in Frage kam, war seit der Festlegung der kleindeutschen Lösung klar. Friedrich Wilhelm IV. wurde zum Kaiser der Deutschen gewählt und das Haus Hohenzollern sollte künftig in einer Erbmonarchie dem deutschen Reich vorstehen.

1 Überlegt, ob die Reichsverfassung von 1849 (Abbildung 1) mit unserer Vorstellung von Demokratie übereinstimmt.

Der König lehnt die Kaiserkrone ab

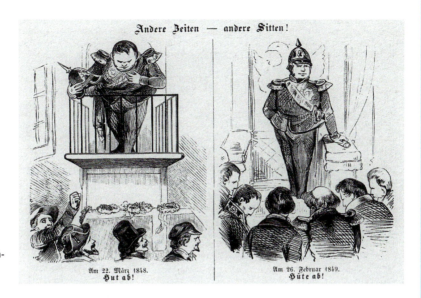

2 Andere Zeiten – andere Sitten! Karikatur, 1849.

Anfang April 1849 empfing der Preußenkönig die Abordnung der Nationalversammlung, die ihm die deutsche Kaiserkrone anbot. Friedrich Wilhelm IV. lehnte ab. Dieser Entschluss stand für ihn schon lange fest. Bereits im Dezember 1848 hatte er in einem Brief an einen Vertrauten geschrieben, dass er aus seinem Selbstverständnis als Herrscher von Gottes Gnaden keine Krone annehmen dürfe, die ihm von Revolutionären angetragen wird.

Q1 Aus dem Brief des Preußenkönigs:
… Ich will weder der Fürsten Zustimmung zu der Wahl noch die Krone … Die Krone, die ein Hohenzoller nehmen dürfte, ist keine, die eine revolutionäre Versammlung macht, sondern eine, die den Stempel Gottes trägt, die den, dem sie aufgesetzt wird nach der heiligen Ölung, „von Gottes Gnaden" macht … Die aber, die Sie meinen, verunehrt mit ihrem Ludergeruch der Revolution von 1848, der albernsten, dümmsten, schlechtesten dieses Jahrhunderts. Einen solchen imaginären* Reif, aus Dreck und Letten gebacken, soll ein legitimer König von Gottes Gnaden und nun gar der König Preußens sich geben lassen? Soll die tausendjährige Krone deutscher Nation wieder einmal vergeben werden, so bin ich es und meinesgleichen, die sie vergeben werden …

2 Wie begründet der König die Ablehnung der Krone?
3 Erklärt, auf welches Ereignis die Karikatur (Abbildung 2) anspielt.
4 Überlegt euch, warum gerade Friedrich Wilhelm IV. Hoffnungen bei den Bürgern geweckt hatte, dass er der geeignete Kaiser für einen deutschen Nationalstaat sei. Erinnert euch dabei an sein Verhalten während der Barrikadenkämpfe.

Das Ende der Nationalversammlung

Mit dieser Reaktion des preußischen Königs hatten die Abgeordneten nicht gerechnet. Die meisten Abgeordneten traten nun aus der Nationalversammlung aus, die über keine Machtmittel verfügte um ihre Beschlüsse durchzusetzen. Die Armee, Polizei und Beamtenschaft standen auf der Seite der Fürsten. Nur 100 Abgeordnete blieben zusammen und gründeten Anfang Mai in Stuttgart ein Rumpfparlament, das allerdings im Juli durch württembergische Truppen aufgelöst wurde. In Sachsen, in der Pfalz und in Baden leisteten die Republikaner jedoch noch Widerstand. Sie wurden aber von preußischen Truppen besiegt. Zahlreiche enttäuschte Revolutionäre verließen danach das Land und wanderten in die Schweiz, nach Großbritannien und in die USA aus.

imaginär: nur in der Vorstellung bestehend.

Methode: Arbeit mit Karikaturen

1 **Ablehnung der deutschen Kaiserkrone durch den preußischen König.** Karikatur, 1849. Germania fragt Heinrich von Gagern: „Was heulst'n, kleener Hampelmann?" – „Ick habe Ihr'n Kleenen 'ne Krone jeschnitzt, nu will er se nicht!"

Was ist eine Karikatur?

Das Wort Karikatur kommt aus dem Italienischen und bedeutet so viel wie überladen oder übertragen. Eine Karikatur ist ein Spott- oder Zerrbild. Sie gibt menschliche, gesellschaftliche, politische oder wirtschaftliche Handlungen übertrieben wieder. Damit will sie den Blick auf ein besonderes Ereignis richten.

„Die zurückgewiesene Krone" als Beispiel

Die dargestellte Szene spielt in einem Hinterhof. Im Mittelpunkt der Karikatur steht eine bürgerliche Hausfrau, die die Germania verkörpert. Sie trägt eine preußische Pickelhaube und stützt sich auf einen Schild, auf dem – halb verdeckt – der Doppeladler des untergegangenen Heiligen Römischen Reichs Deutscher Nation steht.

Links vor ihr steht ein kleiner weinender Junge, Heinrich von Gagern, der Vorsitzende der Frankfurter Nationalversammlung. Er beschwert sich, dass ihr Sohn, der Preußenkönig Friedrich Wilhelm IV., nicht mit ihm „spielen" will. Um von Gagern herum sind seine „Spielsachen" verstreut: ein Kartenhaus, eine Krone, ein Kreisel mit Stock.

Zwischen Germania und von Gagern steht im Hintergrund auf einem Podest eine beschädigte Frauenstatue in antikem Gewand, der der Kopf fehlt. Sie trägt ein Schwert und einen Schild mit einem Doppeladler.

Rechts hinter der Germania steht ein vergnügter kleiner Junge mit Pickelhaube, der Preußenkönig, und spielt mit einem Bärenjungen (der Bär ist ein Symbol für Russland).

Karikaturen deuten

Grundsätzlich helfen euch folgende Arbeitsschritte, wenn ihr eine Karikatur deuten wollt:

1. Schritt: Betrachtet die Karikatur genau und schildert euren ersten Eindruck.
2. Schritt: Beschreibt Einzelheiten der Abbildung. Haltet fest, was ihr noch nicht erklären könnt.
3. Schritt: Achtet auf Textelemente, wie z. B. Bildunterschriften, und versucht herauszufinden, ob sich die Texte auf bestimmte Gegenstände oder Personen beziehen.
4. Schritt: Überlegt, worum es bei der Karikatur geht: Was ist das Thema der Abbildung?
5. Schritt: Formuliert, was mit der Karikatur ausgedrückt werden soll. Welche Meinung nimmt der Zeichner zum Thema ein?

Die Karikatur wird entschlüsselt

1 *Beschreibt, wie die drei Personen in der Abbildung 1 dargestellt sind. Achtet dabei auf Kleidung, Gesichtsausdruck und Bewegung.*
2 *Überlegt, was die Gegenstände, die sich um sie herum befinden, bedeuten könnten.*
3 *Tragt zusammen, was ihr über die Ablehnung der Kaiserkrone des Deutschen Reichs durch Friedrich Wilhelm IV. wisst.*
4 *Besprecht, welche Figur am lächerlichsten wirkt, und begründet, warum es so ist.*
5 *Überlegt, was der Zeichner dieser Karikatur über die politischen Zustände des Jahres 1849 aussagen wollte.*

Die Fürsten stellen die alte Ordnung wieder her

1 **Rundgemälde von Europa 1849.** Die Revolutionäre werden verjagt: vom preußischen König in die Schweiz gefegt, vom französischen Herrscher nach Amerika verschifft. In Frankfurt a. M. verkümmert eine parlamentarische Vogelscheuche.

Der deutsche Michel und seine Kappe im Jahr 1848. Karikatur, 1848.

Die Ablehnung der Kaiserkrone durch den preußischen König bedeutete zugleich das Aus für die Reichsverfassung. Die großen deutschen Staaten, wie z. B. Preußen, Bayern oder Sachsen, wollten sich keine Verfassung „von unten" aufzwingen lassen. Zudem hatten sie Bedenken, ob die europäischen Staaten einen mächtigen kleindeutschen Nationalstaat in ihrer Mitte dulden würden.

Im April 1849 versuchten revolutionäre Bürger mit Waffengewalt die Anerkennung der Verfassung doch noch durchzusetzen. Die Aufstände erfassten Teile Preußens, Sachsens, Badens und die Pfalz, griffen auf das rechtsrheinische Bayern und auf Württemberg über. In allen Ländern wurde die Revolution blutig niedergeschlagen. Viele Revolutionäre wurden hingerichtet oder zu hohen Zuchthausstrafen verurteilt. Vor dem Zugriff der Polizei flüchteten viele Menschen ins Ausland, vor allem nach Amerika. Die Fürsten dagegen stellten in den Ländern die alte Ordnung wieder her. Sie behinderten die Arbeit der Landesparlamente und schränkten das Wahlrecht ein. Friedrich Wilhelm IV. erließ für Preußen ohne weitere Absprache mit den gewählten Vertretern des Volkes eine Verfassung, die dem König eine starke Stellung einräumte. 1850 vereinbarten Preußen und Österreich die Wiederherstellung des Deutschen Bundes. Die von der Nationalversammlung in Kraft gesetzten Grundrechte wurden 1851 durch den neu zusammengetretenen Frankfurter Bundestag aufgehoben.

1 *Beschreibt mit Hilfe der Abbildung 1 den Verlauf und die Folgen der Gegenrevolution.*

Lebendige deutsche Verfassung

Obwohl die erste demokratische Verfassung Deutschlands nie in Kraft getreten ist, hat sie dennoch Spuren in der deutschen Geschichte hinterlassen. Vor allem die „Grundrechte des Deutschen Volkes" blieben richtungsweisend für künftige deutsche Verfassungen. Sie finden sich in ihren wesentlichen Bestandteilen in der Weimarer Reichsverfassung von 1919 und im Grundgesetz der Bundesrepublik von 1949 wieder. Auch die Farben der Revolution – Schwarz-Rot-Gold – hat die Bundesrepublik übernommen und knüpft damit an die demokratische Tradition der Revolution von 1848/49 an.

Bayern unter König Ludwig I.

1 **Zur Erinnerung an die zweite bayerische Verfassung.** Gemälde von Peter von Heß, 1823. Der fränkische Adlige Erwin Graf von Schönborn ließ in Gaibach bei Volkach eine „Konstitutionssäule" errichten. Bei der Grundsteinlegung am 26. Mai 1821 war der bayerische Kronprinz und spätere König Ludwig I. (Bildmitte, mit blauer Jacke) anwesend.

▶ *Ludwig I. (1786–1868), König von Bayern 1825–1848.*

Der liberale Kronprinz

Als Ludwig am 25. August 1786 in Straßburg geboren wurde, stand sein Vater, der spätere bayerische König Max I. Joseph (siehe S. 144), als Kommandant eines Regiments in französischen Diensten. So kam es, dass König Ludwig XVI. von Frankreich Taufpate des kleinen Prinzen wurde. Nach der Revolution von 1789 prägten Flucht und Unruhe die frühen Lebensjahre Ludwigs, bis sein Vater 1799 in Bayern die Herrschaft übernahm. Der Prinz wurde von einem katholischen Geistlichen erzogen, studierte an den Universitäten Landshut und Göttingen Volks- und Staatswissenschaften und unternahm, wie es sich damals für einen jungen Adligen gehörte, Kavaliers- und Bildungsreisen. Auf seiner Italienreise im Jahr 1804 kam er erstmals mit den Schätzen der Antike in Berührung und wurde von diesem Zeitpunkt an ein leidenschaftlicher Verehrer der griechisch-römischen Kunst.

Bereits als Kronprinz setzte er sich mit den politischen Verhältnissen seiner Zeit auseinander. Die Erlebnisse seiner Kinder- und Jugendjahre hatten zu einer großen Abneigung gegen Frankreich geführt, die Ludwig bald auf Napoleon übertrug. Diese Haltung führte spätestens ab 1805, seit dem Abschluss des bayerisch-französischen Bündnisses, zu Konflikten mit seinem Vater und dessen Minister Graf Montgelas.

Der Kronprinz war wie viele Deutsche von einem starken Nationalgefühl erfüllt und vertrat liberale Ideen. Letztere zeigten sich besonders deutlich, als er 1815 der Kommission, die die bayerische Konstitution von 1808 überarbeiten sollte, den „Entwurf einer

Die Verfassung von 1818

Verfassung für Bayern" zuleitete. Darin trat er als Anwalt des Volkes auf, dem er Rechte und Freiheiten gewähren wollte. Er forderte Pressefreiheit und die Beteiligung des Landtags an der Gesetzgebung.

Die Verfassung von 1818

Q1 Aus der bayerischen Verfassung von 1818:
… Freiheit der Gewissen und gewissenhafte Scheidung und Schützung dessen, was des Staates und der Kirche ist.
Freiheit der Meinungen, mit gesetzlichen Beschränkungen gegen den Missbrauch.
Gleiches Recht der Eingeborenen zu allen Graden des Staatsdienstes und zu allen Bezeichnungen des Verdienstes.
Gleiche Berufung zur Pflicht und zur Ehre der Waffen.
Gleichheit der Gesetze und vor dem Gesetze.
Unparteilichkeit und Unaufhaltbarkeit der Rechtspflege …
Eine Standschaft (Ständevertretung) – hervorgehend aus allen Klassen der im Staate ansässigen Staatsbürger, – mit den Rechten des Beirates, der Zustimmung, der Willigung, der Wünsche und der Beschwerdeführung wegen verletzter verfassungsmäßiger Rechte, – berufen um in öffentlichen Versammlungen die Weisheit der Beratung zu verstärken ohne die Kraft der Regierung zu schwächen …
Titel II …
§ 1 Der König ist das Oberhaupt des Staates, vereinigt in sich alle Rechte der Staatsgewalt und übt sie unter den von ihm gegebenen in der gegenwärtigen Verfassungsurkunde festgesetzten Bestimmungen aus. Seine Person ist heilig und unverletzlich …

1 Findet heraus, welche Grundrechte in dieser Verfassung verankert sind.
2 Welche Rechte und Aufgaben hat die Ständevertretung?
3 Gebt an, welche Stellung dem König zugedacht ist.
4 Beschreibt die Abbildung 1 und überlegt, welche Rolle der Künstler dem Kronprinzen zuweist.

2 Gesetzblatt für das Königreich Baiern vom 6. Juni 1818.

Nach dem Sturz Montgelas 1817, an dem Ludwig maßgeblichen Anteil hatte, erließ Max I. Joseph am 26. Mai 1818 eine neue Verfassung, die deutlich die Handschrift des Kronprinzen trug. In der Präambel* der Urkunde wurden allen Einwohnern Bayerns Freiheits- und Gleichheitsrechte garantiert. Darüber hinaus erhielt die Ständeversammlung* das Steuerbewilligungsrecht, das Mitwirkungsrecht bei der Gesetzgebung und das Recht, Wünsche und Beschwerden vorzubringen.
Gleichzeitig war aber auch das monarchische Prinzip in der Verfassungsurkunde verankert worden, d. h., dass der König der alleinige Träger der Staatsgewalt war. Er war nicht nur Staatsoberhaupt, sondern hatte auch die legislative Gewalt. Unabhängig von den Mehrheitsverhältnissen in der Ständeversammlung wählte er seine Minister aus, die nur ihm Rechenschaft ablegen mussten.
Diese Verfassung war die erste, die in einem größeren deutschen Staat gewährt wurde, und galt als sehr fortschrittlich. Dennoch forderten Kritiker mehr Rechte für die Kammern und ein gerechteres Wahlrecht.*

Präambel:* Vorwort einer Verfassung.

*Die **Ständeversammlung*** musste alle drei Jahre für höchstens zwei Monate einberufen werden. Sie bestand aus der Kammer der Reichsräte (erbliche oder vom König auf Lebenszeit ernannte Reichsräte wie z. B. die volljährigen Prinzen, hohe Beamte, die obersten Vertreter der beiden Glaubensgemeinschaften, Mitglieder des Hochadels) und der Kammer der Abgeordneten (adlige und nichtadlige Grundbesitzer, Vertreter der Städte und Märkte, der Universitäten sowie katholische und evangelische Geistliche).*

Wahlrecht:* Gewählt wurde über Wahlmänner nach einem Zensuswahlrecht. Die Abgabenleistung war so hoch angesetzt, dass z. B. von den 671 000 landbesitzenden Familien in Bayern nur 7181 Männer Vertreter für das Abgeordnetenhaus wählen durften.

Zwischen liberaler Verfassung ...

1 König Ludwig I. im Krönungsornat*.

Ornat*:
*Feierliche (Amts-)
Kleidung.*

Die Regierungszeit Ludwigs I.

1 Vergleicht das Porträt Ludwigs I. (Abbildung 1) mit dem Ludwigs XIV. (S. 18). Was stellt ihr fest?
2 Welche Rückschlüsse auf das Herrschaftsverständnis Ludwigs I. könnt ihr daraus ziehen?

Nach seinem Amtsantritt nahm Ludwig sofort das drängendste Problem in Angriff. Er bemühte sich die hohen Staatsschulden, die sein Vater hinterlassen hatte, rasch abzubauen. Als Erstes kürzte er die Gehälter der Minister und schränkte die Ausgaben für den militärischen Bereich deutlich ein. Außerdem vereinfachte er die Verwaltung und entließ zahlreiche Beamte.

Der König verstand sich gemäß dem monarchischen Prinzip als Selbstherrscher. Während Montgelas eine Minister- und Beamtenregierung mit eigener Verantwortung aufgebaut hatte, entschied Ludwig nun alles Wesentliche selbst. Seine Minister betrachtete er als „oberste Diener der Krone". Gleichzeitig hob der König die Pressezensur auf, was weit über Bayern hinaus Aufsehen erregte.

Die liberale Politik gab Ludwig jedoch nach der Julirevolution von 1830 (siehe S. 168) auf. Er hatte Angst, dass die revolutionären Ereignisse in Frankreich auch auf Bayern übergreifen könnten. Als es an den Universitäten zu Studentenunruhen kam, ließ er die Hochschulen schließen. Verhaftungen, Ausweisungen und das Verbot einiger Burschenschaften folgten, die Pressezensur wurde wieder eingeführt. Abgeordnete und Professoren, die demokratische Ideen vertraten, wurden entlassen oder verhaftet. Amtsenthebungen, Überwachungsmaßnahmen und Hausdurchsuchungen waren an der Tagesordnung.

In den folgenden Jahren nahm Ludwigs Herr-

... und königlichem Herrschaftsanspruch

schaft immer autoritärere Züge an. Er wurde zu einem Monarchen, der freiheitliche Bestrebungen bekämpfte und seine Idee von einem von Gott gegebenen Königtum (Gottesgnadentum) dagegenstellte. Der wachsende Widerwille gegen seine Entscheidungen wurde endgültig in den 40er Jahren laut, als seine Affäre mit der Tänzerin Lola Montez* Bayern erschütterte. Die um über dreißig Jahre jüngere Geliebte versuchte zunehmend politisch Einfluss zu nehmen. Um die Einbürgerung seiner Geliebten und ihre Erhebung in den Adelsstand durchzusetzen nahm Ludwig im Februar 1847 den Rücktritt seines gesamten Ministeriums in Kauf. Von dem Zeitpunkt an verstummten die kritischen Stimmen nicht mehr. Der König reagierte auf jeden Protest mit Entlassungen und Unterdrückungsmaßnahmen. Als es im Januar 1848 zu Ausschreitungen von Bürgern und Studenten gegen Lola Montez kam, gab er schließlich nach und brachte sie außer Landes.

Die Affäre war weitgehend beendet, als die Februarrevolution aus Frankreich auf die deutschen Staaten übergriff (siehe S. 170). In Bayern kam es vor allem in den neubayerischen Gebieten und in München zu Unruhen. Am 4. März 1848 stürmte das Volk in der Hauptstadt das Zeughaus und bewaffnete sich. Es forderte vom König Pressefreiheit, Ministerverantwortlichkeit, verbessertes Wahlrecht und vieles mehr. In der so genannten Märzproklamation erfüllte Ludwig die Märzforderungen und dankte am 20. März 1848 zugunsten seines Sohnes Maximilian ab. Durch die Ereignisse der vergangenen Monate fühlte er sich zutiefst gedemütigt und in seinem Stolz verletzt. Er hatte erkannt, dass seine Vorstellung von Königsherrschaft nicht mehr möglich war.

Religion und Geschichte als Lehrmeister der Bayern

Ein wichtiges Ziel des selbst sehr religiösen Königs war die Erneuerung des Bildungs- und Schulwesens im Geiste des Christentums. Die während der Säkularisation (siehe S. 144) aufgelösten katholischen Orden und Klöster wurden wieder zugelassen und erhielten in

2 Walhalla. Ausschnitt aus einer aquarellierten Skizze von Leo von Klenze, 1842.

den Bereichen Erziehung und Krankenpflege großen Einfluss. Auch die Stellung der evangelischen Landeskirche wurde – vor allem im Hinblick auf die neubayerischen Gebiete – gestärkt. Mit der Matthäus-Kirche bekam München 1833 das erste evangelische Gotteshaus.

Die innere Einheit Bayerns war Ludwig I. ein besonderes Anliegen. Den von Montgelas neugeschaffenen Staat sollte ein bayerisches und zugleich deutsches National- und Geschichtsbewusstein verbinden. Nationaldenkmäler wie die Walhalla bei Regensburg und die Befreiungshalle bei Kelheim (siehe S. 155) sollten an große Persönlichkeiten und wichtige Ereignisse der Geschichte erinnern. Besonders gefördert wurden auch die historischen Vereine, welche die Geschichte der einzelnen Landesteile erfassen und bewahren sollten. In den Schulen wurde Geschichtswissen zum wichtigsten Bildungsziel.

Auch die Umbenennung der acht Regierungskreise sollte das Heimatgefühl der Bayern verstärken. Statt der seit 1817 eingeführten Flussnamen wurden die Kreise in Oberbayern, Niederbayern, Oberpfalz, Oberfranken, Unterfranken, Schwaben und Pfalz umbenannt.

3 Schlagt in einem Lexikon oder in einem Reiseführer nach und findet heraus, wann und zu welchem Zweck die Walhalla und die Befreiungshalle errichtet wurden.

Lola Montez*
(1818–1861),
eigentlich Maria Dolores Gilbert: Tänzerin, Tochter eines schottischen Offiziers und einer Kreolin. Seit 1846 war sie die Geliebte des Königs, der sie 1847 zur Gräfin Landsfeld erhob.
Das Bild stammt aus der Schönheitsgalerie Ludwigs I. im Schloss Nymphenburg. Der König hatte von 1827 bis 1850 36 Schönheiten aus allen Schichten Münchens von Joseph Stieler porträtieren lassen, darunter die Königin Therese selbst.

Der König als Mäzen

1 Das neue München. Ölgemälde von Heinrich Adam, 1839.

Der König als Förderer der Künste
Schon bei seinem Regierungsantritt hatte Ludwig I. angekündigt, dass er aus München eine Stadt machen wolle, „die Deutschland so zur Ehre gereichen wird, dass keiner Deutschland kennt, der nicht München gesehen hat". Kunst und Architektur sollten aber nicht den Ruhm des Königs mehren, sondern – ebenso wie Religion und Geschichte – eine erzieherische Wirkung auf das Volk haben.
Zur Finanzierung seiner Bauten und Sammlungen wendete Ludwig große Teile seines Privatvermögens auf. Er ließ sich von Leo von Klenze (1784–1864) für seine Antikensammlung die Glyptothek errichten, die Bauten am Königsplatz und am Odeonsplatz, die Ludwigstraße und die Feldherrnhalle. Die Münchner Residenz erweiterte er um den Königsbau. Ferner entstanden die Alte und Neue Pinakothek für die königlichen Gemäldesammlungen, die Ruhmeshalle über der Theresienwiese und einige Kirchen, u. a. die Hofkirche von Leo von Klenze und die Ludwigskirche von Friedrich von Gärtner (1792–1847).

Darüber hinaus förderte der König zahlreiche Bildhauer und Maler wie Ludwig Schwanthaler (1802–1848) und Wilhelm von Kaulbach (1804–1871). München wurde der Anziehungspunkt für die geistige Elite der Romantik (siehe S. 164/165). Neben Dichtern wie Clemens Brentano (1778–1842) kamen auch bedeutende Wissenschaftler in das „Isar-Athen" Ludwigs I. Dies lag vor allem daran, dass der König 1826 die Universität von Landshut nach München verlegen hatte lassen und ihr hier zu neuer Blüte verhalf.
Nach seiner Abdankung förderte Ludwig die Fertigstellung der großen mittelalterlichen Dome zu Köln, Speyer und Regensburg. Für ihn – wie für viele Deutsche – waren sie das Symbol der nationalen Einheit des 1806 untergegangenen Reichs. So hat Ludwig I. seinen Platz in der Geschichte vor allem als größter Mäzen* seiner Zeit gefunden.

1 Welche Bauwerke des „neuen München" könnt ihr auf der Abbildung 1 erkennen?
2 Informiert euch mit Hilfe von Lexika und Nachschlagewerken über die genannten Dichter und Künstler und stellt sie der Klasse vor.

Mäzen: Freund und Förderer der Kunst.

Zusammenfassung

Wiener Kongress und Deutscher Bund
Viele Deutsche hatten gegen Napoleon und für die Einheit Deutschlands gekämpft. Auf dem Wiener Kongress im Jahr 1815 wurde aber beschlossen, die Aufteilung des Deutschen Reichs in kleinere und größere Fürstentümer beizubehalten. Die Fürsten gründeten lediglich einen „Deutschen Bund" aus 35 Fürstentümern und vier Stadtstaaten.

Proteste und Unterdrückung
Gegen die Beschlüsse des Wiener Kongresses protestierten Handwerker, Bürger und auch Studenten. Sie forderten Einheit und Freiheit. Von den Fürsten wurden sie dafür verfolgt und häufig zu harten Gefängnisstrafen verurteilt. Die Spannungen entluden sich erstmals 1830, als es infolge der Julirevolution in Frankreich zu bewaffneten Aufständen in Deutschland, aber auch in anderen Ländern Europas kam.

Revolutionen im Jahr 1848
Die Unzufriedenheit mit den politischen Verhältnissen führte schließlich 1848 zu Revolutionen. Ausgehend von Paris, wo im Februar der König vertrieben und eine Republik ausgerufen wurde, breiteten sie sich über ganz Europa aus.

In Deutschland traten noch im Frühjahr 1848 die Regierungen überall zurück. Es kam zu allgemeinen und geheimen Wahlen für die Nationalversammlung, die in Frankfurt am Main tagte. Sie erarbeitete die erste gemeinsame deutsche Verfassung. Dem preußischen König Friedrich Wilhelm IV. wurde die Kaiserkrone für das vereinte Deutsche Reich angeboten, die er jedoch empört ablehnte.

Damit war die Arbeit der Nationalversammlung gescheitert. Mit Waffengewalt trieb man die Abgeordneten auseinander. 1849 wurden Aufstände mit Hilfe preußischer Truppen blutig niedergeschlagen.

Das Königreich Bayern unter Ludwig I.
In Bayern bestieg 1825 König Ludwig I. den Thron. Seine anfangs liberale Politik gab er nach der Julirevolution von 1830 auf und herrschte zunehmend autoritär. Die wachsende Opposition gegen ihn wurde in den 40er Jahren durch die Affäre um die Tänzerin Lola Montez verstärkt. Nach den Märzunruhen 1848 trat er zugunsten seines Sohnes Maximilian zurück. Seinen Platz in der Geschichte erwarb sich Ludwig als Mäzen und Bauherr, der München zu einem „Isar-Athen" machte.

1814/15

Auf dem Wiener Kongress wird Europa neu geordnet.

1817/1832

Studenten und Bürger bekunden bei verschiedenen Festen ihren politischen Willen.

1848/49

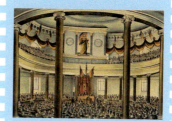

Die erste deutsche Verfassung scheitert.

1825–1848

König Ludwig I. regiert Bayern.

Altsteinzeit   *Metallzeit*

Jungsteinzeit   *Altertum*

2 Millionen   8000 v. Chr.   3000 v. Chr.

Bronzezeit/Eisenzeit

um 3000 v. Chr. Erste Bronzeverarbeitung im Vorderen Orient
um 2000 v. Chr. Ausdehnung der Bronzetechnik bis Mitteleuropa
um 1300 v. Chr. Erste Eisenverarbeitung in Kleinasien
um 500 v. Chr.   Jüngere Eisenzeit in ganz Deutschland

10 000 v. Chr. Erster Getreideanbau und erste Viehzucht im Vorderen Orient
7000 v. Chr.   Erste stadtähnliche Siedlung in Jericho

Ägypten

vor ca. 2 Mio. Jahren   Erste Menschen
vor ca. 600 000 Jahren   Ältester Menschenfund in Deutschland
vor ca. 35 000 Jahren   Cro-Magnon-Mensch

In der gesamten Altsteinzeit lebten die Menschen als Jäger und Sammler.

3000 v. Chr. Staatsgründung in Ägypten
1900 v. Chr. Ägypten wird Großmacht
1000 v. Chr. Ägyptens Großreich zerfällt
30 v. Chr.   Ägypten wird römische Provinz

Mittelalter

500 v. Chr.   Christi Geburt   500 n. Chr.

Griechenland

750–550 v. Chr.	Griechische Kolonisation
500 v. Chr.	Entstehung der Demokratie in Athen
477 v. Chr.	Gründung des Attischen Seebundes
356–336 v. Chr.	Philipp von Makedonien unterwirft Griechenland
300–30 v. Chr.	Hellenistische Staaten entstehen in Ägypten, Persien und Makedonien

Rom

753 v. Chr.	Gründung Roms (Sage)
500 v. Chr.	Beginn der römischen Republik
um 250 v. Chr.	Rom ist stärkste Landmacht im Mittelmeerraum
44 v. Chr.	Alleinherrschaft Caesars
31 v.–14 n. Chr.	Herrschaft des Kaisers Augustus

Das Christentum

391 n. Chr.	Das Christentum wird Staatsreligion
395 n. Chr.	Teilung des Römischen Reiches
476 n. Chr.	Der letzte weströmische Kaiser wird von den Germanen abgesetzt

Der Islam

570	Geburt Mohammeds in Mekka
622	Mohammed flieht nach Medina
630	Mohammed erobert Mekka
632–715	Ausbreitung des Islam bis Indien und Europa
632	Tod Mohammeds
711	Araber dringen in Europa (Spanien) ein

Mittelalter

800　　　　　900　　　　　1000　　　　　1100　　　12

Vom Frankenreich zum Reich der Deutschen

Deutsches Reich

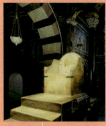

482	Chlodwig wird König der Franken
722	Bonifatius wird mit der Missionierung der Germanen beauftragt
722–804	Sachsenkriege
800	Kaiserkrönung Karls des Großen in Rom
814	Tod Karls des Großen

1056–1106	Kaiser Heinrich IV.
1075	Beginn des Investiturstreits
1077	Heinrich IV. in Canossa
1095	Papst Urban ruft zum Kreuzzug auf
1099	Eroberung Jerusalems
1122	Wormser Konkordat
1212–1250	Friedrich II.
12./13. Jh.	Aufstieg der Fürsten zu Landesherren / Besiedlung der Gebiete östlich der Elbe
um 1300	Muslime erobern die letzten Kreuzfahrerstaaten

919	Wahl Heinrichs I. zum ersten deutschen König
936–973	Otto I.
955	Sieg über die Ungarn auf dem Lechfeld
962	Otto I. wird in Rom zum Kaiser gekrönt

Neuzeit

1300　1400　1500　1600

Vom Mittelalter zur Neuzeit

14.–15. Jh.	Humanismus und Renaissance erobern Europa
um 1450	Gutenberg erfindet den Buchdruck
1473–1543	Nikolaus Kopernikus
seit 1487	Erste Entdeckungsreisen
1492	Kolumbus sucht den Westweg nach Indien und entdeckt Amerika
1519	Cortez erobert Mexiko. Die Europäer errichten ihre Herrschaft in den Kolonien

1356　Karl IV. erlässt die „Goldene Bulle"

Reformation und Glaubenskriege

1483–1546	Martin Luther
31.10.1517	Luther veröffentlicht die Wittenberger Thesen gegen den Missbrauch des Ablasses. Beginn der Reformation

1519–1556	Regierungszeit Kaiser Karls V.
1521	Reichstag zu Worms. Der Kaiser verhängt die Reichsacht über Luther (Wormser Edikt)

1525	Bauernkrieg
1547	Karl V. besiegt den Schmalkaldischen Bund
1555	Augsburger Religionsfriede

1545–1563	Konzil von Trient. Die katholische Kirche ergreift Maßnahmen gegen die Reformation
1618–1648	Dreißigjähriger Krieg
1648	Westfälischer Friede

tädte in Europa

12.–15. Jh.	Städteboom in Europa
seit 1300	Gotische Kirchen werden in ganz Europa errichtet
1300–1400	Zünfte erkämpfen sich in zahlreichen Städten ein Mitspracherecht
14. Jh.	Die Hanse beherrscht Nordeuropa

Neuzeit

1600　　　　　　　　　　　　1700

Das Zeitalter des Absolutismus

1643–1715	Ludwig XIV., König von Frankreich
1600–1750	Zeitalter des Barock
17./18. Jh.	Zeitalter der Aufklärung
1679–1726	Maximilian II. Emanuel, Kurfürst von Bayern
1740–1780	Maria Theresia, Kaiserin von Österreich
1740–1786	Friedrich II., König von Preußen

USA/England

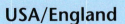

1607	Jamestown gegründet
1620	Pilgerväter landen in Amerika
1689	Glorreiche Revolution/ Bill of Rights in England
1776	Unabhängigkeitserklärung der USA
1787	Verfassung der USA
1789	George Washington erster Präsident der USA

Die Französische Revolution

1789	Mai: Versammlung der Generalstände
1789	Juli: Sturm auf die Bastille
1789	August: Erklärung der Menschenrechte
1791	1. Verfassung
1793	Hinrichtung Ludwigs XVI.
1792/93	Krieg gegen die vereinigten europäischen Mächte
1793/94	Schreckensherrschaft unter Robespierre

Napoleon

1799 Napoleon übernimmt die Herrschaft
1804 Napoleon krönt sich selbst zum Kaiser
1806 Bayern wird Königreich
1807 Preußische Reformen
1808 Reformen in Bayern
1812/13 Napoleons Feldzug nach Russland
1813 Völkerschlacht bei Leipzig
1815 Napoleon wird verbannt

Deutscher Bund

1814/15 Wiener Kongress
1815–1848 Zeitalter des Biedermeier
1815–1866 Deutscher Bund
1817 Wartburgfest
1819 Karlsbader Beschlüsse
1825–1848 König Ludwig I. von Bayern
1832 Hambacher Fest
1837 „Göttinger Sieben" des Landes verwiesen

Revolution 1848/49

1830 Julirevolution in Frankreich
1848 Märzaufstände in Wien, Berlin, Paris
1848 Mai: Nationalversammlung in Frankfurt am Main
1849 Friedrich Wilhelm IV. von Preußen lehnt die Kaiserkrone ab, Auflösung der Nationalversammlung, Neue Aufstände werden durch das Militär niedergeschlagen

Begriffe – Namen – Daten

Absolutismus: Bezeichnung für die Epoche vom 16. bis zum 18. Jahrhundert, in der Ludwig XIV. von Frankreich („Sonnenkönig") und seine Regierungsform in Europa als Vorbild galten. Der Monarch besaß die uneingeschränkte Herrschaftsgewalt („Der Staat bin ich"). Er regierte losgelöst von den Gesetzen und forderte von allen Untertanen unbedingten Gehorsam. Die absolute Herrschaft stützt sich auf eine zentralisierte Verwaltung und ein stehendes Heer und bezieht auch die Wirtschaft, die Kirche und die Wissenschaften mit ein. Die Französische Revolution 1789 brachte ein Ende dieser Epoche und Herrschaftsform.

Gottesgnadentum: Vor allem im Zeitalter des Absolutismus verstanden sich die Monarchen als Herrscher „von Gottes Gnaden". Sie leiteten ihre Stellung von Gott ab, der sie mit dem Herrscheramt betraut hatte und dem allein sie verantwortlich waren. Erst die Aufklärung stellte diesen Anspruch in Frage; im Zeitalter des „aufgeklärten Absolutismus" leiteten Herrscher wie Friedrich II. von Preußen und Maria Theresia von Österreich ihre Herrschergewalt nicht mehr ausschließlich von Gott ab, sondern verstanden sich als „erste Diener" des Staates.

Hofzeremoniell/Versailles: Der Absolutismus erlebte seinen Höhepunkt in Frankreich unter Ludwig XIV.; der Hof von Versailles, die Residenz des „Sonnenkönigs", wurde zum Vorbild, das andere europäische Monarchen nachahmten, z. B. Kurfürst Max II. Emanuel in Bayern. Eine strenge Hofetikette schrieb jedem Höfling vor, wie er sich zu verhalten hatte; durch das Hofzeremoniell wurde der Tagesablauf bis ins Kleinste geregelt. Im Mittelpunkt des höfischen Lebens stand der König, um den sich alles drehte.

Merkantilismus: Staatlich gelenkte Wirtschaftsform des Absolutismus, mit dem Ziel die Steuereinnahmen des Staates zu erhöhen und damit dessen Macht und Wohlstand zu steigern. Begründet wurde die neue Wirtschaftsform von Jean-Baptiste Colbert, dem Finanzminister Ludwigs XIV. Durch intensiven Handel sollte möglichst viel Geld in das Land kommen, möglichst wenig Geld das Land verlassen. Die Regierung erhöhte daher die Ausfuhr von Fertigwaren und erschwerte die Einfuhr ausländischer Waren durch hohe Zölle. Deshalb wurde auch die Errichtung von Manufakturen gefördert. In diesen Großwerkstätten waren viele qualifizierte Arbeitskräfte beschäftigt, die nach dem Prinzip der Arbeitsteilung die Waren herstellten.

Hegemonie: Vormachtstellung eines Staates, die auf politischem, militärischem oder wirtschaftlichem Übergewicht beruht. Seit dem 17. Jahrhundert wird das Streben nach Hegemonie zu einer wichtigen Triebfeder in der Außenpolitik der europäischen Staaten: Spanien und Österreich unter den Habsburgern versuchten im 16./17. Jahrhundert, Frankreich unter den Bourbonen und Napoleon im 17./18. Jahrhundert die Vorherrschaft in Europa zu erreichen. Dies konnte England durch seine Politik der „balance of power" (Gleichgewicht der Macht) verhindern.

Föderalismus: Politisches Gestaltungsprinzip, das auf dem Gedanken eines bündnishaften Zusammenschlusses mehrerer Staaten beruht, so dass eine dauerhafte Verbindung entsteht. Die Mitgliedstaaten bewahren dabei entweder ihre Unabhängigkeit im Innern und treten auch nach außen selbstständig auf (Staatenbund) oder übertragen ihre Staatsaufgaben zum Teil an ein neu geschaffenes zentrales Organ und erfüllen selbst nur den verbleibenden Rest in eigener Zuständigkeit (Bundesstaat). Das zentrale Organ, das für alle Mitglieder verbindliche Beschlüsse zu fassen hat, kann eine Versammlung der Regierenden der Mitgliedstaaten oder ein demokratisch gewähltes Parlament sein.

Reichstag: Im Mittelalter rief der deutsche König die Vertreter der Reichsstände (weltliche und geistliche Reichsfürsten, Vertreter der Reichs- und Bischofsstädte) zu Hoftagen zusammen. Diese in unregelmäßigen Abständen einberufene Versammlung wurde seit 1495 Reichstag genannt. Seit 1663 trat er als „Immerwährender Reichstag" in Regensburg zusammen. Seine Kompetenzen waren nicht eindeutig festgelegt; er beschäftigte sich vor allem mit dem Beschluss von Reichsgesetzen, der Festlegung der Reichssteuer, der Entscheidung über Krieg und Frieden und dem Heerwesen.

Dualismus: Politischer Gegensatz und Rivalität der beiden deutschen Großmächte Preußen und Österreich, die sich seit dem 18. Jahrhundert um die Vormachtstellung im Reich stritten. Der Streit wurde 1866 im Deutschen

Begriffe – Namen – Daten

Krieg zu Gunsten Preußens entschieden.

Parlamentarische Monarchie: Allein das vom Volk gewählte Parlament hat das Recht Gesetze zu verabschieden und die Regierung zu wählen, zu kontrollieren und zu entlassen. Der Monarch hat vor allem repräsentative Aufgaben.

Bill of Rights (engl. „bill" = Gesetzentwurf im Parlament): Die Bill of Rights von 1689 musste der englische König Wilhelm III. nach den Wirren der Bürgerkriege (Bloody and Glorious Revolution) und der Diktatur Oliver Cromwells anerkennen. Demnach war der vom Parlament (Ober- und Unterhaus) bestätigte König an das vom Parlament geschaffene Gesetz gebunden. Das Parlament besitzt das Recht der Gesetzgebung und der Steuerbewilligung und kann allein die Aufstellung eines Heeres anordnen.

Barock (portug. barocca = unregelmäßige, schiefrunde Perle): Der ursprünglich italienische Kunststil setzte sich gegen Ende des 17. Jahrhunderts in ganz Europa durch. Es entstanden zahlreiche barocke Schloss- und Kirchenbauten mit prunkvollen Verzierungen, die Kraft und Fülle ausdrücken sollten. Künstler wie G. L. Bernini in Italien oder die Gebrüder Asam und J. B. Neumann in Deutschland prägten die Architektur und die bildende Kunst, J. S. Bach die Musik dieser Epoche.

Aufklärung: Der Begriff bezeichnet eine das 17. und 18. Jahrhundert beherrschende Geistesbewegung. Danach soll jedes Handeln aus vernünftigen Erwägungen hervorgehen. Deshalb wird diese Epoche auch „Zeitalter der Vernunft" genannt. Naturwissenschaftler wie G. Galilei hatten schon an den unbewiesenen Lehren der Antike Zweifel gehegt und selbst zu forschen begonnen. Der Engländer I. Newton begründete aufgrund seiner experimentellen Vorgehensweise die Naturwissenschaften der Neuzeit. Der deutsche Philosoph I. Kant definierte Aufklärung als „Ausgang des Menschen aus seiner selbst verschuldeten Unmündigkeit". Im Zeitalter der Aufklärung veränderten sich auch die Ansichten über den Aufbau des Staates. Der französische Philosoph Ch. de Montesquieu verlangte die Trennung der Staatsgewalten in die gesetzgebende, ausführende und rechtsprechende Gewalt. Der aus Genf stammende Philosoph J.-J. Rousseau vertrat die Ansicht, dass der einzige Souverän im Staat das Volk selbst sei (Volkssouveränität).

Unabhängigkeitserklärung der USA: Die von dem Juristen Th. Jefferson vorbereitete Erklärung der amerikanischen Kolonien über ihre Unabhängigkeit vom englischen Mutterland wurde am 4. Juli 1776 auf einem Kongress in Philadelphia angenommen. In dieser Erklärung stehen die jedem Menschen angeborenen, unveräußerlichen Rechte auf Leben, Freiheit und Streben nach Glück im Mittelpunkt.

Verfassung der USA: Nach der Erklärung ihrer Unabhängigkeit gaben sich die Vereinigten Staaten von Amerika eine Verfassung. Darin legten sie die Rechtsgrundsätze über den Aufbau des Staates und über die Zuständigkeit der Staatsorgane (Regierung, Volksvertretung, Gerichte) ebenso fest wie die Rechte und Pflichten der Staatsbürger. Zum ersten Präsidenten der USA wurde 1789 George Washington gewählt.

Französische Revolution: 1789 löste der Sturm auf das Staatsgefängnis, die Bastille, in Frankreich eine Revolution aus. Das Volk stürzte den König gewaltsam, weil es mit Lebensbedingungen des Absolutismus (Ausbeutung, Rechtlosigkeit) unzufrieden war. Der französische König Ludwig XVI. wurde nach einem gescheiterten Fluchtversuch zum Tod verurteilt und durch die Guillotine hingerichtet. Auch seine Frau Marie Antoinette, die Schwester des österreichischen Kaisers, starb durch die Guillotine.

Staatsstreich: General Napoleon Bonaparte beendete 1799 die Herrschaft des Direktoriums. Er setzte die Regierung ab und krönte sich 1804 zum Kaiser.

Ende des Heiligen Römischen Reiches Deutscher Nation: 1806 verbündeten sich 16 deutsche Staaten mit Napoleon im Rheinbund und stellten sich unter seinen Schutz. Der deutsche Kaiser Franz I. legte die Kaiserkrone nieder und nannte sich nunmehr „Kaiser von Österreich".

Säkularisation: Als Entschädigung für Gebietsverluste während der napoleonischen Herrschaft erhielten seit 1803 weltliche Fürsten Gebiete, die sich in Kirchenbesitz befanden. Während der Säkularisation wurden Klöster aufgehoben und Wertgegenstände der Kirche durch den Staat eingezogen.

Königreich Bayern: 1806 wurde der Kurfürst Max I. Josef von Bay-

Begriffe – Namen – Daten

ern von Napoleon zum König erhoben. Sein wichtigster Beamter war Graf Montgelas, der Bayern mit seinen Reformen zu einem modernen, einheitlichen Staat umformte.

Wiener Kongress: Treffen der europäischen Herrscher und Staatsmänner in Wien vom September 1814 bis Juni 1815. Unter der Leitung des österreichischen Staatskanzlers Fürst Metternich verhandelten sie über eine Neuordnung Europas nach den Wirren der napoleonischen Kriege.

Restauration: Versuch der Wiederherstellung von politischen Zuständen, wie sie in Europa vor der Französischen Revolution und der Herrschaft Napoleons bestanden hatten. Mit dem Begriff wird die Zeitspanne zwischen dem Wiener Kongress und der Revolution von 1848/49 bezeichnet, in der die Bürger aus der Politik verdrängt wurden.

Der österreichische Außenminister und Staatskanzler Metternich setzte zwischen 1815 und 1848 mit aller Härte die Restauration im Deutschen Bund durch. In dieser Zeit gestaltete er die Politik Österreichs und Europas entscheidend mit. Die 1848er Revolution in Wien führte seinen Sturz herbei.

Deutscher Bund: Auf dem Wiener Kongress gegründeter, lockerer Staatenbund, der aus 35 souveränen Einzelstaaten und vier freien Städten bestand. Er trat an die Stelle des 1806 aufgelösten Heiligen Römischen Reiches Deutscher Nation.

Ludwig I.: König von Bayern 1825–1848. Zunächst setzte er sich für die Einführung einer liberalen Verfassung in Bayern ein. Seit der Revolution von 1830 hatte seine Regierungsweise stark rückschrittliche Züge. Während der Revolution von 1848 wurde er wegen seiner Affäre mit der Tänzerin Lola Montez zum Rücktritt gezwungen. Große Bedeutung hatte er als Förderer von Kunst und Kultur in Bayern.

Biedermeier: Bezeichnung für die Kunst und Lebensweise der Epoche zwischen 1815 und 1848. Enttäuscht von der Wiederherstellung der alten Ordnung (Restauration) zogen sich viele Menschen in den privaten Bereich zurück. Die Häuslichkeit und Geselligkeit in der Familie und im Freundeskreis wird zum großen Thema der Kunst dieser Zeit.

Nationalismus: Übersteigerte Hochschätzung des eigenen Volkes, der eigenen Nation, die oft mit der Geringschätzung anderer Völker verbunden ist. Gleichzeitig bezeichnet der Begriff das Eintreten für den Anspruch der Völker auf Selbstbestimmung.

Liberalismus: Politische Lehre, die seit dem Ende des 18. Jahrhunderts für die politische und wirtschaftliche Freiheit der Bürger eintritt. Die Liberalen fordern Verfassungen und die Anerkennung von Grundrechten.

Nationalversammlung: Bezeichnung für eine frei, gleich und geheim gewählte Volksvertretung, die eine Verfassung ausarbeiten soll. In der Frankfurter Paulskirche tagte vom Mai 1848 bis April 1849 die deutsche Nationalversammlung. Ihr wichtigstes Ziel war die Ausarbeitung einer Verfassung, die zwar nie in Kraft getreten ist, aber die Grundlage bildet für alle modernen deutschen Verfassungen des 19. und 20. Jahrhunderts.

Register / Verzeichnis der Worterklärungen*

A

Absolutismus* 10ff., 42f., 78
- aufgeklärter* 34f., 39

Adel, Adlige 11, 20, 22, 38, 42, 46, 122f.
Admont 57
Allegorie* 162
Allianz* 162
Alliierte* 155
Amerika 112ff.
Amnestie* 170
Ansbach* 69, 73
apokalyptisch* 52
Architektur* 53
Asyl* 30
Aufklärung* 76ff., 89
Augsburg 73
Autorität* 89

B

Bäcker* (Spitzname) 127
Bacon, Francis 76
Baldachin* 53
Ballhaus 125
Barock 52ff.
- Mode 17, 62f.

Bastille 126f.
Bauern, Bauernstand 20, 37, 66, 82f., 102f., 124, 127
- Bauernbefreiung, Aufhebung der Leibeigenschaft 37, 39, 142f.

Bayern 29, 40, 64ff., 101ff., 138f., 144ff., 149, 177
Bayreuth* 69
Befreiungshalle (Kelheim) 155, 181
Befreiungskriege 154f.
Bernini, Gian Lorenzo 53
Biedermeier* 164f.
Bildung 39, 98f.
Bill of Rights 45
Bodin, Jean 11
Bossuet, Jean-Jacques 13
Boston, Tea-Party 117
Brandenburg 30
Bucentaur (Prachtschiff)* 65
Bundesstaat 163, 174
Bundestag 162f., 172, 177
Bundesversammlung 162f., 172
Bürger, Bürgertum 20, 42, 58, 62, 78f., 81, 122
- Bürgerrechte s. Menschenrechte

Bürgerliches Trauerspiel* 81
Burschenschaften 166f., 180

C

Cham 102ff.
Code civil/Code Napoleon 139
Colbert, Jean Baptiste 22
Commonwealth* 44
Cromwell, Oliver 44

D

demagogisch* 167
Denkmal 154f.
- Denkmalschutz 74

Descartes, Rene 76
Deutscher Bund 162ff.
Devolutionskrieg* 24
dezimieren* 114
Diderot, Denis 79
Dilemma* 90
dirigieren* 86
Dorf, Dorfgemeinschaft 83
dritter Stand 122ff.
Dualismus* 41

E

Edikt von Nantes 10f., 21
Ehe 85, 89
Elementarunterricht* 99
Empfangszeremoniell* 58
England 24, 41ff., 110ff., 141, 155, 160f.
Englischer Garten* 59
Ensemble* 74
Enzyklopädie* 79
Erbfolgekrieg
- Österreichischer 58, 104f.
- Spanischer 24, 102f.

Erlangen* 69
Erziehung 89, 99
Etikette* 16
Europa 11, 14, 21, 24, 29, 31, 37, 58, 60, 65, 96, 112, 135, 138, 140, 150, 160f., 163, 168, 170, 177
Exil* 45

F

Fabrik* 111
Familie 83, 85ff.
Fantaisie, Schloss 75
Fayence* 73
Feuerbach, Anselm von* 145
Föderalismus* 29
Frankfurt/M. 162, 172
Franklin, Benjamin 112
Frankreich 10ff., 122ff., 136ff., 160ff.
Franz II., Kaiser/Franz I., Kaiser von Österreich 139, 161
Französischer Garten* 59
Frauen 86ff., 127
Freskotechnik* 56
Friedrich, Caspar David 164f.
Friedrich II., der Große 35
Friedrich Wilhelm I., König von Preußen 31
Friedrich Wilhelm IV., König von Preußen 170f., 174ff.
Fronfesten* 101
Fürstbischof* 68
Fürsten, Fürstentum 11, 29, 36, 58, 70, 81, 100, 133, 138, 161, 163f., 168, 170, 175, 177
Fürstenfeld 60

G

Gagern, Heinrich von* 166, 172, 176
Generalstände* 11, 124f.
Germantown 112f.
Gewaltenteilung 79f., 119, 129
Glorreiche Revolution 45
Gobelins* 73
Gottesgnadentum* 13
Gottesstaat* 44

Register / Verzeichnis der Worterklärungen*

Grande Armée 151
Grundrechte 173
Guerilla* 148
Guillotine* 135

H

Habsburger 11, 24, 36 ff., 102
Hambacher Fest 168
Handel 22, 46 f., 141
Handwerk(er) 20, 37, 64, 83 f.
Hardenberg, Karl August von 142
Haydn, Joseph* 169
Heer 31, 36, 136, 142 f., 149 ff., 155
– stehendes* 21
Hegemonie* 41
Heilige Allianz 162
Heinrich IV., König von Frankreich 10
Hofer, Andreas* 149
Hoffmann von Fallersleben* 169
Hohenzollern 30, 174
Hugenotten 10 f., 20 f., 30, 69

I

imaginär* 175
Indianer 114 f.
Institution* 29

J

Jakob I., König von England 43
Jakobiner* 132, 134
Jamestown 112
Jefferson, Thomas 118
Jena und Auerstedt, Schlacht von 142
Joseph II. 39
Jugend 92 f.
Justitia* 101

K

Kaiser, Kaisertum* 26 f., 28, 36, 38, 100, 137, 174
Kandidaten* 143
Kant, Immanuel 79

Karl I., König von England 43
Karlsbader Beschlüsse 167
Kaufleute 20, 37, 46, 84, 95, 111, 123, 172
Kindheit 92 f.
Klerus 20, 38, 42, 122
Koalition* 140
Kokarde* 126
Kolonien, Kolonialismus 25, 47, 113, 116 ff.
König, Königtum 11, 13 ff., 20 f., 29 f., 42 f., 45, 78 f., 119, 129, 138, 145, 161, 163, 177, 179
Kontinentalsperre 141
Krakeel* 164
Kuchen der Könige* 161
Kurfürst(en) 26 ff., 30, 40, 64, 66 f., 73, 144

L

Landsberg am Lech 74
Landwirtschaft 46, 83
Liberale* 166, 172
Locke, John 78
Ludwig I., König von Bayern 178 ff.
Ludwig XIV., König von Frankreich (Sonnenkönig) 11 ff.
Ludwig XVI., König von Frankreich 122 ff.

M

Magna Charta Libertatum* 42
Malefiz* 101
Manufakturen 23, 73
Maria Theresia 38, 104, 127
Marseillaise* 131
Max II. Emanuel, Kurfürst von Bayern 58, 64 ff., 102, 104
Mazarin, Kardinal 11
Mäzen* 182
Mediatisierung* 138, 144 f., 161
Menschenrechte 118 f., 121, 128 f.
Merkantilismus* 22

Metternich, Fürst von* 160, 163, 167
Militärdiktatur* 44
Mohacs, Schlacht von 37
Monarchie
– konstitutionelle* 129
– parlamentarische* 45
Montesquieu, Charles de 79 f.
Montez, Lola* 181
Montgelas, Graf von 144 f.
Moskau 150 f.
München 70 f., 182

N

Napoleon Bonaparte 136 ff., 152
Nationalbewusstsein* 154, 181
Nationalhymne, deutsche* 169
Nationalkonvent 129, 132, 134 f.
Nationalstaat 166, 174 f.
Nationalversammlung
– deutsche 166, 172 ff.
– französische* 125 ff.
Nelson, Horatio 141
Neresheim 56
Neumann, Balthasar 56, 68, 72
Newton, Isaac 77
Nez Percé 115
Nôtre, André le 15
Nürnberg 73, 84
Nymphenburg, Schloss 66 f.

O

Ornat* 180
Österreich 36 ff., 102 ff., 131, 140, 149, 154 f., 160 ff.

P

Pariser Bluthochzeit 10
Parlament* 27 f., 42 f., 116, 170, 172, 174
Passion* 57
Paulskirche 169, 172
Pest 52, 57, 94
Pläsir* 164
Pocken* 94
Portoriko* 164

Register / Verzeichnis der Worterklärungen*

Postregal* 145
Potsdam 35
Präambel* 179
Prälat* 100
Pranger* 101
Preußen 30 ff., 40 f., 131, 139, 142 f., 145, 154, 160 ff., 177
Puritaner* 43

R

Rationalismus* 76
realisieren* 90
Realschule* 99
Recht 100 f.
Regensburg 27 f., 84
Reich
– Heiliges Römisches Reich Deutscher Nation* 26, 28 f., 36, 81, 100, 139, 160, 163
– Reichskammergericht 26, 29
– Reichskreise 29
– Reichsstände* 26 ff.
– Reichstag 26 ff.
Renaissance 54, 57, 76
Repräsentanten* 42
Repräsentation* 88
Repräsentationsbauten* 58
Republik* 44, 170, 174
– Frankreich 132, 134 f.
Reservation* 114
Residenzstadt* 67
Revolution* 122
– von 1848 170 ff.
– Französische 1789 122 ff.
Rhein 138, 150, 155
Rheinbund* 139, 155
Richelieu, Herzog von 11
Robespierre 134
Robinson Crusoe* 81
Rokoko 55
Rom 53
Romantik* 164 f.
Rousseau, Jean-Jacques 79
Russland 150 f., 160 f.

S

Säkularisation* 138, 144 f., 161
Sansculotten* 134
Sanssouci, Schloss 34 f.
Schleißheim, Schloss* 58
Schlesien 36, 38, 40 f.
Schröpfen* 94
Schule 39, 99
– Strafen* 99
Schwarz-rot-gold* 166, 171
Siebenjähriger Krieg 41
Siebenpfeifer, Philipp Jakob* 168
Sieyès, Emmanuel Joseph Graf* 122
Sklaven 121
souverän* 26
Spanien 148 f.
Spinnstuben* 87
Staat 12, 21, 30, 35, 79 f., 119, 123, 142 ff., 174
Stadt, Städte 70 f., 84
Stände* 11, 82, 122
– Ständeversammlung* 179
Stein, Freiherr vom und zum 142 f.
Streusandbüchse* 30
Stuck* 55
Studenten 166 f., 170

T

Tabernakel* 53
Theatinerkirche* 67
Thurn und Taxis* 98
Tilsit, Friede von 142
Tirol 149
Trafalgar, Schlacht bei 141
Transport 96 f.
Tuilerien* 130
Tull, Jethro 110
Typhus* 94

U

Unabhängigkeitserklärung, amerikanische 118
Ungarn 37, 56 f.
Universitäten 166, 169, 182
USA 113, 115, 119 ff.

V

Verbrannte Erde* 150
Verfassung
– bayerische (1818) 179
– deutsche (1848) 174
– französische (1791) 129
– der Vereinigten Staaten (1787) 119 f.
Verkehr 96 f.
Versailles 14 f., 20, 22, 64, 124, 127
Vierzehnheiligen 54
Völkerschlacht (bei Leipzig) 154 f.
Volksfrömmigkeit 57
Votivtafel* 57

W

Wahlrecht* 119, 129, 172, 174, 179
– aktives und passives* 46
Waldmünchen 106
Walhalla 181
Wallfahrt 57
Wappenkartuschen* 58
Wartburgfest* 166
Washington, George 117 ff.
Waterloo, Schlacht von 155
Weißenstein, Schloss 69
Wiener Kongress 160 ff.
Wieskirche 55
Wirkerei* 73
Wittelsbacher* 67
Wohlfahrtsausschuss 134 f.
Würzburg 73
– Residenz 68 f.

Z

Zensuswahlrecht* 46
Zentgericht* 101
Zeughaus* 126

Quellenverzeichnisse

Textquellen

S. 10: Zit. nach: Geschichte für Realschulen. Bd. 3. Buchner Verlag, Bamberg 1971, S. 26 – **S. 11:** Zit. nach: A. Bergsträsser/D. Oberndörfer (Hrsg.): Klassiker der Staatsphilosophie. Köhler Verlag, Stuttgart 1973, S. 147ff. – **S. 12:** K. H. Peter: Briefe zur Weltgeschichte. Stuttgart 1962, S. 202 – **S. 13:** Geschichte in Quellen. Bd. 3, S. 429f. – **S. 14:** Die Briefe der Lieselotte von der Pfalz. München 1960, S. 32f. – **S. 15:** Zusammengestellt nach: Heinz Dieter Schmid: Fragen an die Geschichte. Bd. 3. Frankfurt/M. 1980, S. 21, 16 – **S. 16:** Th. Steudel: Der Fürstenstaat. Berlin 1933, S. 1f. – **S. 23:** Geschichtliches Quellenheft 1/2. Frankfurt/M. 1975, S. 62 – **S. 24:** Zit. nach: Will und Ariel Durant: Das Zeitalter Ludwigs XIV. Bern/München 1966, S. 707 – **S. 25:** Frederic V. Grunfeld: Schatzkammern und Herrscherhäuser der Welt. Christian Verlag, München 1984, S. 78 – **S. 26:** Helmut Neuhaus (Hrsg.): Deutsche Geschichte in Quellen und Darstellung. Bd. 5. Philipp Reclam jun., Stuttgart 1997, S. 30 – **S. 27:** Zit. nach: Matthias Freitag: Kleine Regensburger Stadtgeschichte. Pustet, Regensburg 1999, S. 116f. – **S. 32/33:** Historische Lieder. Texte. Noten und Kommentare zu Liedern aus acht Jahrhunderten. Hrsg. v. der Landeszentrale für politische Bildung Baden-Württemberg. Stuttgart 1987, S. 28, 40f. – **S. 34:** Friedrich der Große: Die politischen Testamente. Berlin 1927, S. 229 – **S. 35:** ebd. – **S. 40:** Zit. nach: C. Graf von Krockow/K. H. Jürgens: Friedrich der Große. Lebensbilder. Lübbe Verlag, Bergisch-Gladbach 1986, S. 64 – **S. 42:** Zit. nach: Weltgeschichte im Aufriss. Bd. II. Diesterweg, Frankfurt/M. 1971, S. 58f. (William Stubbs: Select Charters 1. C., S. 291ff.) – **S. 43:** Zit. nach: Bilder aus der Weltgeschichte. Das Zeitalter des Absolutismus. Diesterweg, Frankfurt/M., S. 1 – **S. 45:** Geschichte in Quellen. Bd 3, S. 292f. – **S. 52:** Stefan Winkle: Kulturgeschichte der Seuchen. Komet, Frechen © Artemis & Winkler, Düsseldorf/Zürich 1999 – **S. 55:** Zit. nach: Kurze Geschichte der deutschen Literatur. Verlag Volk und Wissen, Berlin 1983, S. 152 – **S. 64:** Reisen und Reisende in Bayerisch-Schwaben und seinen Randgebieten in Oberbayern, Franken, Württemberg, Vorarlberg und Tirol. Reiseberichte aus elf Jahrhunderten. Hrsg. v. Hildebrand Dussler. Anton H. Konrad Verlag, Weißenhorn 1968 – **S. 65:** Georg Jacob Wolf (Hrsg.): Das kurfürstliche München. München 1930, S. 70f. – **S. 66:** ebd. – **S. 67:** Reinhard Bauer/Ernst Piper: München. Die Geschichte einer Stadt. Piper, München 1993, S. 115f. – **S. 74:** Das Landsberger Rathaus. Festschrift. Verlag Moderne Industrie, Landsberg 1991, S. 35, 11 – **S. 77:** The Correspondance of Isaac Newton. Hrsg. v. H. W. Turnbull. Cambridge Univ. Press – Francis Bacon: Neu-Atlantis. Leipzig 1926 – **S. 78:** J. B. Bossuet: Politique tirée des propres paroles de l'Écriture Sainte – Wolfgang Hug: Quellenlesebuch. Bd. 2. Diesterweg, Frankfurt/M. 1982, S. 136f. – John Locke: Versuch über den menschlichen Verstand. Meiner, Hamburg 1976 – **S. 79:** Berlinische Monatsschrift, Dezember 1783 – **S. 80:** Charles de Montesquieu: De l'esprit des loix. Paris 1987 – **S. 84:** Cornelia Julius: Die Leute im Hause des Balthasar. Beltz, Weinheim/Basel 1984, S. 17ff. – **S. 85:** Ingeborg Weber-Kellermann (Hrsg.): Die Familie. Insel, Frankfurt/M. 1996 – **S. 86:** Johann Adam Lederer: Anmerkungen zu der Herzoglich Württembergischen Eheordnung. Landesbibliothek Stuttgart – **S. 89:** Zit. nach: Praxis Geschichte, 1/95, S. 30 – **S. 90:** Zit. nach: Akademiebericht, Bd. 1, S. 134 (gekürzt) – **S. 92:** Ingeborg Weber-Kellermann (Hrsg.): Die Familie. Insel, Frankfurt/M. 1996 – **S. 93:** ebd. – **S. 94:** Zit. nach: Gabriele Praschl-Bichler: Alltag im Barock. Verlag Styria, Graz 1995, S. 50 – **S. 96:** Zit. nach: Ingeborg Weber-Kellermann (Hrsg.): Die Familie. Insel, Frankfurt/M. 1996 – **S. 97:** Zit. nach: Gabriele Praschl-Bichler: Alltag im Barock. Verlag Styria, Graz 1995 – **S. 99:** ebd. – **S. 104:** Karlheinz Schröpfer: Am Pandurensteig. Morsak Verlag, Grafenau 1987 – **S. 110:** Friedrich Engels: Die Lage der arbeitenden Klasse in England. dtv, München 1975 – **S. 113:** Die Amerikanische Revolution in Augenzeugenberichten. dtv, München, S. 19f. – **S. 114:** Heinz J. Stammel: Die Indianer. Die Geschichte eines untergegangenen Volkes. Lexikothek Verlag, Gütersloh 1977, S. 91 – **S. 117:** K. H. Peter: Briefe zur Weltgeschichte. Stuttgart 1962, S. 202 – **S. 118:** Alan Nevins: Geschichte der USA. Bremen 1965, S. 304 – **S. 121:** Geschichte in Quellen. Bd. 5, S. 510 – **S. 122:** Zit. nach: Chris E. Paschold/Albert Gier (Hrsg.): Die Französische Revolution. Ein Lesebuch mit zeitgenössischen Berichten und Dokumenten. Reclam, Stuttgart 1989, S. 49 – **S. 123:** R. Palmer: The Age of Democratic Revolution. Princeton 1959, S. 480. Übers. durch den Verfasser – Beaumarchais: Ein toller Tag oder Figaros Hochzeit. Hildburghausen 1865, S. 109 – **S. 125:** Walter Markov: Revolution im Zeugenstand. Bd. 2. Reclam Bibliothek, Leipzig 1985, S. 71 – **S. 127:** Zit. nach: I. und P. Harting: Französische Revolution. Klett, Stuttgart 1990 – **S. 128:** Geschichte in Quellen. Amerikanische und französische Revolution, S. 199–201 – **S. 129:** Geschichte in Quellen, Bd. 4, Nr. 172 – **S. 130:** Geschichte in Quellen. Bd. 2, S. 252 – Walter Markov/Albert Soboul: 1789 – Die große Revolution der Franzosen. Akademie Verlag, Berlin 1975, S. 98 – **S. 131:** Französisches Präsidialamt, Paris – Geschichte in Quellen. Bd. 4, S. 200 – **S. 132:** I. und P. Harting: Französische Revolution. Klett, Stuttgart 1990 – Zit. nach: Chris E. Paschold/Albert Gier (Hrsg.): Die Französische Revolution. Reclam, Stuttgart 1989, S. 258 – **S. 134:** Walter Markov/Albert Soboul: 1789 – Die große Revolution der Franzosen. Akademie Verlag, Berlin 1975, S. 98 – **S. 136:** Eckart Kleßmann: Die Französische Revolution

Quellenverzeichnisse

in Augenzeugenberichten. dtv, München 1976, S. 17 – F. M. Kircheisen: Napoleon I. Bd. 1. Stuttgart 1927, S. 128 – **S. 137:** Zit. nach: J. Godechot: Les Institutions de la France. Paris 1968, S. 752 f. – **S. 138:** F. M. Kircheisen: Gespräche Napoleons. Stuttgart 1912 – **S. 139:** Eckart Kleßmann: Die Französische Revolution in Augenzeugenberichten. dtv, München 1976, S. 80 – **S. 141:** G. Guggenbühl: Quellen zur Geschichte der neueren Zeit. Zürich 1965, S. 173 – S. 142: G. Winter (Hrsg.): Die Reorganisation unter Stein und Hardenberg. Bd. 1. Leipzig 1931, S. 306 – Stein: Briefwechsel. Bd. 2. Berlin 1936, S. 538 – **S. 143:** Geschichte in Quellen. Bd. 6/7, S. 110 – **S. 144:** Zit. nach: Menschen, Zeiten, Räume. Bd. 7. Cornelsen, Berlin 1997, S. 134 – **S. 145:** Zit. nach: Geschichte kennen und verstehen. Bd. 8. Oldenbourg, München 1995, S. 265 – **S. 148:** Zit. nach: Georg Eckert: Von Valmy bis Leipzig. Dietz, Hannover 1955, S. 175 f. – **S. 149:** Zit. nach: W. Pfaundler/W. Köfler: Der Tiroler Freiheitskampf 1809 unter Andreas Hofer. München 1984 – **S. 150:** Wolfgang Venohr/Friedrich Habermann: Brennpunkte der deutschen Geschichte. 1450–1850. Athenäum Verlag, Kronberg/Ts. 1978, S. 160 – **S. 151:** ebd. – **S. 154:** Eckart Kleßmann: Die Französische Revolution in Augenzeugenberichten. dtv, München 1976, S. 45 – **S. 162:** Staatsverfassungen. Eine Sammlung wichtiger Verfassungen der Vergangenheit und Gegenwart in Urtext und Übersetzung. Hrsg. v. G. Franz. Darmstadt 1964, S. 121 ff. – **S. 164:** Zit. nach: Praxis Geschichte, 4/96, S. 14 – **S. 168:** P. J. Siebenpfeifer: Der deutsche Mai. Eröffnungsrede von 1832 (gekürzt) – **S. 171:** Geschichte in Quellen. Bd. 5, S. 154 – Geschichte in Quellen. Bd. 7, S. 266 f. – **S. 173:** Geschichte in Quellen. Bd. 7, S. 326 ff. – **S. 175:** Zit. nach: Heinz Dieter Schmid (Hrsg.): Fragen an die Geschichte. Bd. 3. Frankfurt/M. 1980, S. 208 – **S. 179:** E. R. Huber (Hrsg.): Dokumente zur deutschen Verfassungsgeschichte. Bd. 1. Stuttgart 1978, S. 155 f.

Bildquellen

Archiv für Kunst und Geschichte, Berlin: 8/9, 10 (1, a), 11 (2), 13 (2, a), 14 (1), 16 (1), 18 (1), 34 (1), 35 (2), 37 (2), 40 (a), 43 (2), 44 (1), 47 (2), 52 (a), 76 (b), 77 (a), 79 (2), 80 (1), 81 (2), 109 (o.), 116 (1), 126 (1), 132 (1), 134 (1, a), 137 (2), 138 (1), 148 (1), 158/159, 160 (a), 165 (3), 166 (1), 167 (2), 171 (2 re.) – Artothek, Peissenberg: 165 (2), 182 (1) – Bauer & Lutz, Regensburg: 15 (2), 53 (2), 155 (a) – Bayerische Verwaltung der staatlichen Schlösser, Gärten und Seen, Tanja Mayr/Rainer Herrmann: 59 (2) – Bayerisches Nationalmuseum, München: 73 (3) – Bayerisches Staatsarchiv, München: 70 (1) – Bednorz, A., Köln: 54 (1 li.), 55 (2 re.), 56 (1), 68 (1) – Bibliothèque nationale de France, Paris: 123 (3), 133 (2), 140 (2) – Bildarchiv Preußischer Kulturbesitz, Berlin: 12 (1), 13 (b), 23 (2), 30 (a, b), 31 (2, a), 35 (a), 36 (b), 40 (b), 43 (b), 82 (1), 93 (3), 109 (u.), 142 (1), 155 (2), 176 (1), 177 (2) – Bomann-Museum, Celle: 93 (4) – British Library, London: 19 (2) – British Museum, London: 42 (1) – Bruchertseifer, H., Augsburg: 57 (a), 74 (1) – Château de Versailles: 50/51 – City of Cleveland: 117 (2) – Courtesy of the Texas Historical Commission: 25 (b) – Deutsches Historisches Museum, Berlin: 31 (b), 52 (b) – Deutsches Museum, München: 76 (1), 111 (2) – docu:media, Leipzig: 154 (a) – dpa, Frankfurt/M.: 172 (a) – Falk-Verlag, Hamburg/Berlin: 71 (2) – Foto Marburg: 52 (1) – Fünfer, K.-H., Lamerdingen: 74 (a) – Germanisches Nationalmuseum Nürnberg: 169 (2) – Gerstenberg, Wietze: 135 (2) 168 (1) 171 (2 li.), 175 (2) – Hansmann Bildarchiv, München: 57 (2), 64 (1), 67 (2), 73 (2) – Haus der Bayerischen Geschichte, München: 145 (2, a, b) – Heinemann Educational, Oxford: 108 (1), 110 (1) – Herzog August Bibliothek Wolfenbüttel: 88 (1) – Herzog, R., München: 75 (3), 181 (a) – Historisches Museum Frankfurt/M.: 168 (1) 172 (1) – Jamestown Rediscovery: 47 (a) – Kaschuba, G., Lohhof: 58 (1), 59 (3), 66 (1) – Kunsthalle Hamburg: 162 (1), 181 (2) – Kunsthistorisches Museum, Wien: 37 (a), 38 (1, a, b), 63 (2), 92 (1) – Landesmuseum Oldenburg: 85 (2) – Mainfränkisches Museum, Würzburg: 68 (a) – Mairie de Paris: 20 (1), 122 (1), 161 (2) – Mauritius, Frankfurt/M.: 54 (1 re.), 55 (2 li.), 69 (2, 3), 108 (u.) – von der Mülbe, Ch., Dachau: 60 (1) – Münchner Stadtmuseum: 65 (2), 83 (2), 92 (2), 180 (1) – Musée Carnevalet, Paris: 128 (1) – Museen der Stadt Wien: 36 (a), 39 (2, a–c), 96 (1) – Museum für Deutsche Geschichte, Berlin: 126 (a) – National Archives of Canada: 25 (c) – Österreichische Nationalbibliothek: 94 (1), 97 (2), 98 (a), 99 (2) – Photographie Giraudon: 78 (1), 124 (1), 125 (2), 127 (2), 130 (1), 131 (2), 136 (1) – Fürst Thurn und Taxis Zentralarchiv, Kunstsammlungen, Regensburg: 98 (1) – Sächsische Landesbibliothek, Dresden: 89 (2) – Sotheby's, London: 151 (2) – Spitta, W., Mariaposching: 27 (2), 28 (1) – Staatsarchiv Bamberg: 101 (2) – Staatsarchiv Hamburg: 141 (3) – Stadt Waldmünchen: 106 (1) – Stadtarchiv Cham: 103 (1) – Stadtgeschichtliches Museum, Leipzig: 154 (1) – Städtische Museen, Regensburg: 27 (a, b), 29 (2), 84 (1) – Stadtmuseum Amberg: 144 (1) – Stiftsmuseum Aschaffenburg: 95 (2) – Stiftung Preußische Schlösser und Gärten Berlin-Brandenburg: 34 (a, b) – The Art Archive, Nottingham: 150 (1) – Tiroler Kunstverlag Chizzali, Rum: 149 (2) – Trenck-Privatarchiv Karl-Heinz Schröpfer: 105 (1) – Victoria and Albert Museum, London: 46 (1) – Wella AG, Darmstadt: 62 (1) – Yale University Gallery, New Haven: 118 (1) – Foto Zwicker-Berberich, Würzburg/Gerchsheim: 178 (1)

Quellenverzeichnisse

Ferner wurden übernommen aus:
Heinrich Beck: Kleine Stilkunde. München 1983: 54 (a–c), 55 (a, b) – Ursula Fehlig: Mode gestern und heute. VEB Fachbuchverlag, Leipzig 1985: 62 (a, b), 63 (a–d) – Historische Lieder. Texte, Noten und Kommentare zu Liedern aus acht Jahrhunderten. Hrsg. v. der Landeszentrale für politische Bildung Baden-Württemberg. Stuttgart 1987, S. 28: 32 – Kaiser, Könige und Zaren. Vom Sonnenkönig bis zu den ersten Siedlern in Amerika. Hrsg. v. Pierre Marchand. Bertelsmann Lexikon-Verlag, Gütersloh 1993, S. 26, 92, 94: 15 (a), 25 (2, a) – Annette Kuhn (Hrsg.): Chronik der Frauen. Chronik-Verlag, Dortmund 1992: 87 (2), 90 (1), 91 (1–9) – Manfred Treml: Geschichte des modernen Bayern. Königreich und Freistaat. München 1994, S. 39: 179 (2) – Praxis Geschichte 1/96, S. 7: 86 (1) – Unsere Geschichte. Diesterweg, Frankfurt/M., S. 28: 40 (1)

Nicht in allen Fällen war es uns möglich, die Rechteinhaber der Abbildungen ausfindig zu machen. Berechtigte Ansprüche werden selbstverständlich im Rahmen der üblichen Vereinbarungen abgegolten.

Zeichnungen
Klaus Becker, Frankfurt/Main; Michael Teßmer, Hamburg.

Karten und Grafiken
Klaus Becker, Frankfurt/Main; Carlos Borrell, Berlin; Skip G. Langkafel, Berlin.